21世纪高职高专立体化精品教材
学前教育系列

现代教育技术

刘秀彬　崔　剑　主　编
王桂华　张　俭　王永刚　参　编

Xian dai Jiao yu ji shu

东南大学出版社
·南京·

内容提要

本书从培养师范专业学生教育技术理论和应用的技能出发，以培养职前教师的教育技术能力为目标，内容精练、实用，注重知识学习与技能训练的同步结合。全书共分为六章，主要内容包括教育技术的概念、现代教育技术理论基础、现代教育技术环境与系统、教学媒体和多媒体素材的处理、多媒体课件制作、多媒体课件设计实训。

本书内容有较强的适用性，既可作为高等师范院校“现代教育技术”公共课教材，以及中小学教师教育技术培训教材，也可供各类学校相关专业的任课教师、各级教育机构人员及从事教育技术产业的相关人员参考。

图书在版编目（CIP）数据

现代教育技术／刘秀彬，崔剑主编．—南京：
东南大学出版社，2015.1
21世纪高职高专立体化精品教材·学前教育系列
ISBN 978-7-5641-5524-7

Ⅰ.①现…　Ⅱ.①刘… ②崔…　Ⅲ.①教育技术学—高等职业教育—教材　Ⅳ.①G40-057

中国版本图书馆CIP数据核字（2015）第039642号

现代教育技术

出版发行：东南大学出版社
社　　址：南京市四牌楼2号，邮编210096
印 刷 者：江建中
印　　刷：北京旺银永泰印刷有限公司
开　　本：787mm×1092mm　1/16
印　　张：13
字　　数：270千字
版　　次：2015年1月第1版
印　　次：2015年1月第1次印刷
书　　号：ISBN 978-7-5641-5524-7
定　　价：35.00元

前 言 PREFACE

“现代教育技术”是一门培养学生信息素养和教育技术应用能力的课程，随着教育信息化的发展，现代教育技术能力已成为各级、各类学校教师的基本素质要求。为此，教育部相继颁布了《中小学教师教育技术能力标准（试行）》和《中小学教学人员教育技术能力培训大纲》，进一步明确了中小学教师的教育技术应用能力。“现代教育技术”已成为师范（或部分非师范专业）的公共必修课程。本书依据《中小学教师教育技术能力标准（试行）》《中小学教学人员教育技术能力培训大纲》，结合多年开设“现代教育技术”课程的实践经验编写而成。

本书力求紧密结合现代化教育的现状，针对高等师范院校的教学目标、学生职前教育的需要、学生具备的基础知识及接受能力的实际情况，科学地选择、编排了教学内容。

本书内容全面而精练，重点突出，注重实际应用，将“现代教育技术”课程的学习目标、学习重点和难点、教学安排、案例及相关资源等整合到立体化教材中，既方便教学，又方便学习。本书在技能训练方面采用模块化教学，内容侧重实用技术和安全介绍，为不同学校提供了较大的选择余地，具有较强的操作性和实用性。

各章具体内容如下：

第1章　教育技术的概念。主要介绍教育技术的基本概念、我国现代教育技术的发展史，还介绍了师范生学习教育技术的必要性。

第2章　现代教育技术理论基础。主要介绍了学习理论、教学理论、传播理论等内容。

第3章　现代教育技术环境与系统。主要介绍多媒体教室、多媒体网络教学机房、微格教学系统、校园计算机网络等当今使用最广泛的现代教学环境与系统。

第4章　教学媒体和多媒体素材的处理。主要介绍了教学媒体和对文本、图形和图像、声音、动画、视频等多媒体素材的处理。

第5章　多媒体课件制作。主要介绍了多媒体课件的概念、常见的多媒体课件类型、多媒体课件结构、多媒体课件设计的基本原则及多媒体演示文稿的设计与使用。

第6章　多媒体课件设计实训。本章从中小学教学实际出发，设计了五个课件实训的例子，每个例子串联相关的知识点，这样能够使读者在非常轻松的环境下完成任务，并能举一反三，制作更好的多媒体教学课件。

本书由刘秀彬、崔剑担任主编。具体编写分工如下：第1章由王桂华编写，第2、3、5章和第6章的6.1～6.3节由崔剑编写，第4章和第6章的6.5节由刘秀彬编写，第6章的6.4节和习题部分由王永刚编写，附录部分由张俭编写，全书由刘秀彬统稿。编者在编写本书的过程中参考、引用了部分专家和学者的著作及网站教学资源，在此向这些作者表示诚挚的谢意！

由于编者水平有限，书中难免有疏漏和不妥之处，欢迎广大读者和同行批评指正。

编　者

CONTENTS 目录

第1章 Chapter 1

教育技术的概念

教学要点

教育技术和教育技术学的基本概念
我国教育技术的发展及趋势
师范生学习教育技术的必要性

教学目标

了解教育技术和教育技术学的概念
了解教育技术的发展及趋势
理解师范生学习教育技术的必要性

在信息化社会，技术是指人们在生产活动、社会实践和科学实验中，为达到预期的目标而根据客观规律对自然、社会进行认识、调控和改造的物质工具、方法技能和实践经验的综合体。

1.1 教育技术

从技术的角度看，教育技术就是人们在教育实践活动中所应用的一切物质工具、方法技能和实践经验的综合。有形的教育技术包括在教育教学活动中所采用的各种教学媒体，如教具、实验器材等；无形的教育技术包括在解决教育教学问题的过程中所运用的技巧、策略和方法等，如教学过程的设计方法、多媒体课件的设计与开发技巧等。有形的技术是教育技术的依托，无形的技术是教育技术的灵魂。

由此可见，教育技术是教育中的技术，它既不是对全部教育问题进行研究，更不是对所有技术问题进行研究，而是遵循教育规律，研究如何采用技术的手段和方法解决教学中的有关问题。

自从有了人类历史，就有了教育，有了教育就有了教育技术，当教育技术发展到一定的阶段后，就形成了一门专门研究教育技术现象与规律的学科——教育技术学。教育技术学是在教育学、认知心理学、教育传播学、系统科学媒体技术等理论的指导下，研究如何在教育中应用各种教育技术以提高教育质量的理论和实践的一门学科；是一门综合强调理论指导实践的新兴学科；是教育学领域中专门用来研究如何利用技术提高教学质量的二级应用型学科。

教育技术在20世纪初成为教育学的一门分支学科。在20世纪20年代，其作为一个专业术语被确定下来。1970年，美国教育传播与技术学会（Association for Educational Communications and Technology , AECT）成立，首次对教育技术进行了定义，此后又多次进行定义。

1994年，在美国众多教育技术专家的参与下，教育技术被重新定义（AECT1994定义）：教学（教育）技术是对学习过程和学习资源进行设计、开发、利用、管理和评价的理论和实践。该定义得到国际教育界的普遍认可。

AECT1994定义明确指出了教育技术的研究对象是与学习有关的过程和资源。学习过程是指为了达到预期学习效果而采取的一系列操作步骤和方法；学习资源是指在学习过程中可以被学习者利用的一切要素，有人力资源和非人力资源之分。人力资源包括教师、同伴、小组、群体等；非人力资源包括各种教学设施、教学材料和教学媒体等。

教育技术以促进学习为目的。

1. 学习过程和资源的设计

学习过程和资源的设计是指为达到一个不确定的教学目标，在教学理论、学习理论、媒体传播与其他相关理论的指导下，对教学系统进行完整而详细的设计过程，包括教学目标、学习者、教学内容、教学策略、教学媒体、教学效果等。设计的成果表现为教学方案、媒体编制要素等。

2. 学习过程和资源的开发

学习过程和资源的开发是指将各种教学模式、媒体技术应用于教学过程中的研究，是对教学设计成果的“物化”过程。开发的对象包括传统的印刷媒体制作、常规视听媒体制作、多媒体与网络媒体的制作等；开发的成果为课本、录像教程、计算机课件等学习资源。

3. 学习过程和资源的利用

学习过程和资源的利用是指将不断出现的新技术的最新成果及新开发的学习资源投入到教学过程，并得到推广使用。

4. 学习过程和资源的管理

学习过程和资源的管理是指对所有学习资源和学习过程进行计划、组织指挥、协调和控制。这里包括对教学系统、信息和资源、教学研究与开发的管理等。

5. 学习过程和资源的评价

“评价”是指通过形成性评价和总结性评价，及时对教育教学过程中存在的问题进行分析评价。评价的目的是确定教学过程是否合格，使教育技术开发和应用更加合理。

2004 年 6 月，AECT 对教育技术又提出了新的定义（AECT2005 定义）：教育技术是通过对与指定目标合适的技术性过程和资源进行合理创设、利用和管理，从而促进学习、提高绩效的研究与合乎道德规范的实践。该定义一面世，立即引起了我国教育技术界的热切关注。

在我国教育技术领域，目前广泛使用的是 AECT1994 定义。然而，由于教育技术这门学科比较年轻，各方面工作都在进行广泛的研究，因此带动了对教育技术内涵理解的不断深入。

1.2　教育技术的发展概述

1.2.1　我国教育技术的发展

我国教育技术的发展可以分为以下两个阶段。

1. 电化教育

20 世纪 20 年代，受美国视觉教育运动的影响，上海、南京等地的教育界人士开始尝试利用无声电影、幻灯片等媒体资源进行教学，这标志着我国电化教育萌芽的出现。20 世纪 30 年代到 40 年代，电化教育发展较快，应用规模不断扩大，同时也出现了电化教育的专业培训机构。新中国成立以后，我国政府对电化教育予以充分的重视，在中央文化部和教育部的推动下，全国开展了多种形式的学术活动，出版了多种专业期刊、论著。20 世纪 60 年代，各类学校应用录音、电影、幻灯投影等媒体资源进行教学的活动十分活跃，同时，无线广播在社会教育方面获得大规模应用，各地建立了官方性质的电教机构。

进入 20 世纪 80 年代，我国电化教育迅速发展，各级、各类电教机构日趋健全，管理与推广步入规模化和组织化。媒体资源技术迅速提高，在原有的幻灯投影、录音等基础上，电视机、计算机等开始普及。电教教材的发展速度加快，使用率大幅度提高。1978 年，我国成立了中央广播电视大学，利用卫星电视进行教学。到 1994 年，中央广播电视大学已经开设了 3 359 个专业、1 000 多门课程，培养了 3 157 万名毕业生和 2 000 多万非学业教育结业生。20 世纪 80 年代中期，一些师范大学开设了电化教育本科专业，对理论研究进一步深入，出现了大量专业期刊和论著。

2. 教育技术的全面发展

20 世纪 80 年代后期，随着与国外教育技术界交流的增加，新的理论、经验成果不断被吸纳，人们发现我国电化教育的发展基本是在视听教育的研究范畴。为适应新时代的教育需求，促进我国教育改革的深入，有必要借鉴国外教育技术的成果和经验，对电化教育重新定位。在这样的指导思想下，我国的电化教育开始向教育技术转变，出现了教育技术全面发展的新态势。

在媒体技术方面，计算机辅助教育得到充分重视，学校计算机的普及率迅速上升，很多高校在 20 世纪 80 年代成立了计算机中心或实验室。1987 年，国家教委基础教育司成立了“全国中小学计算机教育研究中心”，推动了中小学计算机教育的开展，到 1997 年，全国已有两万多所中小学配备了近 50 万台计算机，同时校园网、“校校通工程”也迅速推广。2000 年，教育部提出，从 2002 年开始，全国中小学逐步完成信息技术课程的开设，进一步推动了以计算机技术为核心的现代综合媒体技术在教育中的应用。

在研究和实践的领域上，教育技术突破了原有对视听媒体的应用范围，扩展到“教学设计”、“多媒体教学”、“信息技术与课程整合”、“网络教学”等多个领域，而且在认知领域计算机辅助教学（Computer Aided Instruction，CAI）研究上也取得了丰硕成果。在教学软件的开发上，出现了科技企业与教育机构联合运作的良好局面。

在学科发展上，从 20 世纪 90 年代开始各高校纷纷将原来的“电化教育”专业改为“教育技术学”专业，同时人才培养层次不断提高。到 1996 年，全国有 30 余所高校设立了本（专）科教育技术学专业，十余所高校建立了硕士点，三所高校具有博士授予资格，同时对师范生公共课的开设及教师在职培训不断加强。专业队伍的完整化、多层次化及教育技术的普及，促进了教育技术在理论与实践研究上持续快速地发展。

1.2.2 教育技术的发展趋势

1. 日益关注技术环境下的学习心理研究

随着现代教育技术的发展，技术所支持的学习环境将真正体现出开放、共享、交互、协作等特点。现代教育技术将更加关注技术环境下的学习心理研究，深入研究技术环境下人们的学习行为特征、心理过程特征，以及影响学习者的心理因素；更加注重学习者的内部情感等非智力因素，注重社会交互在学习中的作用。

2. 日益关注在实践中的理论研究

现代教育技术作为理论与实践并重的学科，需要理论指导实践，并在实践中进行理论研究。目前，现代教育技术在研究前沿的两个领域是信息技术与课程整合及网络教育，这两种教育体系的建立都强调对学习者的支持，即围绕如何进行学习、提高绩效开展所有的工作，正因如此，人们才会重视教师培训、教学资源建设。

3. 日益网络化和多媒体化

在网络环境下，教育活动将不受时间、空间和地域的限制，学习者变得更加对等、方便、灵活，师生间、学员间的双向交流能很好地进行。利用多媒体与其他教学媒体相结合、共同参与课堂教学的过程，可形成不同的教学模式。例如，利用虚拟现实技术可以形成虚拟的世界，给学生身临其境的感受，使其体验在现实中无法实现的经历。

1.3　师范生学习教育技术的必要性

信息时代对人才的培养提出了新的要求，新理念和新方法推动教育迈入一个新的变革时代。我国在 20 世纪末适时地提出了素质教育工程，旨在运用现代教育的思想和技术方法，培养适合于 21 世纪发展需要的、具有优良综合素质的合格人才。教育改革对教师提出了新的挑战，今天的教育已不再是传统的教与学的单向的输入，而是提倡以学生为主体的学习活动的开发与实施。现代教育活动更强调自主性、个性化、多元化，教师的角色也转变为学习资源的组织者、过程的设计者、行为的引导者。教育技术的发展是这场教育变革的重要特征之一，同时又对教育改革的发展起着重要作用。作为未来的教师，师范院校的学生掌握现代教育技术的基本理论和方法就必然成为其职业素质的重要要求之一。

1.3.1　师范生学习现代教育技术的基本内容

师范生学习现代教育技术应当以《中小学教师教育技术能力标准（试行）》为参照，明确学习现代教育技术课程的目的是：培养教育技术能力，培养运用教育技术革新课堂教学的意识，提高从事教育教学的基本能力。在教育技术学习中，应做到理论性和技术性并重，着力培养师范生的教育技术综合能力。

要在教育学、心理学、系统理论知识的基础上，深入了解和研究现代教学设计的思想，并学会用相关的设计方法来规划某一学科的教学活动，这其中包括目标分析、学习者分析、媒体选择、过程设计及评价方法等各项环节。只有掌握了教学设计，才能使教育技术真正体现出价值，避免追求先进手段的形式化。

作为21世纪的教师，不仅应具备基本的信息技术知识，同时还应掌握在教学过程中所能运用到的相关媒体技术，如常规设备的使用，图片、声音及其他素材的处理，影像动画的基本制作，以及以多媒体计算机为主的教学资源的开发和使用技术等。只有掌握了扎实的硬件操作技术，教育技术的应用才能真正实现。

教师的教育技术素质，不仅包括在教学过程中熟练地使用各类媒体设备和对教学活动的设计能力，还应具备基本的教学软件开发能力，这里的教学软件是指各类承载教学信息的电子类材料，包括多媒体课件、电视教学片、录音教材、幻灯片、投影片等。教师只有掌握了这些教学资源的开发技术，才能更科学地组织教学内容，设计教学模式，使教学活动更有效。教师参加或独立开发教学软件的过程，也是教学系统设计工程的重要组成部分，所以教学软件尤其是多媒体课件的开发能力，是教师学习现代教育技术的重要内容。

信息技术与学科课程整合作为一种新型的教学方式已经成为基础教育教学改革的主流，也是基础教育所关注的热点问题之一。信息技术与课程整合需要借助教育技术的相关理论和方法，以现代教育技术的教育思想理论为指导，在数字化的教学环境中利用信息技术并与其他学科进行整合，充分发挥信息技术人力资源的优势，促进学生的学习。借助教育技术手段进行课程整合的技术和方法是师范生学习教育技术的重要内容。

1.3.2 师范生学习现代教育技术的要求

1. 转变教育教学观念，正确认识教育媒体

在信息时代，学生获取知识的来源已不局限于教师和书本等传统方式，发达的信息网络使他们获取知识的途径更加多元化。现代教育技术将打破时空的限制，实现面对社会全体开放的个体化教学，即实现全民化教育，在保证质量的前提下使教育个人化。教师对现代教学媒体的态度直接影响了现代教育技术在教学中的应用。师范生作为未来的教师，应以积极的心态迎接挑战，对新的教育技术不恐惧、不回避、不排斥，建立良好的自信心，自觉、自愿地学习和运用现代教育技术。

2. 重视教育技术，努力创造良好条件

师范院校要想更多、更好地培养适应新世纪的创新人才，就应积极推进教学手段的现代化进程，尤其要重视多媒体计算机及网络等现代教育技术手段在教学中的运用，把现代教育技术作为高校改革和发展的制高点与突破口，为学生提供必要的学习环境与条件。学生应充分利用这些条件，学习现代教育技术的相关理论和技能，有意识地开发现代教育技术的潜能。

3. 注重实际应用能力，加强教育技术技能培养

对师范生的教育技术教学应着眼于理论和技术两个层面，把教育技术的内容灵活多样地呈现在实际教学过程中，让学生耳濡目染，接受现代教育技术的思想和理论。另外，加强对师范生现代教育技术的培养，既要注重教育教学理论的学习，也要注

重实践操作技能，对于教学过程中经常使用的媒体设备，要能够灵活操作，注重培养学生的实际使用能力，鼓励学生学习新技术，并探索将其应用于具体的教育教学中。

4．根据不同专业，学习内容有所区别和侧重

教育技术课程内容的体系较为庞杂，需要学习的理论、技术、技能繁多，在有限的课时内难以保证学生能掌握所有的知识和技能。由于专业学科背景不同，不同专业对学生的要求存在较大差异，因此不能用统一化的课程内容去完成所有专业的教学任务。针对不同专业背景的教学对象，教学内容应有所取舍，有所侧重。例如，对有理科背景的师范生可以增加几何画板等相对专业化的工具和技术的学习。总之，应将师范生的专业知识和将来所要担任的学科课程结合起来，充分调动他们的积极性，增强他们的学习兴趣，以及提高他们的动手能力。

师范生掌握必备的教育技术技能，是教育改革的需要，是教育面向现代化的需要，应得到师范院校足够的重视。师范生教育技术能力的发展是一种综合能力的培养，既涉及理论知识的培养，又涉及教育技术实践能力的培养。为适应新时代对教师的要求，师范生要注重发掘自身的教育技术潜能，更要充分利用各种资源，使教育技术能力得到不断提升。

思考与练习

1．谈谈你对 AECT1994 教育技术定义的理解。

2．结合我国教育技术的研究与实际，思考教育技术研究包括哪几个方面的内容。在教育技术研究范畴中，哪些内容与教学实际联系最紧密？

3．上网查阅我国教育部颁布的《中小学教师教育技术能力标准（试行）》。

第2章 Chapter 2

现代教育技术理论基础

教学要点

学习理论基础
教学理论基础
传播理论基础

教学目标

了解三种学习理论的发展过程
掌握学习理论的学习观
学会运用教育理论指导教学过程

2.1 学习理论基础

学习理论是关于人类学习活动的本质、规律、过程和条件方面的理论，其从生理学、心理学、社会行为学等各个不同的角度出发，探究人类学习的产生、过程、效果，寻找其中的规律，以便找到更有效的学习方法。现代教育技术主要的研究内容是信息技术环境下的学校资源与学习过程，因此学习理论必然成为其必不可少的理论基础。只有以学习理论的研究成果为指导，教育技术的实践才具有科学性、有效性。

在对学习规律的探索过程中，由于研究者的观点、角度和方法不同，因此形成的理论也各有千秋。学习理论流派多样，其中对教育技术产生较大影响的有行为主义、认知主义和建构主义三大流派。这些流派的理论各有特点，相互补充，在应用时要根据不同的情况进行选择。

2.1.1 行为主义学习理论

行为主义学习理论主要关注学习的结果（行为的形成），强调外界环境的刺激作用，揭示了学习的现象。行为主义学习理论的代表人物是美国的斯金纳，他认为行为是人类生活的基本方面，并一直把行为作为自己的研究对象。他继承和发展了桑代克的联结主义学习理论，提出了“刺激—反应—强化”的学习模式，创立了操作性条件作用学说和理论，并将其应用于人类学习的研究。

斯金纳提出的学习模式对人们的学习活动的启示是：学习者要想获得有效的学习效果，必须及时给予适当的“强化”，为了实现这种强化，最好的办法是让学习者知道自己的学习效果，使正确的学习行为得到肯定，错误的学习行为得到纠正。斯金纳认为，在教学方面，教师应充当学生行为的设计师、建筑师，将学习目标分成很多小任务，并且个个予以强化，通过操作性条件反射逐步完成任务。

斯金纳认为，成功的教学与训练的关键是分析强化效果。基于这一点，他又提出了程序教学法，并据此研制了教学机器。这种教学法的基本思想如下：

（1）把教学内容按内在联系分成若干部分；

（2）要求学生作出反应，并对学生的反应给予强化；

（3）鼓励学生以适合自己的速度学习，并且可按各自不同的思维方式和速度来学习；

（4）要求在学习过程中尽量避免学生出现错误反应。

斯金纳的程序教学法已广泛应用于当今的计算机辅助教学。根据行为主义理论，现代教学技术在教学过程中的作用是：通过多种教学媒体为学生提供引起必要反应和形成强化刺激的材料及条件，使学生建立起刺激与反应之间的稳固联结，并培养学生的多向思维和发散思维。

然而，行为主义学习理论在研究中只强调行为，不考虑人们的意识问题，把人们的所有思维看作是由“刺激—反应”形成的，忽视了人的内部因素，即意识的作用，使得该理论体系出现不足，从而导致了认知主义学习理论的发展。

2.1.2 认知主义学习理论

一般认为，认知主义学习理论的真正形成是以美国心理学家奈瑟尔在1967年发表的《认知心理学》为标志。认知主义学派认为，学习并非是一连串的刺激、反应的过程，而是人们根据自身已有的经验，对外部信息进行加工处理，形成认知结构的过程。因此，认知主义学习理论强调学习内部因素，探讨人脑对信息加工和认知结构建立的机理。

1. 布鲁纳的认知结构学习理论

布鲁纳认为，人将外部事件经过知觉转化为心理事件的过程是认知表现过程，其分为动作表征、映象表征和符号表征三个阶段，学习需同化这些表征式，在内部建立对知识的结构框架,即认知结构。新的学习就是新信息与原始的认知结构相互联系，对其进行调整、补充，并在认知结构的指引下，完成对具体知识内容的认知。布鲁纳强调在教学过程中，教师要尽量制定各种方法，设计有利于学生发现、探索的学习情境，使学习成为一个积极主动的探索过程，从而调动学生自我探究、猜测、发现的积极性。

2. 奥苏贝尔的有意义学习理论

奥苏贝尔的有意义学习理论，旨在直接解决学校知识教学问题，其理论内容涉及学习、教学、课程三方面，因此，一般认为奥苏贝尔的有意义学习理论是最接近教育心理学的学习理论。与布鲁纳强调“认知—发现”不同，奥苏贝尔的有意义学习理论强调“认知—接受学习”。他认为要实现有意义的“接受学习”，必须满足内、外部教育。“内部教育”是指学习者必须具有有意义学习的倾向，即学习者积极主动地把符号所代表的新知识与学习者认知结构中原有适当的知识加以联系；“外部教育”是指学习材料本身必须具有的逻辑意义。有意义学习理论对学生的教学提出了一个重要的建议，即教师对学生经验能力的了解并给予清晰的说明引导，是形成有效学习的必要条件。

2.1.3 建构主义学习理论

20世纪90年代，建构主义学习理论开始兴起，并成为学习理论中的重要流派。建构主义学习理论认为，所谓人们认知的“实在”只是知者构造了实在，或者说是按自己的经验解释了实在，经过学生在学习过程中主动建构知识，并力图在更接近、更符合实际情况的情境下学习，以个人原有的经验、心理结构和信念为基础来建构新知识，并赋予新知识的个人理解。

德国的一则关于鱼和青蛙的童话可以帮助我们更好地理解这个问题。在一个小池塘里住着一条鱼和一只青蛙，它们是好朋友，都想去看看外面精彩的世界。由于鱼不能离开水，因此只能让青蛙自己走了。这天，青蛙回来了，鱼迫不及待地问它外面的情况，青蛙告诉鱼，外面有很多新奇有趣的东西，比如说牛，它的身体很大，头上长着两只弯弯的犄角，身上有黑白相间的斑块，长着四只粗长的腿，还有一个红色的大乳房，以吃青草为生。鱼惊叫道：“哇，好怪呦。”同时，脑海里勾画出牛

的形象：大大的身子，头上长着两只犄角，嘴里吃着青草……（图 2-1）

图 2-1 “鱼牛”的形象

鱼脑中的牛形象（姑且称之为“鱼牛”）显然是错误的，但对于鱼来说却有其道理，因为从本性出发，它将从青蛙那里得到的关于牛的部分信息与自己脑中已有的知识相结合，构建了“鱼牛”的形象，这体现建构主义的一个重要理念：巩固依赖于个人经验，即由于人们对世界的经验各不相同，人们对世界的看法也必然会各不相同。知识是个体与外部环境交互作用的结果，人们对事物的理解与个体的先前经验有关，因而对知识正确的判断只能是相对的。知识不是通过教师传授的，而是学习者在与情境的交互作用过程中自行建构的，学生应处于中心的地位，教师是学习的帮助者。因而，建构主义学习理论强调知识的建构。

建构主义学习理论的主要观点如下：

（1）学习不应被看作是对于教师所传授知识的被动接受，而是学习者以自身已有的知识和经验为基础的主动的建构活动，即学生能主动积极地构建知识。从这个意义上说，学生学习的活动必然有创造性质，学生能把从外界接收到的知识信息同步到自己原有的认知结构中，形成自己特有的认知图式。

（2）学习是学习者认知结构的组织和重新组织的过程，学习活动是一个“顺应”的过程，即学习者不断地对已有的认识结构作出必要的调整和更新，使其适应新的学习对象，并实践“整合”。

（3）学生的学习活动主要是在学校环境中且在教师的直接指导下进行的，因此学习作为一种特殊的建构活动具有社会性质。学习不是一个“封闭”的过程，而是一个需要不断与外界进行交流的发展与改进的过程，即一种包含交流、反思、改进、协调的过程。

因此，建构主义学习理论提倡的学习方法是在教师的指导下，以学生为中心的学习。学生是知识意义的主动建构者；教师是教学过程的组织者、帮助者、指导者和促进者；教材所提供的知识不再是教师讲授的内容，而是学生主动建构知识的对象；媒体也不再是帮助教师传授知识的手段和方法，而是用来创造情境，进行协作式学习和活动交流，即作为学生主动学习、协作式探究的认识工具。目前，建构主义学习理论对教育技术，尤其是对第二代教学设计的研究影响比较大。

行为主义教学理论注重外部刺激的设计，认知主义学习理论着眼于知识结构的建立，建构主义学习理论则特别关心学习环境的设计。从建构主义的认识论和学习观出发，教育专家得出一系列教学设计原则，可以指导教学系统的设计和教学环境的设计。

(1) 所有的学习活动应与大的任务或问题挂钩。

(2) 设计真实的学习环境，让学生带着真实的任务进行学习。所谓的真实的环境并非一定是真正的物理环境，但必须使学习者经历与实际世界中类似的认知挑战。

(3) 支持学习者把发掘问题作为学习活动的刺激物，激发其学习兴趣，使学习成为自愿的事，而不是强加给他们学习目标或以通过测试为目的。

(4) 为了使意义建构更有效，教师应组织好协作学习，并对协作学习进行指导，使之朝着有利于意义建构的方向发展。

2.2　教学理论基础

教学理论是以教学规律为研究对象的学科，其内容是研究如何依据教学活动的性质和规律，合理设计教学的过程和情境，以提高学生的学习质量和效率。

2.2.1　现代教学理论

1. 斯金纳的程序教学理论

20 世纪 50 年代，美国行为主义心理学家斯金纳根据操作条件反射与强化理论，提出学习材料的程序化思想，其主要原则是：将教材分为若干部分，学生对学习内容作出积极反应，反应后进行即时反馈，尽量降低错误率，教学应自定步调、自选路径等。依据这样的原则，程序编制者把教材分解成许多小项目，并按一定顺序加以排列，对每个项目提出问题，通过教学机器或程序教材来呈现，要求学生作出选择反应或应答反应，然后给予正确答案以便核对，并加以强化。这一理论对今天的计算机辅导教育的研究依然具有价值。

2. 布鲁纳的发现教学法

美国教育心理学家布鲁纳从认知心理原理出发，提出了以学生主动发现为主要形式的教学方法。发现教学法主要是在一个由教师有组织、有目的创设的学习环境中，学生学习经验和发现主观动机，一步一步地去发现新的知识并不断地深入发现行为，最终在由这些发现成果组成的框架中，顿悟到知识的内在体系，从而掌握学习内容。这种方法的优点是促进学生在学习中发挥主动思维，发展和提高综合智力水平，锻炼自主解决问题的技能，有利于培养学生独立学习和研究的能力；缺点是对学生的预备技能和自控能力要求较高，学生容易出现学习兴趣迅速下降的情况，导致放弃。

所以，运用发现教学法理论，教师必须事先做好周密的安排，同时对过程给予即时的控制。

3. 布卢姆的掌握学习模式

掌握学习模式是美国心理学家布卢姆在20世纪60年代提出的。布卢姆认为学习效果的差异受五个变量制约，即学习其课题的基础能力、教学的质量、理解能力、学习持续能力及学习时间。只要使学习者能明确教学目标，具备掌握该项学习必要的知识和技能，以及合理的时间、良好的主观意愿，同时教师提供必要的帮助、有效的反馈和矫正，则绝大多数学生能完成学习任务，获得好成绩。

掌握学习模式是基于集体授课形式的教学方法，所以在学校教育中流传很广，在我国教育界影响也较大。

4. 奥苏贝尔的讲解式教学

美国教育家奥苏贝尔依据认知心理学原理，认为人的认识过程往往是先认识事物的一般属性，然后在这种一般认识的基础上，逐步认识其具体细节。因此，他提出教学顺序应遵循人的认识过程的自然顺序，首先呈现概念性的组织者（先行组织者），以便学生在认知结构中形成框架；然后呈现具体材料，使学生的认知结构从一般到个别，不断分化。他强调师生的相互作用，强调学生认知结构中新旧知识的相互作用，以达到知识结构不断分化和综合贯通的目的。

5. 范例教学模式

以德国著名教育家克拉夫基和瓦根舍因为代表提出的“范例教学论”，是在批判传统教学的过程中逐步明确和丰富起来的。该理论认为，要克服传统教学的弊端，就要反对庞杂臃肿的传统课程内容和死记硬背的教学方法，选择最典型的学科材料，形成知识的“稠密区”，使各种知识交融；学生通过对这个“稠密区”的探究、思考，形成一种整体的认知结构，从而达到把握其他各种材料的目的。这种教学模式主要分为四个阶段：教师以具体直观的方法阐明一个范例，使学生首先对“个”的本质特征有一个认识；阐明整个“类”的特征，从而由对“个”的认识开始对“类”的认识；通过从“个”到“类”的过渡，掌握对事物根本的关系；对规律与范畴的抽象概括和总结，即获得实际生活经验。

6. 巴班斯基的最优化理论

前苏联教育家巴班斯基的“教学最优化”理论，指出教学要从实际情况出发，确定效果和时耗双重标准，选定最佳教学方案，按照实施过程中的反馈信息及时调整教学活动进程，以期达到最大效益，并使每个学生都能得到最合理的教育和发展。

2.2.2 视听教学理论

1946年，美国教育技术学家戴尔在他所著的《视听教学法》一书中，阐述了录音、广播等视听教学手段如何在教学中使用，以及会产生怎样的教学效果等一系列问题，并总结一系列教学方法，提出了相关的教学理论。戴尔把人类获取知识的途径和方法用“经验之塔”来描述，称之为“经验之塔”理论。

戴尔将人们获得的经验分为三大类：做的经验、观察的经验和抽象的经验。“塔”的底层是做的经验，包括以下三个层次：

（1）直接的有目的的经验。是指直接与真实事物本身接触而获得经验，是通过对真实事物的直接感知（看、听、尝、嗅、触、做）取得的最丰富的具体经验。

（2）设计的经验。是指通过对模型、标本等间接材料的学习而获取的经验。模型、标本是通过人工设计仿造出的事物，多与真实事物的大小和复杂程度有所不同，但其是真实的改编，这种改编可以使人们更容易理解、领会真实事物。

（3）演戏的经验。通过演戏，在接近真实的情况中获得经验。

以上三个方面的经验都包含学习者亲自的活动，即学习者不仅仅是活动的旁观者，更是活动的参与者，故称之为“做”的经验。经验之“塔”底层的经验是最直接、最具体的，学习时也最容易理解，便于记忆；越往上越趋于抽象，但并不是获取任何经验都必须经历从底层到顶层的过程，也并不是下一层经验比上一层经验更有用。学校应应用各种教育媒体，以使教育更为具体，从而形成科学的抽象。教育应从具体经验入手，但不能满足于获取一些具体经验，必须向抽象化和普通化方向发展，将经验上升到理论，发展思维，形成概念，指导下一步的实践。

观察的经验包括以下五个层次：

（1）观摩示范。通过观察别人怎样做，从而了解一件事是怎样完成的，以后就可以模仿别人去做。

（2）见习旅行。主要目的是观察在课堂上看不到的各种真实的事物和景象。

（3）参观展览。通过观看展览以获得观察经验。

（4）电影、电视。屏幕上的事物是实际事物的代表，而不是其本身，观看者得到的是替代的经验。

（5）广播、录音、照片、幻灯片。通过听觉和视觉的方式来获得经验，其提供的内容更加抽象。

抽象的经验包括以下两个层次：

（1）视觉符号。主要是指能够表达一定含义的图形、地图、示意图等一类抽象符号，如在地图上用曲线表示河流，用线条表示公路、铁路等。

（2）语言符号。包括口头语言与文字，是一种纯粹的抽象语言符号，处于“塔”的顶部，抽象程度最高，在使用时总是与“塔”中的其他层一起发挥作用，即学生在自己的全部学习经验中，都在不同程度地进行抽象思维。

“经验之塔”理论所阐述的是经验抽象程度的关系，符合人们认识事物由具体到抽象、由感性到理性、由个别到一般的规律，而位于“塔”中部的广播、录音、照片、幻灯片、电影、电视等介于“做”的经验与抽象的经验之间的视听媒体，既能为学生学习提供必要的感性材料，使学生容易学习和记忆知识，又便于借助解说或教师的提示、概括、总结，从具体的画面上升到抽象的概念、定理，形成规律，因此是一种有效的学习手段。“经验之塔”不仅是视听教育理论的基础，也是现代教育技术的重要理论之一。

2.3 传播理论基础

2.3.1 传播学的主要内容

1. 传播

传播是人类社会普遍存在的信息交流的现象。教育传播泛指教育信息的传播活动，它按照一定的教育目标，选定合适的教育信息内容，通过教育媒体，把教学信息传递给特定的教育对象。因此，可以把传播学理论的研究成果应用于现代教育技术的实践中，以提高教育的质量和效率。传播理论是现代教育技术的理论之一。

2. 传播模式

人们往往把传播过程分解成若干要素，然后分析这些要素在传播过程中的地位和作用，这样就构成了多种研究传播过程的模式。

（1）拉斯威尔的传播理论模式。美国政治家拉斯威尔在 1948 年提出描述传播行为的一种简便方法，称为“5W”模式，它通过回答五个问题来描述传播行为，即谁（Who）、说什么（says What）、通过什么渠道（in Which channel）、向谁说（to Whom）、产生什么效果（with What effect），如图 2-2 所示。

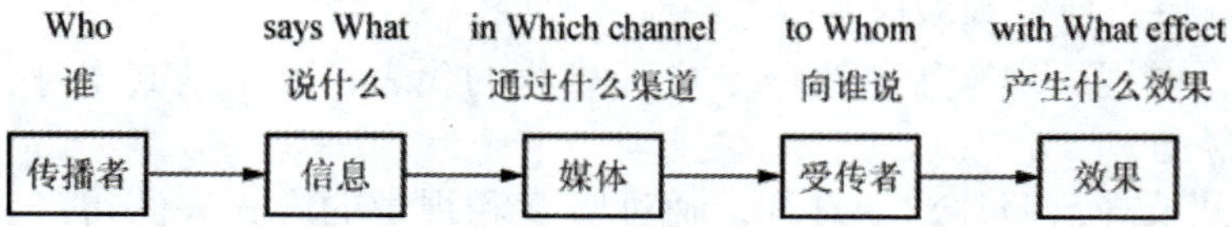

图 2-2　拉斯威尔的传播理论模式

拉斯威尔传播理论明确地说明了传播的概念和过程，以及传播的基本要素，是传播的基本理论模式，然而该模式具有明显的不足。首先，它忽略了“反馈”的要素，忽略了传播是循环往复的双向互动过程。现代教育技术应用拉斯威尔“5W”模式，主要是发挥传者（教师）、受者（学生）的主动性和积极性，选择和组合适合教育内容的现代教育媒体，通过这些媒体将信息直接或间接地传递给受者，并通过实践检验或证明其产生的效果，因此该模式对指导现代媒体教学有一定的作用。其次，这个模式没有重视“为什么”或动机的研究问题。有两种值得重视的动机：一是为何使用传播媒体；二是传播者和传播组织为什么去传播。

（2）香农 - 韦弗的传播理论模式。1949 年，传播理论的奠基人之一、数学家香农和韦弗，从电话、电报的传播模式出发，运用数理统计方法，建立了研究信息处理和信息传递的科学理论模式，即“香农 - 韦弗传播模式”，如图 2-3 所示。

香农 - 韦弗传播模式认为，传播过程是指信源（传者）要将提供的信息经过编码转变成其他符号（如声音、文字、图片、图像等）后，通过一种或多种媒体传播出去，信宿（受者）吸收这些译码（解释符号）有效的信息。传播需要传者的经验与受者的经验有一部分重叠，否则受者难以理解或正确认识信息。在信息传播过程中，会受到环境的干扰，或受者在处理收到的信息时会有反应，这种反应通过一定的渠道反馈给传者，传者根据反馈的情况重新设计或修改传播内容使之更符合受者的需要，以提高传播效果。

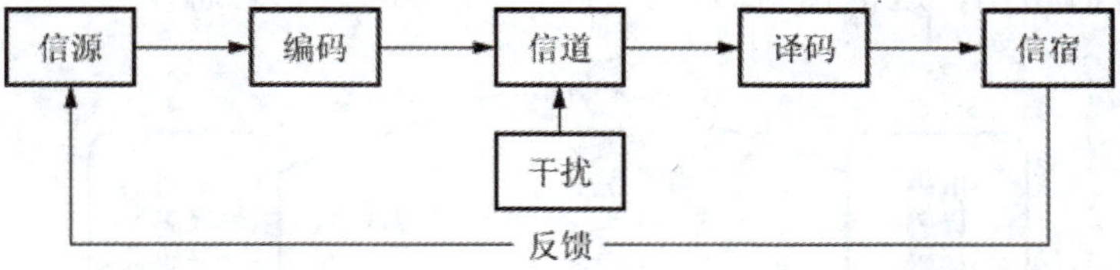

图 2-3　香农-韦弗传播理论模式

香农 - 韦弗的传播理论模式的最大贡献是在传播过程中引入了“反馈原理”。应用这一模式解释教学的过程如下 ：

首先，这一模式指出了教学系统的构成要素，信源就是教师，信宿就是学生，信息即教学内容，信道是指通道与媒体。

其次，图 2-3 中的“编码”、“信道”、“译码”、“干扰”、“反馈”及箭头符号用来说明师生之间的信息传播的过程。来自信源的信息经过编码转换成信号这一环节，在教学中就是把要传递的教学信息经编码转换成文字、语言符号的环节，不经这一环节，教学信息无法传递。

教师经编码将信息转换成符号系列，然后通过记录、储存并传递给学生，这一环节就是图 2-3 中的信道（通道与媒体）传送信号的环节。例如，书本就是把文字符号系列记录并储存起来，再通过光波传送到学生的视觉器官。没有记录、储存、传送这一环节，教学信息转换成的符号就不能传递给学生。教学过程中经常发生这样的现象，由于主观上的种种原因，学生没有听到（或听不清楚）、没有看到（或看不清楚）教师传送过来的符号，这就是图 2-3 中信道所受的干扰。干扰是影响教学效果的因素之一。教师讲话声音过低，教师身体遮住了学生的视线，转移学生注意力的一些事件等都可以说是干扰，如何排除有害的干扰、利用有利的干扰是教学中必须注意的问题。

图 2-3 中，信号通过译码转换成信息，为信宿所获得，是指教师传送给学生的符号，要由学生通过自己的感觉器官感受并接受下来，通过头脑的加工，“译出”符号表达的信息内容，在头脑中形成新的认识，这样就获得了信息。学习困难的学生，主要是难以通过这个环节。

在教学过程中，学生感受和译码后，其学习的结果通过提问、测试或学生的表情等反馈给教师，教师根据反馈的信息，调整信息传递的速度、方法，如可以通过认可、表扬等形式指导学生顺利地获得信息。反馈环节被普遍认为是教学过程中不可缺少的，没有反馈，就不能算作一个完整的教学过程。

现代教育技术采用香农 - 韦弗传播理论模式，主要选择、制作适合表达和传播相应教育信息的现代教育媒体，掌握师生经验的重叠范围，及时分析来自各种渠道的反馈信息以实现教育最优化。

（3）奥斯古德 - 施拉姆模式。香农 - 韦弗模式提出反馈信息这一概念，反映了信息传播过程的双面性，研究教育传播理论的学者们在此基础上，又进一步强调了教学中师生的“互动”关系，有力地揭示出教学过程中师生的主体性和主动性、交互性这一本质。

图 2-4 中，教师（教育者）和学生（受教者）都是信息的传送者，又是信息的接受者；既是信息转换的编码者，又是信息转换的译码、释码者。在交流过程中，双方不断变换传播角色，这也表明师生双方相互平等的这一思想。

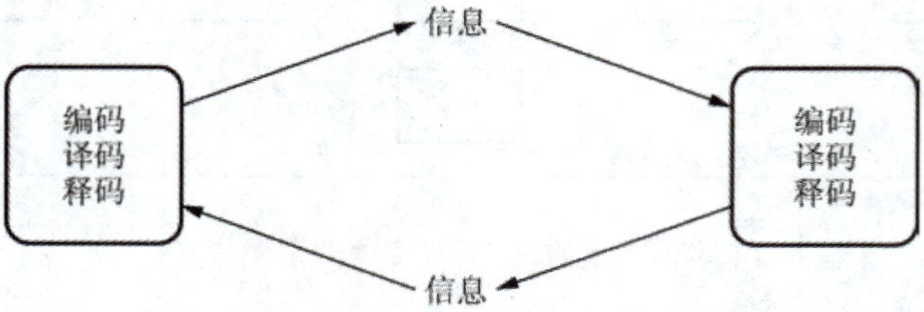

图 2-4 奥斯古德-施拉姆模式

注：编码是指用符号表达信息内容时，将符号加以编排和组合；译码是指感受传送过来的符号；释码是指译出符号所表达的内容。

2.3.2 教育传播

教育传播是由教育者按照一定的目的和要求，选定合适的信息内容，通过有效的媒体通道，把知识、技能、思想、观念等传递给特定的教育对象的一种活动。依据传播学的基本理论和方法，对这一活动的规律研究就是教育传播学的主要内容。

教育传播是一种以培养和训练人为目的的传播活动，教育传播过程是一个由教育者借助教育媒体向受教育者传递与交换教育信息的过程，教育传播的最终目的是取得良好的教育传播效果。教育传播的过程如下：

第一步是确定要传送的信息。传送信息要依据教育目的和课程的教学培养目标来确定。这一阶段，教育者要按照教学大纲的要求，钻研教材，对每章的教学内容进行分析，将内容分为若干个知识点，并确定学习者对每个知识点要达到的学习水平。

第二步是选择教育传播媒体，这一步实质是一个编码的过程。教育信息选择何种符号和信号去呈现或传送，是一个复杂的问题，一般存在以下原则：一是选择的媒体能准确地呈现信息内容；二是选择的媒体符合学习者的经验与知识水平，容易被理解和接受；三是选择的媒体容易获取，即付出较小的代价就能取得良好的效果。依据这些原则，教师首先是在现有的媒体中去选择合适的，其次是去购置媒体，最后是自行设计和编制新的教育传播媒体。

第三步是施教阶段，即教育信息通过教育媒体传出信号。施教前，教育者要做好每次施教的结构设计；施教时，教育者要有步骤地按教学结构方案进行，尽量减少干扰，确保施教的质量。例如，课表教学传播时，要考虑教学对象和传播范围；每一节课从开始到结束，教师要考虑何时利用口语传播，何时利用媒体传播，用何种媒体等。

第四步是学生的信息译码阶段。这一阶段，受教育者首先通过视觉、听觉、触觉等感觉器官接收传来的信号，再依据自身的知识与经验，将信号通过神经系统转换为相应的符号，储存在大脑中。

受教育者接受信号解释信息后，增加了知识，但能否达到预定的教学目标，教育者可以通过观察学生的氛围变化，或课堂提问，或阶段性考试进行评价。评价的结果即反馈信息，教师通过掌握的反馈信息，与预定的教学目标进行比较，发现教学传播中的不足，然后调整教学信息、教学媒体，在施教阶段再次传播。例如，在课堂提问过程中发现问题，及时调整传播；在课后考试中发现问题，进行集中或个别辅导。

思考与练习

1．学习理论有哪几个主要流派？它们的主要观点是什么？

2．传播学主要包括哪些内容？

3．根据“经验之塔”理论，课堂上采用了哪些手段使学生获得不同层次的学习经验？

4．如何看待新时期师生的角色？教师能否可以完全被技术取代？

第3章 Chapter 3

现代教育技术环境与系统

教学要点

多媒体网络教学机房的构成
校园计算机网络的应用

教学目标

了解现代教学环境的基本组成
熟悉校园计算机网络的构成
掌握微格教学系统的应用
掌握多媒体网络教学机房的应用

3.1 多媒体教室

多媒体教室是多媒体教学的场所。如果以个别化教学为主，宜构建多媒体网络教室；如果以集中化教学为主，则可以构建多媒体多功能教室。

多媒体网络教室主要用于开展通过多媒体网络进行并以个别教学为主的教学活动，这种网络教室属于局域网，硬件主要包括多媒体文件服务器、教师用机、学生工作站、网卡、高速视音频传输器、集线器、匹配器及缆线等。

本节主要讨论多媒体多功能教室（以下简称多媒体教室），有关多媒体网络教室的内容将在 3.2 节讨论。

多媒体教室是教育现代化的标志之一，在现阶段的教学中被广泛使用。其将教师从传统的“黑板 + 粉笔”的教学模式中解放出来。借助多媒体设备，教师可以从视听的角度为学生提供更多更有趣的知识和信息，扩大学生的知识面；利用动画技术和影视技术，可以使抽象的概念、深奥的理论简单化与直观化，有利于学生理解、吸收。利用多媒体教室进行教学，能更好地突出重点、突破难点，促进学生的学习。

3.1.1 多媒体教室的功能

多媒体指的是文本、声音、图形、图像等基本媒体以两种或两种以上形式存在和表现的形式。常见的多媒体信息的载体有幻灯片、投影片、录像带、电影胶片、VCD 或 DVD 碟片、CD-ROM 碟片等。多媒体教室通过配备合适的硬件设备，实现载体记录的媒体还原。因此，多媒体教室应尽可能配备完备的多媒体载体还原设备，使教学过程中对媒体记录信息的表达不受限制，以期达到更完善的应用。

多媒体教室是由教师直接进行课程教学的场所，其应具备以下条件。

（1）在技术上，多媒体教室内应有计算机数字信号、音频信号（包括经过计算机处理的视频信号和音频信号），因此多媒体教室应能够实现：

1）将书稿、文件资料还原及将实物通过实物展示台传送到大屏幕上，或者将其扫描的图片传送到大屏幕上；

2）多媒体计算机单独使用，并将所显示的内容传送到大屏幕上；

3）播放音乐、影碟机教学录像；

4）通过校园网调用各种信息；

5）具备麦克风（传声器）扩音功能。

（2）在功能上，使用多媒体教室要能够做到：

1）迅速处理、显示各种教学内容；

2）兼容不同版本的教学软件；

3）通过校园网进行网上课堂教学，在校园网上调用有关信息，进行网上交流；

4）使用幻灯片、投影片等进行常规电化教学，满足传统教学的需要。

3.1.2　多媒体教室的构成

1. 多媒体教室的基本构成

随着教育技术在各级各类学校中的逐渐应用，很多学校进行了相应的硬件建设，拥有了多媒体教室，配置了多媒体系统、实物展示台、音响、中控系统等。有些学校在配置多媒体教室时片面追求硬件建设，追求大、全、高，设计过于复杂，使任课教师很难操作，只能依靠专业人员配合，这样既影响了教学效果，又浪费了人力资源。学校在建设多媒体教室时，应根据本校的实际需要和基础设施，遵循经济性、效益性原则，合理配置设备，这样才能获得高性价比的多媒体教室。以下以简易型和标准型多媒体教室为例简单介绍多媒体教室的配置，以供参考。

(1) 简易型。简易型最简单的方法就是在教室内配置一台计算机、一台液晶投影机、一幅银幕，其他的信号源设备、切换器、音响系统、终端设备可根据需要选择，如图 3-1 所示。

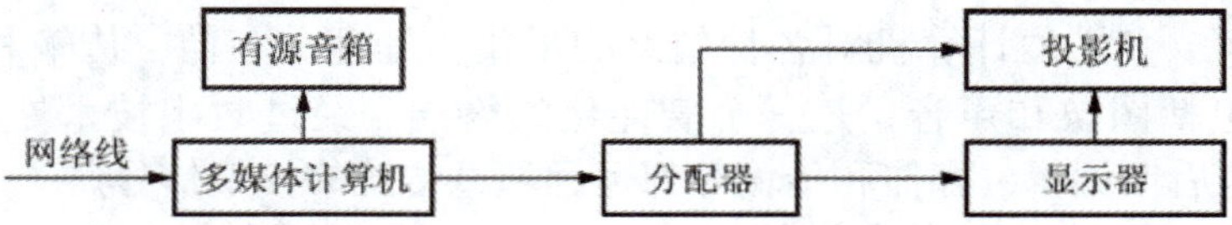

图 3-1　简易型多媒体教室

(2) 标准型。标准型是将多媒体计算机技术与常规电教媒体相结合，一般要求具备以下主要功能：能播放文本、图像、动画、视频、音频等多种媒体信息；通过实物展示台可将图片在屏幕上显示出来；配备音响系统和控制银幕、窗帘、照明等相关辅助设备；可与多种信息网相连，如校园的信息网、卫星电视网和校园有线电视网等，如图 3-2 和图 3-3 所示。

2. 多媒体计算机

多媒体计算机在多媒体教室设备中占主要地位，大多数教学软件要由它运行。多媒体计算机在系统中既是计算机教学媒体，又是网络连接设备，还可能是中央控制系统的操作平台。

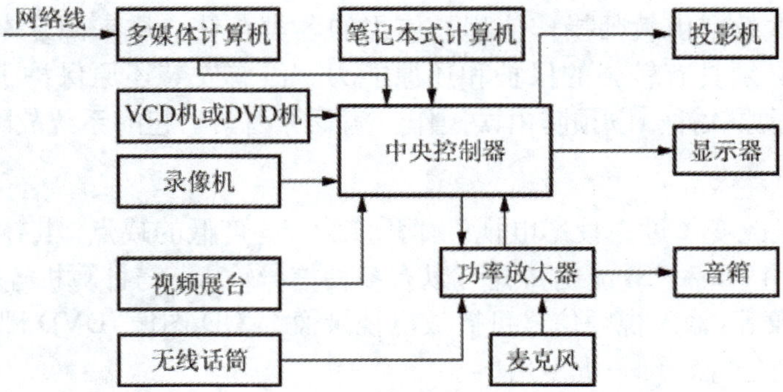

图 3-2　标准型多媒体教室（一）

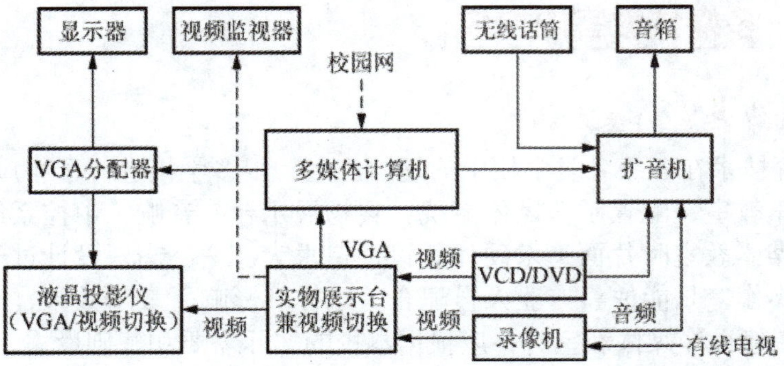

图 3-3　标准型多媒体教室（二）

多媒体计算机与一般传统的教学设备相比，具有三个显著的特点。

(1) 组成：多媒体计算机既是各种硬件的集合，如高度 CPU，大容量的硬盘和内存，性能优良的数据、图形处理器，声音压缩卡及显示器等；又是软件的集合，如各种系统操作软件，数据、文字、图形、图像和声音处理软件等。

(2) 技术：多媒体计算机对各种信息的采集、处理、存储、传输和显示全部实现数字化，包括图像和声音，是一个智能化的终端。经过数字技术处理过的信号，无论质量还是后期编辑、存储和传输等都远远超过传统的模拟信号。

(3) 应用：通过操作多媒体计算机，可以非常灵活地调用、处理和显示文字、图形、图像、声音等教学内容。通过各种互联网络可以方便地调用自己所需要的各种信息资源。

多媒体计算机能对文本、声音、图形、图像等多种媒体进行获取、编辑、存储、加工和表现，现在的计算机大多具有多媒体功能。多媒体教室的计算机配置要适应技术的发展，满足课堂教学的需要。由于多媒体教室的计算机多数时间处于多任务工作状态，因此要根据条件配置运行速度快、硬盘和内存容量大，带有声卡、网卡和高倍速、较强纠错能力的光驱，且工作稳定可靠、故障率低、容易操作、兼容性强的多媒体计算机。完整的多媒体计算机系统由多媒体计算机的硬件及与多媒体计算机配套的软件两个部分构成。由于多媒体教室的计算机要适合不同课程的教学，所以在配置软件时要兼顾不同课程的需要，能兼容不同版本的教学软件，能满足常用格式媒体的播放等。

由于多媒体教室由教师操作使用，使用的各类存储介质来源复杂，因此多媒体教室的计算机必须具有较强的保护和还原能力。没有安装还原保护卡的计算机，应安装系统保护还原软件，以预防由误操作、病毒等因素引起的系统故障。

3. 数字投影机

数字投影机改变了过去投影电视机体积庞大、亮度低的缺点，其体积小、质量轻、亮度高(可高于 4 500ANSI 流明)，并可以有多种信号输入。与计算机连接可显示文字、数据、图形、图像等；输入视频信号可播放电视录像、VCD 图像、DVD 图像、HDTV（高清晰度电视）信号等，可一机多用。

多媒体教室中使用的数字投影机按投影原理划分主要有 CRT 投影机、LCD 投影机和 DLP 投影机。

(1) CRT（Cathode Ray Tube）投影机的核心部件是 CRT 阴极射线管，通常所说的三枪摄影机就是由三个 CRT 投影管组成的投影机。CRT 投影机显示的图像色彩丰富、还原性好，具有较强的几何失真调整能力。CRT 投影机的缺点是亮度很低、操作复杂、体积庞大，对安装环境要求较高，并且价格昂贵。目前，除背投电视机外，多媒体教室中几乎不配置这类投影机了。

(2) LCD（Liquid Crystal Display）投影机（液晶投影机）是目前投影机市场上的主要产品。该类投影机利用液晶的光电效应，即液晶分子的排列在电场作用下发生变化，影响其液晶单元的透光率或反射率，从而影响其光学性质，产生具有不同灰度层次及颜色的图像。LCD 投影机的亮度均匀，色彩还原较好，分辨率高，体积小、质量轻，操作、携带方便，并且价格比较低廉，因此成为投影机市场上的主要产品。

(3) DLP（Digital Light Processor）投影机（数码投影机）以 DMD（Digital Micromirror Device，数字微镜元件）为成像器件，应用的是一种反射式投影技术，其特点是图像灰度等级高，成像器件的总光效率大大提高，对比度非常出色，色彩锐利。

LCD 投影机和 DLP 投影机作为目前多媒体教室中主流配置的投影机，两者各有优缺点，但仅从显示课堂教学信息的角度来看，这两种技术投影机没有太明显的差别，可根据具体情况选择。投影机的主要技术指标是亮度、分辨率和对比度等参数。

投影机的亮度越高，所显示的画面越清晰，对教室环境的亮度要求也越低，但价格也越高。在投影机的亮度选择上往往存在一些误区，并不是亮度越高越好。其实，投影机的亮度较高和较低都容易使眼睛疲劳，长时间观看银幕会使眼睛肿胀、流泪。因此，可根据教室的光线和大小进行具体选择，如 40 ~ 60 人的教室选择 1 500 ~ 3 000 流明的亮度即可。

投影机的分辨率分为 SVGA（800 × 600）、XGA（1024 × 768）、SXGA（1280 × 1024）等多种，以“H × V”方式表示，其中 H 代表水平方向的像素数，V 代表垂直方向的像素数。投影机的兼容分辨率一般比其物理分辨率高一个台阶。例如，一台投影机的物理分辨率是 XGA，则其兼容分辨率最高为 SXGA，当然也向下兼容。目前，一般课件运行要求分辨率为 SVGA，部分为 XGA。因此，教室投影机的分辨率应选 SVGA 或 XGA。

对比度是图像黑与白的比值，即从黑到白的渐变层次。比值越大，从黑到白的渐变层次就越多，灰度等级越丰富，色彩表现也就越丰富。目前，绝大多数的投影机支持 16 ~ 24 位的真彩色。所以要评价投影机的色彩还原度，不仅要看颜色，还要看对比度。

投影机的安装方式有桌式正投、吊顶正投、桌式背投、吊顶背投等。一般来说，如果投影机固定使用，可选择吊顶方式；如果有足够的空间，选择背投方式整体效果最好。

投影机在使用过程中要注意关机顺序。投影机在使用过程中要求电源电压持续稳定，突然断电容易造成投影机灯泡损坏，因此使用完毕后首先要用遥控器关掉投影机，散热完成后再切断电源，切忌通过教室总电源开关断电的方式关闭投影机。

4. 视频展示台

视频展示台是一种随着视频技术发展而出现的视觉媒体。视频展示台本身不具备投影功能，但将其与大屏投影机或大屏幕电视机相连接，可以方便地将文字、图片、讲稿、实物等材料清晰、逼真地投到银幕上。

视频展示台主要由摄像头、照明光源、信号连接端口、控制部分组成。

（1）摄像头：将载物台上物体的影像转化成电信号，通过输出端口传输给投影仪或电视机。

（2）照明光源：照亮被摄对象。通常有两种光源，一种是在机箱外部的直接照射光源，主要用于照亮非透明的物体，如书刊、照片、实物等；另一种是在机箱内部的透射光源，用于照射透明材料，如投影片、幻灯片、玻璃器皿等。两种光源通常不能同时使用。

（3）信号连接端口：分为输入、输出两部分，输入、输出端口会因型号不同有所区别。常见的信号连接端口有“视/音频”端口、S 端口、VGA 端口等。

（4）控制部分：主要包括光源选择、输入选择、调焦、正负片切换等按钮。

视频展示台具有如下特点：

（1）高清晰度的成像质量。视频展示台通过摄像头中高性能的 CCD 器件将图文转换为电信号，完成转换后由摄像头获得。摄像头可达 737×575 像素，水平分辨率在 450 电视线以上，使得图像细节清晰可见。

（2）高质量的自动聚焦功能。视频演示仪摄像头具有自动聚集功能，在教学使用过程中，采用该功能可以减少教师的调节操作，能快速准确地自动完成聚集，获得清晰的图像。

（3）宽范围的变焦功能。通过调节变焦按钮，可改变拍摄区域的大小。既可以投射演示材料或物体的全貌，也可以进行局部的放大以突出重点，或观察细节部分。

（4）书写投影和实物投影的功能。可以利用两种光源放映实物和透明教学材料，并且可以进行局部放大，这也是视频展示台的最大优势。

（5）多路输入、输出接口。视频展示台备有多路输入、输出接口，可以与计算机、显示器、AV 放大器等其他外围设备相连接，组成一个完整的多媒体系统。视频展示台既可以作为一台视频信号源，完成图文资料到电信号的转换；也可以作为一台 AV 切换设备，切换多媒体系统中的视频展示台自身、录像机、VCD 等设备输出到显示终端的音视频信号。

（6）操作简单、方便。视频展示台操作简单、方便，配套齐全。主机两侧备有两个书托架，为展示大型资料带来方便。同时还装备幻灯片夹具，使得 135 正片、底片均可使用。

视频展示台的操作与幻灯机投影仪有很大不同，所以使用之前要仔细阅读说明书或请技术人员作指导。视频展示台在使用中主要包括以下操作：

1）正确连线。视频展示台只有与视频显示设备（大屏幕投影机等）正确连接后，才能正常使用。因此需要按连线端口的标志，将设备之间的视频线对应连接，并保证接触良好。

2)开机。打开设备电源,将视频显示设备的输入项选择为视频展示台的连接端口,在载物台上放置投影材料，并打开相应的照明光源，观察银幕上的影像效果。

3)聚焦。将影像调清晰,可使用“聚焦”的“+”或“-”(有的标示为“W”和“T”)按钮进行手动调整，也可按“自动”按钮进行自动调整。

4）变焦。根据投射要求，按“变焦”的“+”或“-”按钮使镜头推近或拉远，以改变观看图像的范围。

5）信号切换。视频展示台一般带有多路视频输入端口，从而可以切换视频输入信号。通过控制面板上的按钮来切换信号源，改变银幕上显示的图像内容。

5．中央控制设备

中央控制设备简称中控器，可以对多媒体教室中的设备电源、信号切换、音量及电动窗帘等进行集中控制。配置中央控制器可以方便教师操作设备，但其同时又成为多媒体教室的控制中心和信号交换的枢纽，其重要性、可靠性和稳定性会直接影响多媒体教室的使用效果，因此在该设备的选配上需要慎重考虑。安装控制系统的目的是简化操作，使教师轻松自如地控制各种设备，因此选择时必须考虑系统操作的直观、简单和人性化。一般简单的多媒体教室可不配置中央控制设备。

近年来，具有网络化管理功能的中央控制系统逐渐在学校多媒体教室中使用。通过这类系统管理员可以在远程对教学设备进行管理和维护，有的中央控制系统还具有教务管理功能，教师可按课表凭卡开机，并整合了摄像监控功能等。

6．投影屏幕

多媒体教室中使用的投影屏幕主要有三种，它们在图像亮度、图像对比度、观看有效视角方面有很大的差别。一是白布屏幕，其反射率与白色墙面差不多，投影到屏幕上的图像亮度低、对比度差，但是视角范围大，可大于120°，在中心区域与边缘观看时视觉差不是很明显。二是金属屏幕，其放射率高，投影到屏幕上的图像亮度高、对比度强，但是视角范围小，只能达到90°左右，正对屏幕的图像亮度高，越偏离屏幕中心图像亮度越低。另外，其基色偏银灰色。三是玻璃微珠屏幕，其属于漫反射银幕，反射率、屏幕的视角范围在白布屏幕与金属屏幕之间，投影到屏幕上的图像受教室环境照度的影响，适当调节教室环境的照度，既可满足投影教师教学的需要，又能满足学生写字的需要，使学生长时间看屏幕时眼睛不会感到不舒服。另外，玻璃微珠屏幕价格较低廉，因此在教学中常被选用。

7．其他设备

多媒体教室应该配备音响设备。小教室可使用有源小音箱，配合多媒体计算机播放多媒体课件;大教室应配置扩音系统，同时配备领夹式无线麦克风，解决扩音问题。

另外，由于教学内容、教学软件不同，教师使用的设备也不同。视频展示台与大屏幕投影机组合在一定程度上可以取代幻灯机、投影机等常用设备，但在实际使用效果上并不能完全替代。常规电教设备在图像亮度、分辨率、清晰度等方面仍具有自己的优势。因此，应该根据多媒体教室的实际用途，考虑是否配置幻灯机、投影机、录像机等常规电教设备。

3.1.3 多媒体教室的管理与使用

多媒体教室的设备数量较多，而且价格昂贵，为了保证教学活动的正常开展，管理与使用多媒体教室时应做到以下几点：

(1) 各种设备的放置和连接应相对固定，不要经常搬动，大屏幕投影机采用吊顶式安装。

(2) 有专人管理，及时检查、处理、解决在多媒体计算机教学过程中出现的问题。

(3) 具有详细的操作规程，对初次使用多媒体教室的教师进行培训。多媒体教室中的一些设备对操作有严格的要求。例如，大屏幕投影机关机时，必须先使用遥控关机，等散热完成后方可关闭电源。

(4) 在同样的单位时间内，多媒体教室的使用加大了教学内容，增加了信息量的传播，致使学生接受的课程内容不能及时理解消化。因此，教师使用多媒体计算机教学应合理控制教学进度。屏幕内容切换不能太快，各信号源间的切换不宜频繁，并通过电子教鞭、鼠标指针等引导学生观看屏幕的重点、难点内容。

(5) 大屏幕投影机投射到屏幕上的文字不能太小、太多，合理选用底色和文字颜色，黑白反差尽量大一些。另外，图形、表格不宜过小和复杂。

(6) 教师使用多媒体教室后填写使用情况登记表，及时反馈使用情况。

3.2 多媒体网络教学机房

学校的多媒体网络教学机房是由几十甚至上百台联网计算机组成的实验室，是学校进行信息技术理论知识和实践教学的重要场所。

3.2.1 网络教学机房的基本功能

网络教学机房有以下基本功能：

(1) 供计算机相关课程的学生实施上机操作，如计算机文化基础课程、程序设计课程、媒体课件制作课程和各种模拟实验课等。

(2) 提供各种网络服务和应用，如远程网络教学、教务管理、电子图书馆、信息查询、无纸化考试等众多的网络服务和应用。

(3) 开展交互式多媒体教学。安装了网络电子教室软件之后，教师可以实现多种方式的交互式多媒体化课堂教学。

(4) 通过机房管理系统，可以实现按教学安排自动管理机房的功能。

统一建设和管理学校的网络教学机房，可以提高设备的利用率，提高管理效率，使网络教学机房发挥更大的综合效益。

3.2.2　网络教学机房的构成

网络教学机房由众多计算机和连接这些计算机的网络布线系统及交换机等部分构成，具体要求如下：

（1）计算机。最好选择同一型号和规格的计算机，且选择具有硬盘保护和网络复制功能的专为学校机房设计的计算机，以便于今后的维护管理。

（2）交换机。应使用 100MB 或 1 000MB 以太网交换机，不建议使用集线器，因其网络传输速度太慢。交换机多为 24 口，所以一个机房要有多台交换机。交换机可以集中放置，这样维护管理方便，但双绞线使用量大，为减少布线量，可以分散放置。多台交换机要正确级联到上一级交换机，以形成环路。

（3）布线系统。使用超五类以上的双绞线，用星形拓扑将计算机连接到交换机。电源线和网络线的布放应在房间设计和装修时就给予考虑，尽量做到布线规范、美观、便于管理。

（4）服务器。可放置在网络教学机房内，也可放置在校园网的中心机房内，对于使用范围大和重要的服务器，应放置在中心机房内，这样既有好的使用环境，又便于管理。

（5）软件系统。一般使用 Windows XP 或 Windows Vista 操作系统，一些常用软件和教学所需的各种应用软件，以及电子教室软件和机房管理系统。

3.2.3　网络教学机房的环境要求

网络教学机房是设备和人员较集中的场所，为机房创造一个良好的环境，既可以保证机房计算机和网络系统稳定、可靠地运行，延长使用寿命，又可以确保师生的身心健康，提高工作效率。在建设网络教学机房时，除了满足人均面积等用房标准外，从技术和安全的角度，重点还要考虑以下问题。

1. 供电系统及安全

计算机机房一般由市电供电，即 220V/380V，50Hz 的工频电。机房电源总功率应根据计算机及外围设备的技术指标进行计算，并预留 25% 以上的备用功率，每条供电电缆应有不小于 20% 的负荷余量。机房应配置交流稳压源以保证交流电压的稳定。供电系统应采取必要的监测、保护、屏蔽措施以防止电网电压波动，或受到雷击、静电感应及外界磁场的干扰，同时应设置过电流、过电压保护装置，以便于在线路出现过电流或过电压等故障状态时可自动切断电源。

2. 控湿与控温

计算机机房的控温是通过空调实现的。一般，机房的温度应控制在 21℃，并尽量减少机房室内、外温差。相对湿度一般保持在 45% ~ 46% 范围为为佳，过高、过低都会对设备及系统运行带来影响。机房内的温、湿度应可随时监测，一般采用水银柱式干湿温度计即可。

3. 防尘与防有害气体

灰尘与有害气体对计算机造成很大危害，机房应采取一定的防尘及防有害气体的措施，同时应进行空气净化处理。

4．防火与防水

计算机机房防火以配备普通便携式灭火器与探测报警系统为主，有条件者也可以安装固定式灭火器。计算机机房出于防水目的，最好设置在建筑物的 2 ~ 3 层，并采取防水隔潮措施，同时注意防止上下水管道堵塞与破损造成的机房进水。另外，严格控制机房人员将水、饮料等液体带入机房。

5．防雷

计算机机房防雷以外部防护和电源防护措施为主，应注意接地的可靠性及防雷接地与机房其他接地的安全间距，以防止零电位的反击。

6．防震

现在的计算机防震性能较好，综合考虑防水要求，机房以设置在建筑物的 2 ~ 3 层为佳，同时采取隔离机房内部震源的措施。

7．防盗

计算机机房防盗主要采用常规防盗保安系统，即由建筑物、机房值班人员、防盗门、防盗窗、栅栏、机房内探测器及声光报警器为主体构成的防盗系统。

8．其他

计算机机房防干扰、防鼠、防虫害、防漏电或触电，以及对照明的要求与其他类型机房没有差别，应视具体情况及自身条件选择合适的管理和保护措施。

关于网络教学机房设计及建设的问题，可详细阅读国家标准 GB 50174—2008《电子信息系统机房设计规范》和 GB/T 2887—2011《计算机场地通用规范》等相关标准和规范。

3.2.4 网络教学机房的使用与管理

1．网络教学机房的使用

网络教学机房提供计算机相关课程的上机操作，在使用过程中教师一般要求安装一个能够控制机房内其他计算机的软件，该软件要具有将教师机操作过程同步广播到其他计算机上的功能，这样，教师就能边讲边操作。

（1）电子教室软件简介。

电子教室软件是指安装在网络教学机房中的软件系统，该系统能实现教师机对机房内其他计算机进行广播教学、语音教学、监控转播、网络影院、文件分发、电子教鞭等功能，是网络教学机房中不可缺少的教学辅助系统。

（2）电子教室软件的主要功能。

电子教室软件由教师端软件和学生端软件组成，图 3-4 所示为电子教室软件教师端界面。电子教室软件主要具有以下功能：

1）广播教学。教师可以将自己的计算机屏幕画面传递给全体或部分学生，学生可边看演示边操作；支持鼠标指针广播，即使在窗口模式下教师鼠标与学生鼠标都能体现。广播方式有全屏广播、区域广播，学生使用窗口模式接收教师全屏广播。

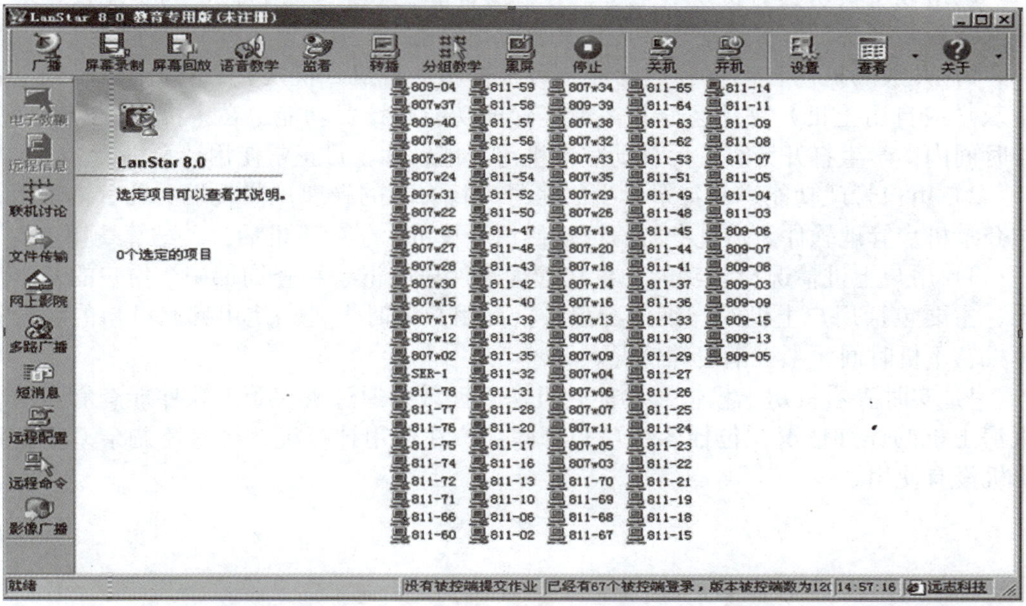

图 3-4　LanStar电子教室软件教师端界面

2）语音教学。教师可将自己的话或其他声音通过麦克风和耳机传递给学生，主要用于教师课堂讲解，可以实现真正软件控制的多向双工语音传输。

3）屏幕监看学生。教师不用离开自己的座位即可通过自己的计算机观看到每个学生对计算机的操作情况，支持多屏同步实时监看，可对单一、部分或全体学生进行监看，支持鼠标指针的监看。

4）远程控制学生机。教师可以远程重启或关闭部分或全体学生的计算机，可以遥控单一、部分或全体学生计算机的键盘与鼠标操作，可以锁定学生机，使学生安心听教师授课。

5）网络影院。将教师机上播放的 VCD 图像和声音传送到每一台学生机上。利用先进的多媒体数据压缩和传输技术，可以实现 VCD、MP3 等流畅播放。支持无声卡、有声卡混合环境，无声卡机器也能看到 VCD 图像。在网络影院播放时，学生可同时操作自己的机器。

6）分组教学。教师进入分组教学状态后，各组长机器上自动出现组长操作界面，组长可实现对本组学生的广播、监看、联机讨论、网络画板、电子抢答等十多项教学功能，真正实现分组教学。

2. 网络教学机房的管理

（1）网络教学机房管理概述。

目前，网络教学机房基本上采取集中管理的模式，这样可以集中资源，统一调配，提高利用率，同时对网络教学机房的管理提出了更高的要求。

机房管理的宗旨是以人为本，为学生提供较好的上机学习环境，使机房功能得到高效发挥，服务于学校的教学和科研。

(2) 网络教学机房管理软件的主要功能。

网络教学机房具有机房数量多、各机房计算机数量多等特点，为了能较好地管理网络教学机房，机房管理软件应该具有以下功能：

1）开放的机房自动化管理功能。可根据不同机器（机房）、不同上机时间（正常教学或自由上机）自动区分并实现其管理功能与计费功能；在上机班级的课表安排时间内，学生打开计算机后自动登录机房管理软件，可正常使用计算机。

2）用户管理功能。对每个学生的账号进行有效的管理。非教学上机时，学生必须登录机房管理软件，通过身份验证后使用计算机，学生下机后自动结算费用。

3）用户上机情况记录功能。机房管理软件应能记录和查询每一个用户的基本情况，主要包括用户上机的详细情况记录，如用户何时上机、使用哪间机房的哪台计算机、下机时间、上机消费等情况。

4）实时查看机房上机情况功能。机房管理教师通过机房管理软件能查看当前各机房上机的详细情况，包括各机房有哪些用户在使用计算机，机房还剩余多少台计算机没有使用。

3.3 微格教学系统

师范生在正式走向教师岗位之前，都会经历试讲和实习两个阶段。传统的试讲和实习，是受训者在教室内讲，教师和其他学生在下面听，然后进行评价。这种评价往往不够准确，与受训者本人的感觉不一致。一些受训者总是感觉良好，而不能发现自己在讲课中存在的问题，无法达到试讲或实习的预算效果；还有一些受训者由于紧张，难以按照自己设计好的教学方案去完成一节课，讲课中出现忘记教学内容、语言不规范等问题。微格教学系统可以使受训者扮演教师，小组成员扮演学生，模拟真实的课堂教学环境，同时将上课的全程如实记录和保存，并及时、真实地反馈给受训者。微格教学系统产生于20世纪60年代，是培训师范生和在职教师教学技能的重要手段。

3.3.1 微格教学概述

微格教学（Microteaching），是指借助现代的录音、录像设备，培养学生某种技能的教学方法。由于该方法一般是在教室中对学生的某种技能进行培训，培训时间短、规模小，因此称之为微格教学或微型化教学，又译为“微观教学”、“微型教学”、“小型教学”、“微化教学”等。

微格教学是理论与实践相结合，利用现代教育技术系统训练师范生和在职教师掌握教学技能的方法。微格教学的创始人之一，美国斯坦福大学爱伦教授将其定义为“一种缩小了的可控制的教学环境，使准备成为或已经成为教师的人有可能集中掌握某一特定的教学技能和教学内容”。

微格教学自 1963 年在美国斯坦福大学诞生后，得到了迅速推广，尤其受到各国示范教育界的重视。在欧美，微格教学已成为教师培训的基本课程。微格教学的主要特点是作为一个小型的简化教学技能的训练，以现代视听技术为基础，由少数学习者（5 ~ 8 人）组成“微型课程”，以真实的学生或受训者的同学充当“学生”，使课堂微型化。利用 5 ~ 20 分钟训练某一两项教学技能，利用视听设备将教学过程记录下来，进行反馈评价，可以自我评价也可以对他人评价。

微格教学具有以下优越性：

（1）集中性。微格教学可以使受训者在规定的时间内，集中练习一两项特定的教学技能，而且可以将教学技能的细节“放大”，反复练习，细微观察，进行深刻的研究和批判性的讨论。在训练过程中，无须同时兼顾其他技能和方法。这样，就可以将精力集中放在重点上。

（2）简单性。由于时间短，学生人数少，并且只集中练习某一两项技能，因此可以随时进行练习，同时教学环境及条件也容易得到有效控制。

（3）反馈全面、准确、清晰。及时的反馈功能是微格教学的一大优势。因为采用录像和录音等手段，微格教学一旦结束，可以立即将所记录的教学情况进行回放。录像设备具有暂停、慢放、重放等功能，可以细微观察和分析受训者的教学情况和学生的反应，便于作出客观评价。由于编制和采用了内容科学、项目详细的评价表，并且利用计算机作为统治工具，因此能够做到量化分析和处理，使得教学评价更具科学性、直观性和快速性。受训者可以作为第三者来观察自己的教学活动，收到旁观者的客观效果，即所谓“照镜效应”。

（4）创新性。根据反馈和分析，加上受训者的想象，可以重新修改教学方法，更好地运用教学技能。因此，微格教学为受训者提供了创新的机会。

（5）安全性。微格教学比其他传统教学方式安全。首先，如果受训者教学失败，对学生没有任何消极影响，反而会从“学生”方面得到有益的帮助；其次，受训者的心理压力较小，能够增强其自信心。

3.3.2　微格教学系统的构成

微格教学系统一般由一间或多间微格教室、控制室、观摩室三部分构成。

1．微格教室

微格教室是开展模拟训练的场所，是缩小的课堂教学教室，配置了进行模拟教学的各种教学设备，其中包括微格教学设备。麦克风、摄像机用于记录模拟教学过程中的声音和画面；电视机用于重放已录信号，供同步评价分析。

2．控制室

控制室配置了摄录像控制系统、监视系统、电视特技切换设备、调音台、实时编辑系统、录制系统、信号切换分配系统等，可以控制任何一间微格教室中的摄像机云台和镜头，监视和监听任何一间微格教室的图像和声音，可以随时暂停在某一间微格教室与之进行电视讲话，向微格教室播放教学录像与电视节目；可以将某间微格教室的情况转播给其他的微格教室，进行观摩示范；可以录制部分或全部微格教室的教学实况，供课后讲评等。

3．观摩室

观摩室内的教学设备按普通教室或多媒体教室配置。控制室将处理后的信号传送到观摩室的电视机上，实时播放教学训练情况，供指导教师现场评述，使较多学生观摩和分析。观摩室也可作为班级教学实况摄像的场所，一般配置两台摄像机，一台放置在教室讲台前侧拍摄学生，另一台放置在教室的后面，用于拍摄教师评述现场，或用于拍摄课堂实况；亦可只配置单机，采用单机拍摄。

3.3.3 微格教学系统的功能

1．训练教学技能功能

教师教学的基本技能包括导入教学技能、讲解教学技能、板书板画教学技能、媒体演示操作教学技能、提问教学技能、反馈强化教学技能、归纳总结教学技能、课堂组织教学技能等。指导教师布置好教学任务后，可将受训者分组，使其到微格教室扮演各自的角色，模拟教师或学生进行训练，时间一般为 5 ~ 20 分钟。在训练过程中，指导教师可以在控制室进行全面监控，包括界面的切换、对教学现场的指导、与受训者的实时互动等。

2．示范观摩功能

教学观摩是教师交流教学经验与技巧的有效方式。可组织学生观看优秀教师的课堂教学录像，为受训者提供多种不同风格的教学示范，再辅以对各种教学技能的详细说明与展示，使受训者获得直观的感受和认识，通过模仿和学习掌握多种教学技能。

3．反馈评价功能

教学训练结束后，通过重播教学训练录像，其他同学对受训者的模拟教学情况进行讨论、分析和评价，指出值得学习的地方与不足之处。此外，指导教师也要对模拟教学情况进行全面分析和评价，提出改进意见。这些能及时有效地帮助训练者提高教学技能。

3.3.4 微格教学的实施

经过长期的实践和理论研究，微格教学的基本模式基本确定为“备课—授课—反馈—再授课”。具体讲，包括以下几部分。

1．确定训练目标

训练目标即最终要达到的学习结果，包括对各项教学技能原理的认识，对各项教学技能的操作程序和执行要求的掌握。训练目标不是训练活动的出发点，其制约着训练方向，并为评价训练提供行为标准。根据不同教学环节和不同的教学内容，列出需要训练的教学技能，并将其具体化，然后列出更细致的学习目标。

2．学习和研究教学理论与教学技能

微格教学是在现代教育理论的指导下进行的实践活动。在实际训练之前，受训者应学习相关理论，主要有教学设计、教材分析、课堂教学观察记录的方法及教学评价方法等。在每项教学技能训练之前，应学习具体的教学技能，只有对具体的技能进行充分地理论学习和研究，才能在实际训练中收到理想的效果。

3．提供示范

在正式训练之前，为了使受训者了解规范的教学行为，明确目标和要求，通常以观摩录像或现场听课的方式提供示范。示范的内容可以是一节课的全过程，也可以是课堂教学片段；可以是正例，也可以是反例，两种可以对照使用，一般以正例为主。使用录像示范要有必要的说明，可在录像带上加文字说明，也可在播放录像时由指导教师进行现场说明。

4．编写教案

根据教学目标进行教学设计之后，应写出详细的教案。微格教学的教案不同于一般教案，其应该详细说明教师的教学行为、学生的学习行为，以及使用的教学技能、时间分配、所用教学媒体等，使受训者更规范、更有效地掌握教学技能。

5．微格教学实践

(1) 组成微格课堂。微格课堂由受训者、受训者的同学、指导教师和摄像人员（一般由受训者的同学担任）组成。指导教师和受训者的同学既是“学生”，又是评价人员。

(2) 教学实践。受训者针对一段教学内容，实践一两项教学技能。在讲课之前，受训者应作一个简短说明，明确所要训练的教学技能、教学内容、教学目标及教学设计方案。

(3) 现场记录。利用视听设备将教学实践过程记录下来，以便能及时反馈。如果设备条件不允许，可由指导教师和同学以文字形式记录，但不如设备记录全面、准确和真实。

6．反馈评价

当实践活动完成之后，为了使受训者及时获得反馈信息，教师可以即时在控制室对教学情况进行评价；也可以先回放录像，以进一步观察受训者的教学情况，然后作出评价。之后，受训者进行自我评价，检查是否达到了自己所设定的目标。在此基础上，大家进行讨论评价，要客观地评价受训者的教学实践过程，指出存在的问题，提出努力的方向。对评价结果的处理，一般有两种方法：一种是根据目标和各种教学技能的指标编制评价表，明确评价内容和标准，对受训者的教学行为进行评价；另一种是将评价项目的结果输入计算机加以处理，通过输出的评价曲线得出评价结果。

7．修改方案

受训者根据自我评价和讨论评价，以及最终得出的评价结果，对所存在的问题进行修正，并重新编写教学方案，使教学技能的运用不断提高和完善。

8．再实践

已经达到基本要求的受训者可以进入另一项教学技能的学习，未达到要求的受

训者需要重新进行教学设计，经过修改和补充之后，进行第二次教学技能练习。

3.3.5 数字化微格教学系统

随着信息技术的发展，数字化的微格教学系统应运而生，其是一个集微格教学、多媒体编辑、影视音像制作、多媒体存储、视频点播和数字化现场直播为一体的数字化网络系统。在该教学系统中，观摩和评价系统均采用计算机设备，并通过交换机连接校园网或因特网。信息记录方式采用硬盘存储或视频服务器，人们可以随时通过网络或光盘进行点播、观摩与测评。

1. 系统构成及工作原理

数字化微格教学系统是基于网络和多媒体计算机技术，真正实现了数字化、网络化的教学系统。该系统由一个控制室和多个微格教室组成。

微格教室配置普通教室设备、多媒体计算机、中控系统，还配置可远程控制的摄像机。每台摄像机配置一台视频编码器，将摄像机输出的模拟视频信号转换为数字视频信号，然后输入到校园网络。配置拾音器，拾取教室中的声音，送入视频编码器。控制室配置系统控制设备、电视墙等，系统控制设备可操控云台转动，控制摄像机镜头的推拉、调焦等，还可进行画面切换、信号切换等。此外，控制室中还可配置录播服务器，进行教学录制、直播、点播等。

工作原理：微格教室中的摄像机拍摄现场图像，拾音器拾取现场声音，VGA 采集设备采集多媒体计算机显示信号，三种信号经过视频编码器将模拟信号转换为数字信号，通过网络传送到控制室的录播服务器和电视墙；视频录播服务器将每间教室的实时视音频信号进行相关处理后广播到网络各终端计算机，可以通过专用客户端软件或 IE 浏览器收看直播和点播。系统可对终端授予不同的权限，如普通用户可收看直播和点播，指导教师还可进行部分控制操作，管理员可以在控制室或者网络中的任何一台计算机上进行系统操作和控制微格教室的摄像机等。

数字化微格教学系统基于网络构架，所有信号通过网络传输，布局灵活，扩展方便。系统不受地理位置限制，各微格教室可以集中建设，也可以分散在校园的不同区域。在联网的多媒体教室、教研室等地点的计算机上可现场收看直播或随时进行点播、观摩与测评。

2. 功能及使用

数字微格教学系统除了具备一般微格教学系统具有的功能，还具有以下几项功能：

（1）教学现场录制功能。可将受训者授课时的板书、教态、语言、多媒体计算机屏幕、视频与音频信号同步进行组合，实现将视频、音频、VGA 信息同屏多画面实时录制成流媒体课件，将其保存到系统的视频服务器，并能对录制好的课件添加索引与目录，对讲课教师、课程名称、系（院）等信息进行编码，方便课后检索与查找。每间微格教室可独立进行教学现场的录制，并将录制的资料存储到视频服务器上。在录制前，各参数（包括音频的格式、帧率、码流，VGA 的分辨率配置、帧率、码流等）可灵活设置，并可监看录制效果，操作方便灵活。

(2) 流媒体课件制作功能。可以将微格教室内的教学情景以一路视频、一路VGA、一路音频的同频多画面显示方式录制流媒体课件，并对其进行编辑处理后保存到视频点播服务器上，师生可单独点播学习，也可以插入到多媒体教学课件或网络课件中使用。

(3) 网络现场直播和视频点播功能。校园网内的任何计算机，通过网络连接到服务器，既可以收看直播，又可以进行视频点播，还可以将下载的课件存储到本机，供全校师生随时学习。

(4) 监视、控制教学进程功能。控制室配置了电视墙，可以实时监视各微格教室教学现场的主画面，以及正在录制中的流媒体课件画面。控制室或授权计算机可以对每间微格教室的摄像机进行远程控制，包括摄像机的上下控制、镜头远近的推拉等；还可以对各微格教室的其他相关设备进行控制，包括对设备启动、停止的控制，以及对计算机显示画面和操作的控制等。

3.4 校园计算机网络

3.4.1 校园网概述

校园网是一种基于互联网应用，集相关软件系统和硬件设备于一体，以为学校师生提供教育教学服务为核心，兼顾科研、教育教学管理、办公管理等活动的计算机局域网络系统。

校园网为学校教育提供资源共享、信息交流和协同工作的平台和环境，通过校园网，学校师生、科研和管理人员可实现办公自动化、多媒体计算机辅助教学、资源共享及信息交流,开展远程教学。校园网是连接校园内部网络和外部因特网的桥梁，通过校园网可以接入外部广域网，与外校甚至国外学校进行信息交流和沟通，为学校的教学与管理创造更有利的条件。

校园网的建设极大地满足了个人、家庭、学校与社会对教育信息计算机管理和教育信息服务的要求，在很大程度上满足了现代教育教学改革的需要。将计算机通过校园网引入到教学的各个环节，能够引起教学方法、教学手段、教学工具等方面的革新，从而进一步引发教学观念、教学思想、教学过程等方面的一系列的变革，这对提高教学质量、推动我国教育现代化的发展有着不可估量的作用。毫无疑问，校园网是学校提高管理水平、工作效率和教学质量的有力手段，是在信息时代解决教育发展问题的基本工具之一。

3.4.2 校园网的功能

校园网应为学校的教学过程、管理、日常办公、内外交流等各方面提供全面和切实的支持。校园网的主要功能系统包括教与学应用系统、行政管理自动化系统、远程教学与通信服务系统三部分。

1. 教与学应用系统

教与学应用系统包括学习系统、教学资料库、教学演示系统、网上备课系统、题库管理系统、考试与评价系统、图书馆管理系统、电子阅览室、多媒体教学网等。

为学校的教育教学服务是校园网的首要功能，师生应当能通过校园网进行备课、教学、查阅资料，进行多媒体教学软件的开发与演示。校园网为学校提供了一个多媒体网络环境，而这个环境最重要的任务就是发挥其一切潜能为学校的教育教学服务。只有充分认识并努力做到这一点，校园网才能发挥其应有的作用，才能具备强盛而持久的生命力。

2. 行政管理自动化系统

行政管理自动化系统包括学校行政事务管理系统、教务管理系统、学生管理系统、教研管理系统、后勤管理系统、信息查询及交换系统和校园一卡通系统等。

建立在校园网基础上的 MIS（管理信息系统）可以在人事、教务、财务、后勤管理等方面，提供一个先进的分布式管理系统，并使原有的管理模式从纵向、单通道，主要依靠个人的经验进行判断和决策的简单模式，发展成为多向、多通道，网络状的复杂模式，从而提高管理效率，达到事半功倍的效果。

3. 远程教学与通信服务系统

远程教学与通信服务系统包括学校主页、电子函件、电子公告、视频会议、远程教育与教学。师生之间及主管部门之间可实现网上互相通信，甚至进行小组讨论、远程教学等。

3.4.3 校园网的计划原则

校园网是学校信息资源建设的基础设施，校园网建设的根本目标是为院校的教学、科研和管理提供一个先进实用的信息网络环境。现代校园网的设计应该从全局出发，不仅要考虑网络的带宽，还要考虑网络的可靠性、安全性、扩展性、可维护性、实用性。校园网系统的设计应采用国际通用的 TCP/IP 协议，同时要考虑以下几个原则。

1. 实用性与先进性

根据学校实际情况和特点，在设计中特别强调实用性与先进性的结合。校园网设计应满足学校目前对网络应用的要求，使网络的整体功能尽快得到充分的发挥。应采用覆盖率高、标准化和技术成熟的软、硬件产品，充分发挥设备效率，保证校园网的使用。跟踪国际网技术的新发展，采用先进的设计思想、网络结构、开发工具，设计技术先进的网络。

2. 开放性与标准化

整个系统设计应采用开放技术、开放系统组件和开放用户接口，以利于网络的维护、扩展升级及与外界信息的沟通和互联。同时，在选择服务器等网络产品时，强调产品支持的网络协议的国际标准化。

3. 可靠性与安全性

在校园网的设计中，主要考虑两个层次：一是整个网络的可靠性与安全性，采用高可靠性和高安全性的网络体系结构，提供多层次的安全控制手段，建立完善的安全管理体系，防止数据受到攻击和破坏，有可靠的防病毒措施；二是网络设备的安全性和可靠性，主要是采用可带电插拔的模块、配置双电源、端口冗余、设置网络设备的用户表及口令限制等手段。

4. 经济性与可扩性

在满足学校需求的前提下，选用性价比高的网络设备和服务器。采用的网络架构和设备，应充分考虑其是否易升级换代，应在升级时可以最大限度地保护原有的硬件设备和软件投资。

5. 统一性与灵活性

在校园网的总体设计中，应坚持“三统一”，即统一规划、统一标准 、统一出口。采用积木式模块组合和结构化设计，使系统配置灵活，满足学校逐步到位的建网原则，使网络能够可持续增长。

6. 稳定性与抗干扰性

校园网应能满足当地的环境、气候条件，抗干扰能力强。

校园网覆盖整个学校园区，在设计与建设校园网时，结合学校的实际情况，还应该注意以下几点：

(1) 校园网的建设要适应学校的长远发展规划，可依据具体情况采取“统一规划，分段实施，逐步到位”的建网原则。

(2) 校园网的建设要考虑学校的实际需要，以满足教育教学的需要为根本出发点。

(3) 校园网的建设应坚持“培训在先、建库在先、然后建网”的原则。要实现学校教师、技术与管理人员的全员培训，形成一支能使校园网正常运行的软、硬件管理的骨干队伍。

(4) 已建校园网的学校要设有专职人员，负责网络日常运行、维护和管理工作。

(5) 制定适合本校校园网安全使用的管理制度。

(6) 有条件的学校对校园网的建设可考虑数字网络、电视网络与广播网络合一的方案，以满足学校的实际需要和规范校园的整体建设。

3.4.4 校园网建设方案

在校园网的设计与建设中，应当充分重视网络体系结构和所采用技术的合理性，并为网络的发展打下良好基础。由于校园面积较大，在校园网中往往需要建立多个局域网，考虑到网络扩展性，校园网一般采用“主干加分支”的结构。这种结构利用高速网络技术构建整个校园网的主干网，提供网上文字、声音、图像等多媒体信息的传播通道，学校各个院、系、部门的局域网或其他计算机系统则作为分支，通过网络设备连接到主干网上。这样的体系结构简单明了，易于维护、管理和更新，也便于进行网络划分、流控制与隔离。对于校园各建筑物内的局域网尤其是工作组网络，可采用交换技术，以追求最高的通信效率。

下面以某高校的校园网建设为例，简要阐述校园网的架构和主要技术。

1. 网络结构

该校园网采用主流厂商设备和万兆以太网技术，实现了万兆主干、千兆汇聚接入、100M 交换到桌面，核心层采用 RRPP 环，汇聚接入层采用星形总线网络拓扑结构，校园网拓扑图如图 3-5 所示。

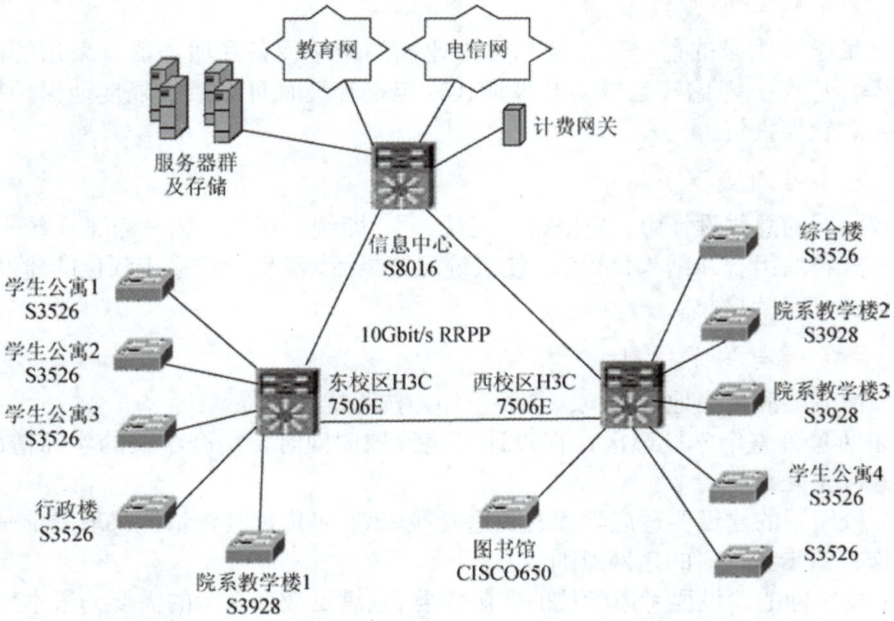

图 3-5　校园网拓扑图

该校园网采用分级设计的策略，分为核心层、汇聚层和接入层。在这一结构中，每一层完成自己的功能。这种层次性网络设计的特点是：易于实现和维护，协议支持性好，具有良好的可扩展能力，能够满足网络长期发展的需要。以下是对这种层次性网络各层功能的说明。

（1）核心层。

大多数校园网采用的树形结构是由星形结构衍生而来的。星形结构的最大缺点是大多数流量必须通过中心节点，中心节点负荷比较大，一旦出现故障将导致整个网络瘫痪。而核心层包括了整个校园网的中心节点，因此核心层是校园网设计的重中之重，不可小视。核心层的主要功能是对全网数据进行高速无阻碍的交换。核心层是主干网的交汇点，这就要求核心层采用高端的设备。核心层还必须具有路由管理、网络管理等管理功能。

（2）汇聚层。

汇聚层包括主干网络及其所连接的路由器，提供高速无阻碍的数据链路到核心层。通常的网络策略是在分布层实现的，因此汇聚层提供了基于网络策略的连接，如抑制广播风暴、分流数据处理压力等。学校可根据自己的实际需要采用百兆或千兆的三层交换机作为汇聚层设备。

(3) 接入层。

接入层主要为用户提供本地网络访问服务，此层的主要特点是网络设备众多，工作量大，因此在施工过程中占很大的比重。在这一层的设计上，必须考虑冲突域和广播域的范围，尽量减少冲突域和广播域，以减少不必要的冲突和广播流量，提高网络的稳定性和高效性。另外，校园网的部分安全问题也由本层解决。学校内部各部门之间不希望自己的数据完全没有防范，解决方法是通过对虚拟局域网的划分，将各部门划分到不同的虚拟局域网中，虚拟局域网间的数据流必须通过路由器进行，便于管理员监控。接入层的设备一般选用具有百兆交换功能的交换机。

2. 校园网建设常用技术

(1) VLAN 技术。

VLAN（Virtual Local Area Network）技术即虚拟局域网技术，是一种通过将局域网内的设备逻辑地而不是物理地划分成一个个网段，从而实现虚拟工作组的新兴技术。

VLAN 技术允许网络管理者将一个物理的 LAN 逻辑地划分成不同的广播域（或称虚拟 LAN，即 VLAN），每一个 VLAN 都包含一组有着相同需求的计算机工作站，与物理上形成的 LAN 有着相同的属性。但由于其是逻辑地而不是物理地划分，因此同一个 VLAN 内的各个工作站无须被放置在同一个物理空间，即这些工作站不一定属于同一个物理 LAN 网段。一个 VLAN 内部的广播和单播流量都不会转发到其他 VLAN 中，从而有助于控制流量，减少设备投资，简化网络管理，提高网络的安全性。

VLAN 是为解决以太网的广播问题和安全性而提出的一种协议，其在以太网帧的基础上增加了 VLAN 头，用 VLANID 将用户划分为更小的工作组，限制不同工作组间的用户二层互访，每个工作组就是一个虚拟局域网。虚拟局域网的好处是可以限制广播范围，并能够形成虚拟工作组，动态管理网络。

(2) 防火墙技术。

所谓防火墙是指一个由软件和硬件设备组合而成，在内部网和外部网之间及专用网与公共网之间的界面上构成的保护屏障，是一种获取安全性方法的形象说法。其为因特网与内部网之间建立一个安全网关，从而保护内部网免受非法用户的侵入。

在逻辑上，防火墙是一个分离器或限制器，可以有效地监控内部网和因特网之间的任何活动，保证内部网络的安全。防火墙通常被设置在不同的网络或不同的安全区域之间，其是不同网络安全域之间信息的唯一出口，能根据安全政策控制出入网络的信息流，且其本身具有较强的抗攻击能力，是实现网络和信息安全的基础设施。

(3) VPN 技术。

随着办学规模的日益扩大，许多学校在各市、县成立了教学点，网络建设面临着如何实现远程教学点安全共享网络资源的问题，因此在校园内部采用了 VPN 技术。

VPN 可以通过特殊的加密通信协议在因特网上的、位于不同地方的两个或多个内部网之间建立一条专有的通信线路，就好像是架设了一条专线，但是其并不需要真正地去铺设光缆等物理线路。VPN 技术原是路由器具有的重要技术之一，交换机、防火墙设备或 Windows 2003 Server 等软件都支持 VPN 功能，VPN 的核心就是利用公共网络建立虚拟专用网。

VPN 被定义为通过一个公用网络（通常是因特网）建立一个临时的、安全的连接，好像是一条穿过混乱的公用网络的安全、稳定的隧道，是对企业内部网的扩展。虚拟专用网可以帮助远程用户、公司分支机构、商业伙伴及供应商同公司的内部网之间建立可信的安全连接，并保证数据的安全传输。虚拟专用网可用于移动用户的全球因特网接入，以实现安全连接；还可用于实现企业网站之间安全通信的虚拟专用线路。

（4）存储技术。

随着校园网建设的大力发展和计算机网络的普及，数字图书馆、数据库、管理系统、音视频资料、教学课件、题库等数字信息与日俱增，校园网信息存储问题随之而来。网络存储技术是现代存储技术与计算机网络技术相结合的产物，其以网络技术为基础，将服务器系统的数据处理与数据存储相分离，从而实现对数据的海量存储。在高校，如何以较低的成本完成对各种信息的集中存储和管理，实现数据的多平台共享，包括数据在复杂操作系统平台之间的共享，以及数据的低成本备份与保护等，已成为校园网建设和发展中的一个重要问题。

校园网存储主要采取以下部署模式：

1）直接连接存储（DAS）。通过线缆直接连接到计算机处理器的存储设备（通常是磁盘或磁带），适宜用于单一孤立的处理器和要求低、初始成本的场合。

2）ISCSI。连接到一个 TCP/IP 网络的直接寻址的存储库，通过块 I/O SCSI 指令对其进行访问。ISCSI 的优势是能够在低成本的以太网网络上提供 SAN 所能带给用户的益处，但在目前 1GB 带宽的 IP 网络环境下，其性能要低于在 1GB 带宽的 SAN 环境下的性能。

3）存储区域网（SAN）。驻留在专用网络中的存储设备。与 DAS 一样，I/Q 请求对设备进行直接访问。大多数 SAN 使用光纤通道介质，能够为网络中的处理器和存储提供任意级别的连接。SAN 的优势是具有高存储吞吐量，以及可扩展性（通过单一控制点管理多个磁带和磁盘设备）和可靠性（专用备份工具可以减少对服务器和 LAN 的使用），缺点是成本较高。

4）网络连接存储（NAS）。一个 NAS 设备通常由一个集成引擎外加磁盘存储设备组成，其被连接到一个基于 TCP/IP 的网络（LAN 或 WAN），并使用专用的文件访问/文件共享协议进行处理。NAS 的优势是易于管理和文件共享，其使用的是低成本的以太网网络，通常会提供预装的软件套件，从而简化了安装。经济性是 NAS 的关键，其购买成本和运行成本都比 SAN 低。

图 3-6 所示为该校园网存储部署示意图。在该部署方案中，图书资料服务器和 VOD 服务器通过 HBA 卡采用 DAS 方式接入原有的存储设备，发挥原有设备的功能；硬件 ISCSI 存储设备采用 ISCSI 方式核心交换机，为提高吞吐性能，可以采用多链路捆绑技术接入交换机，其他应用服务器通过 ISCSI 协议访问该硬件存储；自组存

储硬件并采用开源 ISCSI Storage 系统软件（如 Operfiler）构建开源 ISCSI 存储系统，以 ISCSI 方式接入核心交换机，其他应用服务器通过 ISCSI 协议访问该开源存储系统；NAS 服务器接入核心交换机，提供文件及文件共享服务。

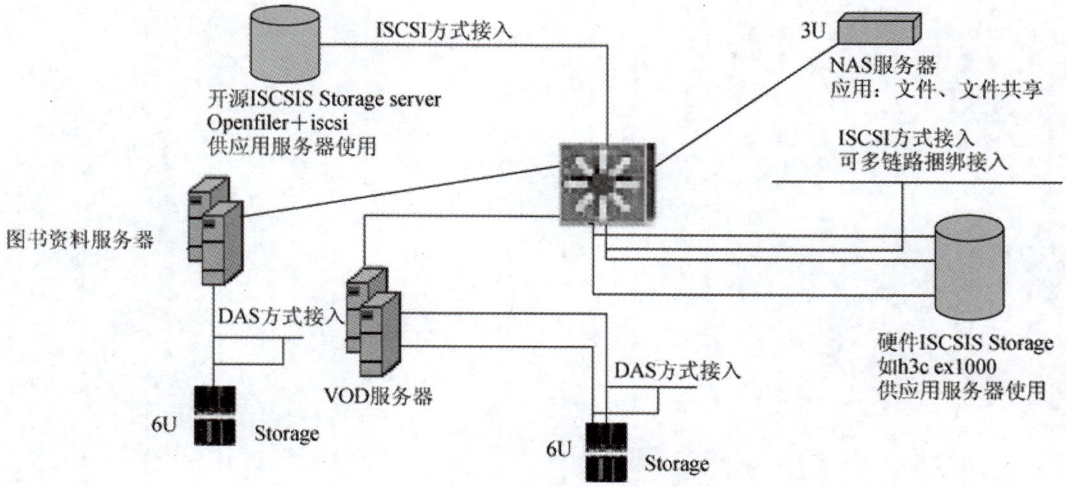

图 3-6　校园网存储部署示意图

思考与练习

1．简述多媒体教室的分类和特点。
2．谈谈你对多媒体教学的认识和体会。
3．构建一个典型的多媒体投影教室需要购置哪些基本设备？

第4章 Chapter 4

教学媒体和多媒体素材的处理

教学要点

教学媒体的概念
多媒体素材的处理

教学目标

了解教学媒体的概念
理解多媒体的概念
掌握多媒体素材的处理方法

4.1 教学媒体

4.1.1 教学媒体概述

媒体（Media）又称为媒介，是指一切承载、传输、控制信息的材料或工具。媒体有两种含义：一是承载信息的载体，如广播、电视、网络、杂志、报纸等；二是储存和传递信息的实体，如录音带、录像带、光盘、磁盘及相关硬件设备。

当媒体存储或传递教学活动的教学信息时，就称之为教学媒体。如今教学媒体的种类繁多，应用广泛，成为教学资源或学习资源的一部分。在由教学资源构成的学习环境中，学生的学习需求可在教师的指导下，通过学习资源的利用得到满足。

4.1.2 教学媒体的分类

对教学媒体的分类没有清晰的界限，分类方法也是多样的，可以根据其承载、传输和控制信息的方式、方法、自身形态 的特点，以及表现形式加以区分。教学媒体常用的分类方法如下：

（1）按其历史发展分类（表 4-1）。

表 4-1 教学媒体按其历史发展分类

类　别		媒体举例
传统教学媒体	印刷媒体	材料、挂图
	非印刷媒体	语言、文字、黑板、模型、表情、形态
现代教学媒体	常规现代教学技术媒体	幻灯片、投影片、录像、电影带、电视
	信息技术媒体	多媒体计算机、网络

（2）按其表达手段分类（表 4-2）。

表 4-2 教学媒体按其表达手段分类

类　别	媒体举例
口语媒体	口头语言，如教师和学生说的话
印刷媒体	教科书、挂图、报纸和杂志
电子媒体	广播、电影、电视、计算机

（3）按其作用的感官和信息的流向分类（表 4-3）。

表 4-3 教学媒体按其作用的感官和信息的流向分类

类　别	媒体举例
视觉媒体	教科书、黑板、标本、幻灯片、投影片
听觉媒体	广播、录音
视听媒体	电影、电视、激光影盘
交互多媒体	多媒体计算机

教学媒体是灵活的、可替换的，关键在于在一定的条件下采用何种媒体更合适。各种媒体都有其内在规律，必须正确地加以利用。在实际的教学中，教师应综合分析各种教学要素，对媒体进行正确的选择。

4.1.3　教学媒体的功能和特征

1．教学媒体的功能

教学媒体有助于传递教学信息，使教学活动生动有趣，提高教师的教学效率，帮助学习者进行自主学习，为业余学习和终身教学提供物质条件，这些都是教学媒体的功能体现。教学媒体的功能如下：

（1）有利于教学资源的共享。备课是教师上课前对课程的准备，包括对各种课件及素材的整理。利用教学媒体教师可以重复使用这些教学资料，避免重复劳动。

（2）有利于教学的标准化。经过精心设计的媒体材料是许多优秀教师的教学经验与丰富资源的整合。使用教学媒体进行教学时，可以克服各种因素导致的教学信息的不一致，使所有学习者接受相同、优化的教学信息。

（3）激发学习者的动机和兴趣，使教学活动更加有趣。教学媒体形象生动的画面、逼真的音响效果，能使学习者尽快进入特定的教学情境中，从而激发其学习兴趣，引发学习动机，带动学习者的情境变化，达到使学习者主动参与教学的目的。

（4）有利于提高教学的质量和效率。教学媒体可以在短时间内，向学习者呈现和传递大量的信息，使学习者容易接受和理解。特别是应用精心设计的教学媒体软件进行教学，能充分利用学习者的各种感官，使学习者快速接受信息，进而提高教学质量和教学效率。

（5）有利于个别化教学、自主学习。个别化教学是指专门设计并选择信息以适合学习者个人的能力、经验或兴趣的一种有效的学习方式，这种方式的实现更依赖现代媒体或媒体资源。另外，当教学媒体设计成个别化的学习材料时，学习者可以自选学习方式。同样的学习内容可以选择不同的媒体进行辅助学习，还可以自己决定学习进度、时间和地点，有很大的灵活性。

（6）促进教师的作用发生变化。有效地使用教学媒体，可以使教师不同程度地从繁重的教学工作中摆脱出来，从而将更多的时间用于分析学习者和教学内容，进行教学改革。教师在教学中更为主动和积极，能更好地促进学习者的学习。

（7）有利于开展特殊教育。选择适当的现代教学媒体，根据身残学生的特殊要求将教育教学活动调整和设计到最佳状态，切实扩大学习者能够接受的知识领域经验。例如，使用专门设计的教学幻灯片、投影来训练聋哑儿童说话，充分利用他们的视觉感官进行教学，可以取得很好的效果；对于存在视力障碍的学习者，可以在学习活动中重视并强调其听力训练，提高其听力技能，以便今后更好地学习、工作和生活，这就需要各种听觉媒体和听觉材料提供丰富的学习经验，辅助他们的学习活动。

2．教学媒体的特征

20 世纪原创媒介理论家、思想家麦克卢汉认为，每一种新媒体的出现都是一种延伸，而每一种新的延伸，都会使人们各种感官的平衡产生变动，都会对人们的能力进行发展。

教学媒体具体有以下特征：

（1）固定性。信息本身是抽象的，可以用具体的信息符号来表征抽象的信息。而这些信息符号，如语言符号、文字符号、图形符号，或者图像和声音符号经过处理后得到的视频、音频信号等，都是可以记录和存储的。例如，印刷媒体直接将文字符号固定在书本上，电子媒体将语言、文字、图像转换成声、光、磁信号固定在磁带或胶片上。媒体的这一特性使得以往先进的教育理论和丰富的教育经验得以保存，并能够通过教师或者各种媒体传授给学生。

（2）传播性。教学媒体可以将各种符号形态的信息传送一定的距离，使信息在更大的范围内再现。古代的"秀才不出门,能知天下事"依靠的就是媒体的这一特性。教学媒体的传播特性为网络教育、远程教育、虚拟实验室等教育形式奠定了基础。

（3）重复性。如果保存得好，教学媒体可以根据需要重复使用，而其呈示信息的质量稳定不变。此外，其还可以生成许多复制品，在不同的地方被同时使用。这种重复使用的特性适应了学生逐渐领会、重温记忆的需要，也适应了扩大受益面的需要。

（4）组合性。教学媒体往往组合使用，其组合性有三种表现形式。

1）将几种媒体技术紧密结合，从而形成一种新的媒体技术，如声画同步幻灯片、短视频系统。

2）根据教学活动的需要，将功能不同的几种媒体加以简单的组合，轮流使用或同时呈现各自的信息，如将幻灯片、投影片、录音和录像加以组合，这种组合在多媒体计算机出现以前，即为多媒体组合教学系统。

3）利用数字化技术把各种信息（如图、文、声、动画、视频等）集成在一起统一处理，如多媒体计算机。

组合性还指一种媒体包含的信息可以借助另一种媒体来传递，如图片和图表等既可以通过幻灯片、投影片呈现，又可以通过电视、计算机呈现在屏幕上。

（5）工具性。教学媒体与人相比处于从属地位。即使功能先进的现代化电子媒体，也是由人所创造，受人所控制。教学媒体只能扩展或代替教师的部分作用，而且适用的媒体还需要教师和专家去精心编制相应的教材，即使具有人工智能的多媒体计算机系统也不能完全替代教师。特别是在学生的思想品德、心理问题的教育上，教学媒体的工具性表现得更为突出。

（6）能动性。教学媒体在特定的时空条件下，可以离开人的活动独立发挥作用。例如，优秀的录像教材和计算机课件可以代替教师上课。精心编制的教学软件一般比较符合教学设计的原理，采用的是最佳教学方案，尤其是教学经验丰富的教师参与设计、编制的教学媒体，对于缺乏教学经验的年轻教师来说，其教学效果可能会更好。

教育传播的对象——学习者具有复杂的思想、情感变化，他们的信息接受感官若长时间处于同一种刺激之下，会产生麻痹，降低接收效率。因此，即使在没有使用现代教学媒体的情况下，教师也应采用各种不同的形式来完成教学活动。对教学媒体的选择使用也要注意这个问题，不要使学习者长期处于同一种媒体的刺激之中学习，而应在合适的前提下适时改变所使用媒体的种类。

4.2　多媒体素材处理

多媒体是近几年计算机与信息技术新的应用领域。多媒体或是一个流行的名词，通俗地讲，将文本、音频、视频、图形、图像、动画的结合体笼统地称为“多媒体”。多媒体的“多”是指其以多种媒体表现，多种感官作用，多种学科交汇，多种领域应用；“媒”是指人与客观世界的中介；“体”是指其综合、集成一体化。目前，多媒体大多只利用了人们的视觉、听觉、触觉，而味觉、嗅觉尚未产生进展。随着技术的进步，多媒体的含义和范围还将扩展。

多媒本技术则是指将文字、音频、视频、图形、图像、动画等多种媒体信息通过计算机进行数字化采集、获取、压缩（解压缩）、编辑、存储等加工处理，再以单独或合成形式表现出来的一体化技术。

多媒体的特征如下：

（1）多样化。信息载体的多样化是对计算机而言的，也称之为信息媒体的多维化。这一特性不仅使计算机所能处理的信息空间范围扩展和放大，而且使人与计算机的交互具有更广阔、更自由的空间。人类对信息接收的五个感觉（视、听、触、嗅、味）空间中，前三个占绝大多数的信息量，因此信息多样化使计算机处理更加人性化。

（2）集成性。集成性一方面是指将单一的、零散的媒体有效地集成在一起，即信息载体的集成，其使计算机信息空间得到相对的完善，并得到充分利用；另一方面，集成性还充分表现在存储信息实体的集成。

（3）交互性。多媒体的交互性将为用户提供更加有效的控制和使用信息的手段，也为多媒体技术的应用开辟了广泛的领域。交互性不但增加用户对信息的注意力和理解，延长了信息的保留时间，而且交互活动本身也作为一种媒体加入了信息传递和转换的过程，从而使用户获得更多的信息。另外，借助交互活动，用户可参与信息的组织过程，甚至可控制信息的传播过程，从而可使用户研究、学习感兴趣的方面，并获得新的感受。

目前，多媒体的媒体元素包括文本、图形、图像、声音、动画和视频图像等。

4.2.1　文本素材

1. 文本概述

数字以量的形式反映事物的特征，文字以书面语言的形式表达教学思想。数字和文字的集合构成文本。文本是计算机文字处理程序的基础，也是多媒体应用程序的基础。在多媒体课件中使用文字，其表达内容的精确、简洁、有力应是首先要考虑的因素。因为多媒体元素采用图形化用户界面，文本除了要斟酌语义外，还要考虑字体、式样、大小、产生位置等，恰当的文本外观的选择和组合，不仅使文本美观，还使不同的文字具有不同的感情色彩，能传递给学生不同的感情情境。

2. 文本素材的采集和编辑

(1) 采集。

1) 普通文本的获取。通过键盘输入，或从其他文件（如电子教材）复制，或扫描输入、手写录入、语言录入等。常用的文本编辑软件有 Word、WPS、TXT 等。在使用这些工具软件编辑文本时，一般保存为非格式化的纯文本文件，使其能在大多数课件制作软件中使用。

2) 图形文字的获取。利用 Word、WPS 中的“艺术字”功能可直接获得样式丰富、色彩多变的图形文字。此外，利用 Photoshop 等图形图像处理软件可得到更为丰富的图形文字效果。

3) 动态文字的获取。在教学过程中使用动态字体，可以吸引学生注意力，有利于教学目标的实现。例如，利用 PowerPoint、Flash、COOL 3D 等软件布置作业，并添加“飞入飞出”、“逐字显字”等各种动态效果。

(2) 编辑。

编辑包括排版与制作。文本素材的使用要注意排版工作，调整段落对齐，选用恰当的字体、字号、颜色，对于重点和难点内容可以通过不同的形式进行设置，以得到凸显的效果。必要的时候还可以利用多媒体手段，制作发光、闪烁等效果，或者对文字素材进行超链接，赋予广义非线性的特征。

在多媒体中，漂亮、醒目的艺术字经常会使人眼前一亮，高度吸引人们的注意力，达到增强作品艺术感染力的效果。制作艺术字的方法很多，Word 就具有这样的功能，并且操作简单。下面就以 Word 2007 为例，介绍艺术字的基本制作方法。

1) 打开 Word 2007 程序，新建文档。

2) 执行“插入”|“艺术字”命令，显示各种艺术字样式。

3) 选择要应用的艺术字样式，本例选择“艺术字样式 13”，如图 4-1 所示。

4) 弹出“编辑艺术字文字”对话框，如图 4-2 所示，在该对话框的文本框内输入“艺术字示范”，同时可以根据需要选择字号和字体。

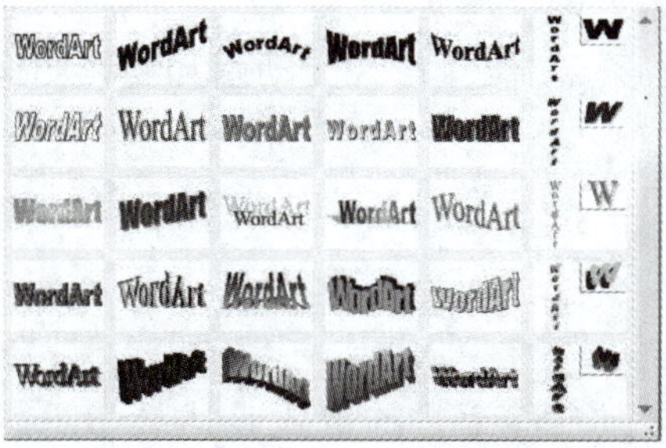

图 4-1　选择艺术字样式

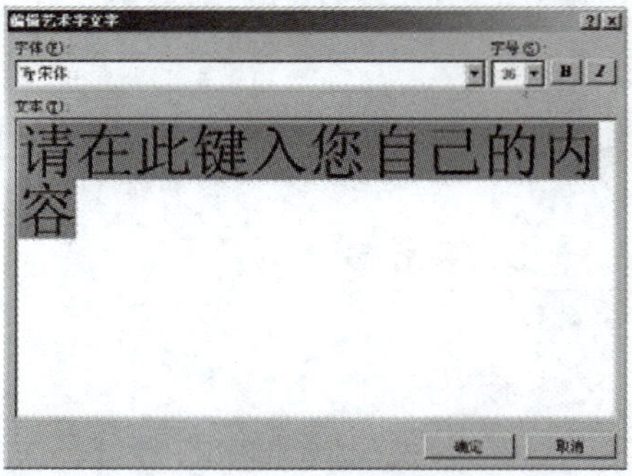

图 4-2　“编辑艺术字文字”对话框

5) 设置完成后单击“确定”按钮，得到相应的艺术字文字效果，如图 4-3 所示。

图 4-3　艺术字最终效果

4.2.2　图形和图像

1．图形和图像

计算机处理和存储的数字化图有两种：矢量图（Vector Graphic）和位图（Bitmap Image）。人们通常将矢量图称为图形，将位图称为图像。

（1）矢量图是指从点、线、面到三维空间的黑白或彩色几何图。在几何学中，几何元素通常用矢量表示，所以矢量图通常用绘图程序来生成。矢量图形的主要优点是分别控制图中的各个部分，如在屏幕上滑动、放大、旋转、扭转时，图形不失真；缺点是修改麻烦。矢量图的储存空间不大，因此主要用于标志设计、工程制图及美术学。

（2）位图又称为像素图，是将一幅图划分为 M 行 ×N 列，行与列的交点处为一个像素，把一幅彩色图分成 M×N 个像素点，每个像素用若干个二进制位来指定该像素的颜色、亮度和属性。因此，一幅图由许多描述像素的数据组成，这些数据一般要采用特殊的编码方法存入到一个位图文件。位图的优点是可以表达复杂的色彩，缺点是容量大。

（3）图像文件的格式。

1）BMP 格式。BMP（Bitmap）文件格式是微软公司为 Windows 环境设置的标准图像文件格式，因此在 Windows 环境中运行的图形图像软件都支持 BMP 格式。BMP 文件的扩展名为 .bmp。

2）GIF 格式。GIF（Graphics Interchange Format）的原意是“图像互换格式”，是 CompuServe 公司在 1987 年开发的图像文件格式。GIF 文件的数据是一种基于 LZW 算法的连续色调的无损压缩格式的数据，压缩率一般在 50% 左右，其不属于任何应用程序。目前，大部分图形图像软件支持 GIF 格式。GIF 格式的另一个特点是在一个 GIF 文件中可以存储多幅彩色图像，如果把存于一个文件中的多幅图像数据逐幅读出并显示到屏幕上，就可构成一种最简单的动画。GIF 文件的扩展名为 .gif。

3）JPEG 格式。JPEG（Joint Photographic Experts Group）压缩技术十分先进，其利用有损压缩方式去除冗余的图像和彩色数据，在获取极高的压缩率的同时能展现十分丰富的图像，即可以用最少的磁盘空间得到较好的图像质量。该格式适合保存色彩丰富、内容细腻的图像，如人物照、风景照等。JPEG 文件的扩展名为 .jpg 或 .jpeg。

4）TIFF 格式。TIFF（Tag Image File Format）文件最早是为了存储扫描仪图像设计的，可以制作质量非常高的图像，因而经常用于出版印刷。其可以显示上百万的颜色（尽管灰度图像仅局限于 256 色或底纹），通常用于比 GIF 或 JPEG 格式更大的图像文件。TIFF 文件的扩展名为 .tif 或 .tiff。

5）PSD 格式。PSD（Photo Shop Document）格式是 Photoshop 的基本文件格式，能存储图层、通道、蒙版等各种图像属性，是一种非压缩的原始文件格式。PSD 文件的扩展名为 .psd。

6）PDF 格式。PDF（Portable Document Format）格式是 Adobe 公司开发的电子文件格式。这种文件格式与操作系统平台无关，即 PDF 文件在任何操作系统中是通用的，这一特点使其成为在因特网上进行电子文档发行和数字化信息传播的理想文档格式。越来越多的电子图书、产品说明、公司文告、电子邮件开始使用 PDF 格式文件，PDF 格式文件目前已成为数字化信息的一个工业标准。PDF 文件的扩展名为 .pdf。

2. 图像素材的获取

（1）引用或购买，或者下载已有的图像库。这些图像素材有些可以直接使用，有些需要适当处理后才可使用。许多常用的背景、材质、风光等图片，可以直接从现有光盘库中选取。可在平时根据自己所学习的专业和制作课件的方向，注意分类收集图片，并将其存放在计算机硬盘中。

（2）截取屏幕图像。利用截图软件可以截取当前屏幕显示的任何内容，操作简单、使用方便，且截取的图像其色彩与清晰度都能满足需求。Windows 提供了截取屏幕图像的功能，按 Print Screen 键即可全屏幕复制，并置入“剪贴板”；按 Alt+Print Screen 组合键即可复制当前活动窗口显示的画面，并置入“剪贴板”。

（3）利用软件获取图像，如 Photoshop、CorelDRAW、Fireworks、AutoCAD、3DMax 等，其优点是“所见即所得”，非常直观，且提供了各种各样的绘图工具与处理手段，可以制作专业级的图像。

（4）利用数码相机拍摄。数码相机拍摄的图像清晰度高、色彩鲜艳、输入速度快，这是制作多媒体图像的一种重要途径。

（5）利用扫描仪获取图像。扫描仪可将一些已有的照片、图画、图片等素材通过光电转换成数字图像输入到计算机中。

（6）视频帧捕获。利用超级解霸等视频播放软件，可以将屏幕上显示的视频图像进行单帧捕捉，变成静止图像储存起来。由于视频本身已经过压缩，在色彩、清晰度方面相对较差，因此捕获的图像分辨率较低，不适于制作大尺寸画面。

3.“画图”工具的使用

在多媒体课件制作中，常要绘制一些图像或处理采集的图像。对于一些复杂的图像，可以使用 Photoshop 软件进行艺术化处理、编辑；对于一些简单的图像制作，可以使用系统自带的“画图”工具来进行，操作简单且方便。

（1）用“画图”工具制作一幅图（图 4-4），其操作步骤如下：

1）启动“画图”工具，新建一块适当大小的画布。

2）绘制第一只鹅。选择“曲线”工具、“椭圆”工具绘制鹅身和鹅头，选择“直线”工具绘制鹅嘴，并选择“用填充颜色”工具进行染色。背景用淡蓝色填充，鹅嘴用红色进行染色，鹅身用白色进行染色。

3）绘制另一只鹅。使用“选定”工具，用鼠标拖动的方法选择第一只鹅，先执行“编辑”|“复制”命令，再执行“编辑”|“粘贴”命令进行复制，并将复制的鹅拖放到适当的位置。通过执行“图像”|“翻转 / 旋转”命令或“图像”|“拉伸 / 扭曲”命令，可改变鹅的大小、方向和形状。

4）绘制荷叶和水波纹。使用“椭圆”工具、“铅笔”工具、“曲线”工具进行绘制。

5）文字的输入。选择“文字”工具，在画布中单击需要输入文字的位置即可输入文字，并可在弹出的“字体”对话框中设置字体、字号、文字方向等。

6）绘制完成后，执行“文件”|“保存”命令，在弹出的“保存为”对话框中设置文件保存路径、文件名（“鹅”）和文件类型，单击“保存”按钮即可保存文件。

图 4-4　使用“画图”工具制作的图

（2）将图 4-4 修改为只剩一只鹅、水波纹和文字。

1）启动“画图”工具，执行“文件”|“打开”命令，弹出“打开”对话框，打开“鹅”这张图片。

2）使用“选定”工具在图片中选择一只鹅、水波纹和文字，然后右击，在弹出的快捷菜单中选择“复制”命令；执行“文件”|“新建”命令新建一个文件，并执行“图像”|“属性”命令，在弹出的“属性”对话框中将“宽度”和“高度”设置成一个较小的值，单击“确定”按钮；执行“编辑”|“粘贴”命令，复制的图形被粘贴到画布上。

3）绘制完成后，执行“文件”|“保存”命令，在弹出的“保存为”对话框中设置文件保存路径、文件名和文件类型，单击“保存”按钮即可保存文件。

4．抓图工具 Print Screen 的使用

Print Screen 是 Windows 提供的最简单的抓图工具，其可以把当前屏幕内容保存到“剪贴板”，然后粘贴到图像处理软件的画布或其他图文编辑软件中进行编辑处理。

（1）抓取屏幕图像。

按 Print Screen 键，系统将截取全屏幕画面并置入“剪贴板”中；打开“画图”等图片处理软件，执行“编辑”|“粘贴”命令，图片被粘贴到该软件的画布上，编辑图片并保存。也可以将图片粘贴到 Word 等图文编辑软件的编辑窗口中，用其图片工具进行编辑。

（2）抓取当前活动窗口。

1）将所要抓取的窗口处于 Windows 窗口（当前活动窗口）的最前方；

2）按 Alt+Print Screen 组合键，系统将截取当前窗口画面并置入“剪贴板”中；

3）将图片粘贴到图文处理软件或图文编辑软件中进行处理。

5．利用 Photoshop 处理图像素材

（1）Photoshop 功能简介。

1）支持大量的图像格式。Photoshop 可以支持大量的图像文件格式，其中包括 BMP、PCX、TIFF、JPG（JPEG）、GIF、TGA 等，并且还提供了 PSD 和 PDD 两种专用的文件格式，用来保存图像创作中所有的数据。Photoshop 还是一个图像文件格

式转换器，可以将一种格式的图像文件转换为其他格式的图像文件。

2）绘图功能。Photoshop 提供了丰富的绘图工具。遮光和加光工具可以有选择地改变图像的曝光程度；海绵工具可以选择性地加减色彩的饱和度。另外，还提供了喷枪、画笔、文字工具组，并可以自由设置画笔的模式、压力、边缘等参数，以控制其绘制效果。

3）选取功能。可以利用魔术工具在图像内按照颜色选取某一个区域；利用选框工具按矩形、椭圆形等选取某一个区域；利用套索工具手工选取一些无规则、外形复杂的区域。

4）调整颜色。用户可以通过多种途径查看或者调整图像的色度、饱和度和亮度。

5）图像变形。可以旋转、拉伸、倾斜图像，并根据需要改变图像的分辨率和大小。

6）图层功能。可以运用图层功能，将一幅复杂的图像分解成若干层，每一层都是独立存在的，可以对其进行单独的处理而不会影响到其他层，这样就使图像的处理过程更加灵活和容易控制。

7）通道和屏蔽功能。Photoshop 提供了两种通道，一种是颜色通道，用来存储图像的颜色信息；另一种是 Alpha 通道，用来存储和屏蔽图像中特定的选择区域，以使用户免于对图像中复杂的部分进行重复选择。

8）丰富的滤镜功能。这是 Photoshop 最有特色的功能，其提供了大量的滤镜，运用滤镜可以得到特殊的效果。

（2）工作界面。

Photoshop CS4 的工作界面主要由快速切换栏、菜单栏、工具选项栏、工具箱、编辑区、浮动面板、状态栏等几部分组成，如图 4-5 所示。

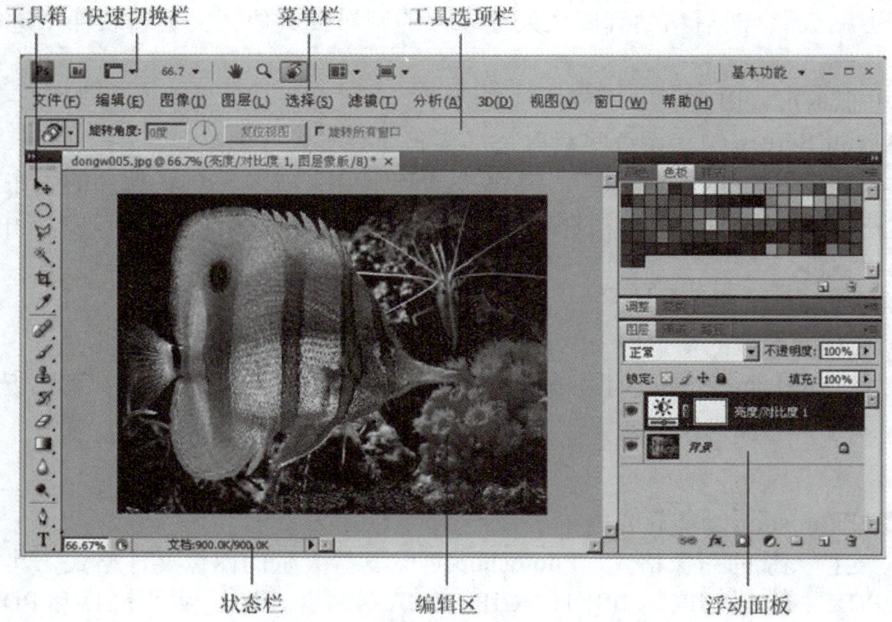

图 4-5　Photoshop CS4 工作界面

各部分的作用如下：

1）快速切换栏。可以快速切换视图显示。

2）菜单栏。将所有的功能命令分类后，分别放入 11 个菜单中。

3）工具选项栏。位于菜单栏下方，提供当前所使用工具的有关信息及其相关属性设置。当选择不同的工具时，选项栏的内容随之改变。

4）浮动面板。主要包括导航器、信息、颜色、色板、样式、图层、历史记录、动作、通道、路径、字符、段落等面板，这些面板及工具箱、工具选项栏都可以通过菜单栏中的窗口菜单来使其隐藏或者显示。

5）状态栏。位于界面的下端，显示当前编辑图像的显示比例及文件大小等有关信息。

6）编辑区。即图像编辑区。用户的操作主要是针对图像窗口而言的，图像窗口的尺寸与显示比例是由用户控制的。

7）工具箱。主要用于区域的选择、图像的编辑、颜色的选取、屏幕视图控制等操作。

（3）Photoshop 文件的基本操作。

1）文件的新建。执行“文件”|“新建”命令，或按 Ctrl+N 组合键，弹出“新建”对话框，在该对话框中可以设置图像文件的名称、宽度、高度、分辨率、颜色模式、背景内容等，如图 4-6 所示，单击“确定”按钮，即可新建一个文件，

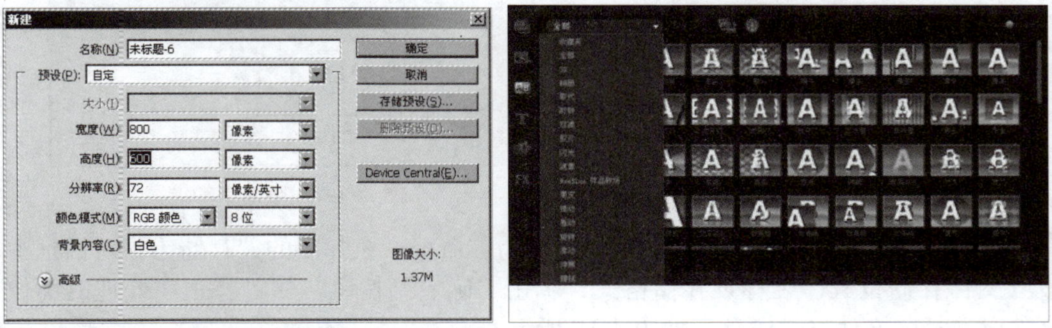

图 4-6　文件的新建

2）文件的打开。执行“文件”|“打开”命令，或按 Ctrl+O 组合键，在弹出的“打开”对话框中可以选择需要进行编辑处理的图像文件，单击“确定”按钮，即打开需要编辑的图像文件，如图 4-7 所示。

3）图像大小的调整。执行“图像”|“图像大小”命令，在弹出的“图像大小”对话框中可以调整当前图像的大小，如图 4-8 所示。需要注意的是，此时画布会根据图像大小的变化而变化。

4）画布大小的调整。执行“图像”|“画布大小”命令，在弹出的“画布大小”对话框中重新设置画布的宽度与高度值，单击“确定”按钮，即可调整当前画布的大小，如图 4-9 所示。需要注意的是，画布大小的变化不会影响原图像的大小。

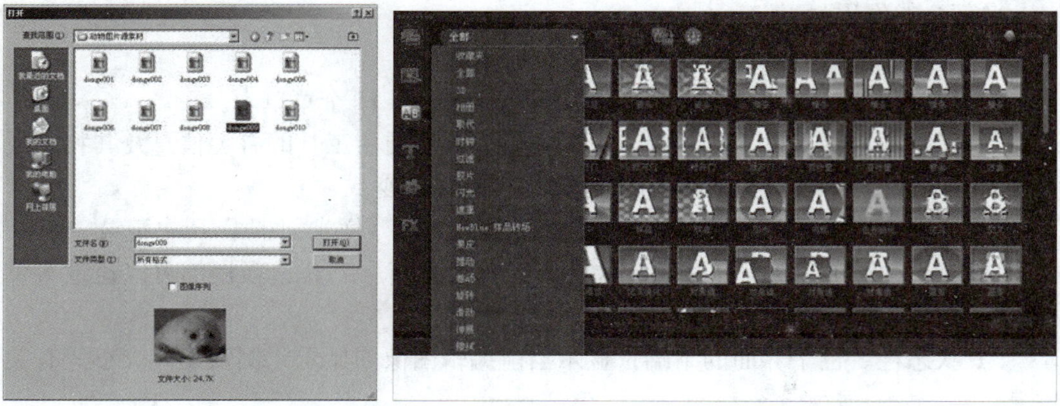

图 4-7　文件的打开

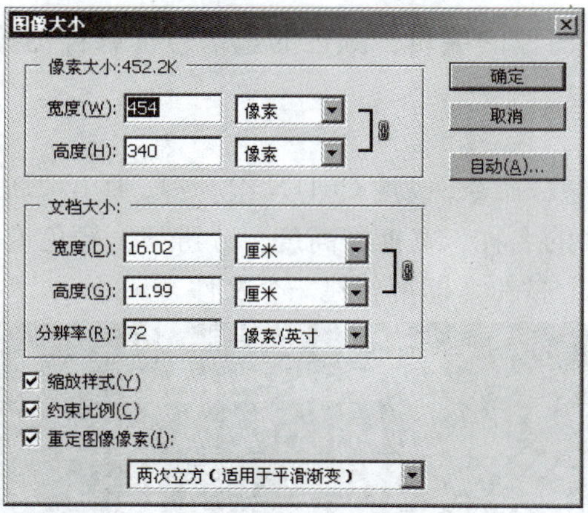

图 4-8　图像大小的调整

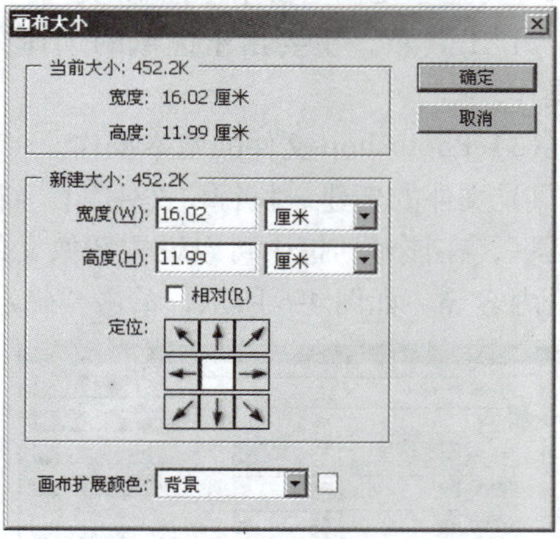

图 4-9　画布大小的调整

5）文件的存储。执行“文件”|“存储为”命令，在弹出的“存储为”对话框中设置文件存储位置、名称及存储格式，单击“确定”按钮，即可将正在处理的图像文件以选择的文件格式保存，如图 4-10 所示。

（4）工具箱。

1）工具箱的显示与隐藏。执行“窗口”|“工具”命令，可以显示或隐藏工具箱。

2）工具的选择。如果工具箱中某工具的右下角有一个黑色三角，表示该工具是一个工具组，右击该工具按钮就会弹出该工具组中所有工具，移动鼠标指针可以进行选择。

3）颜色的设定。各种绘图工具画出的线条是由工具箱中的前景色决定的，而橡皮擦工具擦除后的颜色则是由工具箱中的背景色决定的。

前景色和背景色的设置方法：默认状态下，前景色和背景色分别是黑色和白色，通过单击工具箱中的“默认前景色和背景色”图标，或按 D 键，可以将前景色和背景色切换到默认状态；单击“切换前景色和背景色”图标，或按 X 键，可以将前景色和背景色进行切换。单击“设置前景色”或“设置背景色”图标，弹出“拾色器（前景色）”或“拾色器（背景色）”对话框。在该对话框左侧的色彩框任意位置单击，在单击的位置会出现拾色圈，在右侧会显示当前选中的颜色，并且在对话框的右下角显示其对应的颜色数据。也可以在颜色设置文本框中直接输入数字，确定所需要的颜色。

图 4-10　文件的存储

4）工具箱常用工具。

① 选区工具。处理图像之前，首先应确定有效的编辑区域，即创建选区。工具箱中提供了以下几种用于创建选区的工具：

a. 选框工具。可以选择矩形、椭圆、单行、单列区域，并且可以在其对应的属性栏中进行不同的设置。

b. 魔棒工具和快速选择工具。用来选取颜色相似的不规则区域。使用魔棒工具单击图像中的某个点时，附近与该点颜色相同或相似的区域自动进入选区；快速选择工具的使用方法是基于画笔模式的，选择区域时是智能的，其比魔棒工具更观和准确。

c. 套索工具。普通套索工具的特点是可用徒手方式描绘出不规则的多边形套索工具的特点是从一个节点到另一个节点之间是相连的，适形选区；磁性套索工具的特点是能沿着图像的边缘自动生成节点，用于色彩比较分明、形状较为复杂的图像。

② 移动工具与裁剪工具。移动工具可将选区或图层移到图工具用于图像的修剪、分割及选择和调整切割区域，并为切

③ 绘画工具。

a．画笔工具。使用该工具可以绘出柔软的画笔效果，画笔的颜色为工具箱中的前景色。

b．铅笔工具。用来绘制硬边的线条。

c．历史记录画笔工具。该工具可将选定的状态或快照的副本绘制到当前图像窗口中，利用记录画笔可对图像作一些特效处理。

d．橡皮擦工具。该工具可以将图像擦除至工具箱中的背景色，并可将图像还原到历史记录调板中图像的任何一个状态。

e．背景橡皮擦工具。该工具可以将图层上的颜色擦除为透明。

f．魔术橡皮擦工具。只需单击即可将纯色区域擦抹为透明区域。使用魔术橡皮擦工具，可以一次去除插入图片的纯色背景，使图片更好地融入课件背景。

g．渐变工具。该工具用来填充渐变色。按住鼠标左键的同时拖动鼠标，形成一条直线，直线的方向决定渐变填充的区域和方向。如果有选区，则渐变应用于选区中；如果没有选区，则渐变应用于整个图像。

h．油漆桶工具。该工具可以根据像素颜色的近似程度来填充颜色，填充的颜色为前景色或连续图案。

i．仿制图章工具。该工具可以从图像中取样，然后将取样应用到其他图像或者本图像上，产生类似复制的效果。

④ 修饰工具。

a．污点修复画笔工具。使用该工具可移去污点，直接单击画面中的污点，即可将其移除。

b．修复画笔工具。该工具可以利用样本或图案来修复图像中的缺陷，并且能够使修复的结果自然融入周围的图像。按住 Alt 键，选取修复来源，然后在缺陷处单击，即可完成修复。

c．修补工具。按住鼠标左键，在当前图像中选择需要修补的区域，然后拖动选区到图像的其他区域，释放鼠标左键完成修补。和修复画笔工具类似，修补工具在修复的同时也保留了图像原来的纹理、亮度和层次等信息。修补工具也可使用图案来修补。

⑤ 文本和几何图形工具。

a．文本工具。利用该工具可以方便地在图像中输入文字，系统为这些文字单独创建一个图层。利用文本工具可以创建文本蒙版或选区。

b．几何图形工具。使用该工具可以快速地创建各种矢量图形，包括矩形、圆角矩形、椭圆、多边形、直线和自定形状。

⑥ 辅助工具。包括缩放工具、抓手工具和旋转工具。

（5）Photoshop CS4 的图层。

1）图层概述。一幅由 Photoshop 制作的作品往往是由许多图层合成而来的。通过图层可以将图像中各个元素分层处理及保存，使图像的编辑处理具有更大的弹性和操作空间，每个图层相当于一个独立的图像文件，因此大多数的命令能对某个图层进行独立的编辑操作。

可以这样来理解图层的概念：每一张纸代表一个图层，其具有不同的透明度和自己的图像内容。把若干张纸按照一定的顺序叠放在背景上，那么整幅图就是从上面看到的纸张叠加后的图像内容，下层的图像是否可见，取决于在其上的图层是否具有一定的透明度。

2）图层面板。Photoshop CS4 的图层面板如图 4-11 所示。

① ：单击此按钮，可以弹出控制面板的快捷菜单。

② 正常 ：该下拉列表框中的选项决定当前图层中的像素与其下面图层中的像素以何种模式进行混合。

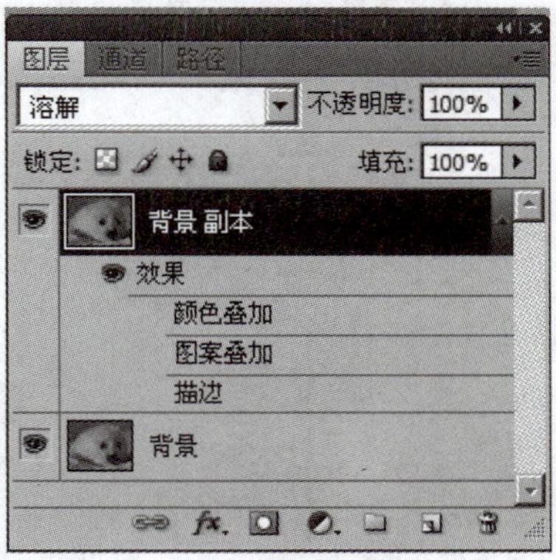

图 4-11　图层面板

③ 不透明度：其值决定当前层的不透明度。

④ 锁定：从左到右依次是“锁定透明像素”、“锁定图像像素”、“锁定位置”和“锁定全部”。

⑤ ：显示与隐藏。单击该图标，图标上的眼睛消失，表示此时图层处于不可见状态。

⑥ ：链接。通过链接两个以上的图层，可以一起移动其内容，也可以对链接层执行对齐、合并等操作。

⑦ ：添加图层样式。创建图层特效，用于对当前图层增加一些特殊效果。

⑧ ：添加图层蒙版。单击该按钮，可以在当前图层上创建图层蒙版。例如，在图像中创建选区，再单击该按钮，则可以根据选择区域在当前图层上创建适当的蒙版。

⑨ ：创建新组。创建新的图层集合。

⑩ ：创建新的填充或调整图层。增加新的调节层或填充层。

⑪ ：创建新图层。

⑫ ：删除图层。

3）图层的创建。

① 通过执行图层面板快捷菜单中的“新建图层”命令创建新图层；

② 通过“复制”和“粘贴”命令创建新图层；

③ 通过拖放创建新图层；

④ 通过执行“图层”|“新建”|“图层”命令创建新图层。

4）图层的编辑。图层的编辑包括图层的显示与隐藏、选择当前图层，以及图层的移动、复制、删除，还包括背景图层和普通图层的转换。

5）图层的混合模式。图层的混合是指将当前图层和下一图层进行颜色的混合。使用图层混合模式的图层具有贯穿下一图层的功能，即上面的图层覆盖下面的图层时，通过改变图层的混合域，能透过上一图层看到下一图层。

6）常用的图层类型。

① 普通图层：是最基本的图层类型，相当于一张透明纸。

② 背景图层：相当于最下层不透明的纸，一幅图像最多只能有一个背景图层。

③ 文本图层：使用文本工具在图像中输入文字后，自动新建一个图层。

④ 调整图层：本身不具备任何像素，但是可以执行调整命令，使图像发生变化。

⑤ 形状图层：是在选择钢笔或几何图形工具后，单击其属性栏中的“形状图层”

按钮，在绘制图层中自动生成的图层。

⑥ 填充图层：单击图层面板上的“创建新的填充或调整图层”按钮，在弹出的菜单中选择填充形式，可以选择“纯色”、“渐变”、“图案”三种形式。

7）图层样式。单击图层面板底部的图层样式按钮，在弹出的菜单中选择“混合选项”或者执行“图层”|“图层样式”|“混合选项”命令，弹出“图层样式”对话框，如图 4-12 所示，在该对话框中选择图层效果样式，并设置其他相应的参数，单击“确定”按钮后，所选图层就会应用所设置的图层效果。

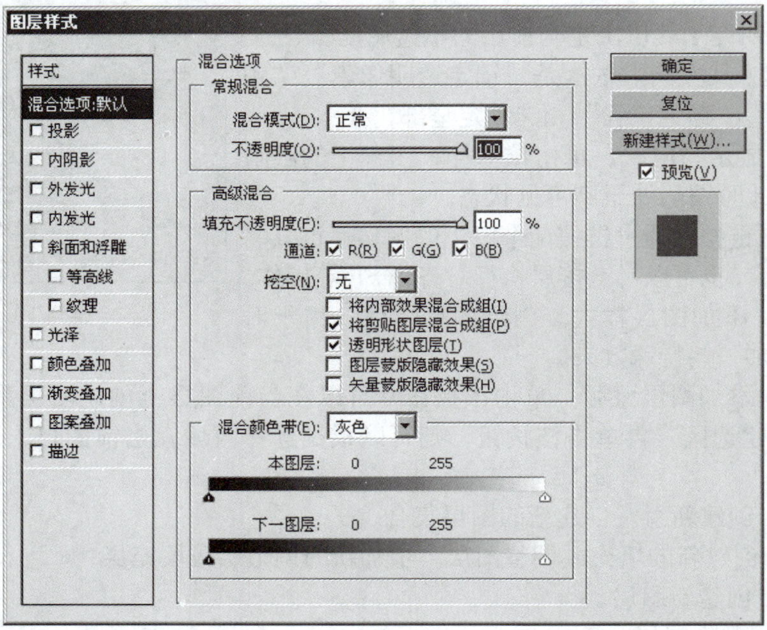

图 4-12 “图层样式”对话框

（6）通道和蒙版。

1）通道。通道是基于色彩模式的简化操作工具，用来存放图像的颜色信息，每一种图像都包括一些基于色彩模式的颜色信息通道。例如，一幅 RGB 三原色图，就会对应三个默认通道：红、绿、蓝。图像在不同的独立通道下产生不同的效果。通道的特点如下：①每个图像能够包含 24 个通道，包括默认的三种通道；②所有通道是一个八位灰度的图像，能够显示 256 级灰阶的画面效果；③所有通道具有与原图像相同的尺寸和像素。通道可以分为颜色通道、Alpha 通道和专色通道三种，均以图标的形式显示在通道面板中。

2）蒙版。蒙版就是对当前图层再蒙上一个“保护层”，此层起到对当前图层的隐藏或显示的作用，通过灰度进行控制。借助蒙版，可以将图像的某些部分分离出来，也可以保护图像的某些部分不被编辑。有三种方式可以创建蒙版：快速蒙版、Alpha 通道蒙版、图层蒙版。

（7）路径。

利用 Photoshop 提供的路径功能，用户可以绘制直线或曲线，并可对绘制的线条进行填充和描边，从而完成一些无法用绘图工具完成的工作。路径是通过路径面板进行管理的。

(8) 滤镜。

1) 滤镜功能简介。Photoshop CS4 提供了多种滤镜，每个滤镜的功能各不相同，只有熟悉每个滤镜的功能，才能将其用得恰到好处。

打开“滤镜”菜单，可以进行选择使用。

2) 滤镜的使用规则。

① 针对选取区域进行滤镜效果处理。

② 如果没有定义选区，则对整个图像作处理。

③ 如果当前选中的是某个图层或某个通道，则只能对当前图层或当前通道起作用。

滤镜的处理效果是以像素为单位的，与图像的分辨率有关。因此，相同的滤镜处理不同分辨率的图像时，其效果也不相同。

对局部图像进行滤镜效果处理时，可以对选定范围设定羽化值，使处理的区域能自然且渐进地与原图像结合，减少突兀的感觉。当执行完一个滤镜命令后，在滤镜菜单的顶行会出现刚才使用过的滤镜，对其单击即可快速执行相同的滤镜命令。

4.2.3　声音素材

1. 声音的概念

声音是一种物理纵波，用连续的波形表示，为了使计算机能够处理这样的模拟信号，必须先将这种模拟波形转换成二进制的数字形式，形成数字声音信号后才能在计算机中使用。

计算机中广泛应用的数字化声音文件有两类。一类是采集各种原始声音，经过数字化处理后得到的数字文件（也称波形文件）。声音的数字化处理就是将模拟的（连续的）声音波形数字化（离散化），包括采样、量化和编码三个过程。连续时间的离散化通过采样来实现，连续幅度的离散化通过量化来实现。另一类是专门用于记录乐器声音的 MIDI（Musical Instrument Digital Interface）文件。MIDI 是为了把电子乐器与计算机相连而制定的一个规范，是数字音乐的国际标准。MIDI 声音与数字化波形声音完全不同，其不是对声波进行采样、量化和编码，而是将电子乐器的弹奏过程记录为一连串数字，如按了哪一个键、力度多大、时间多长等，然后由声卡上的声音合成器根据这些数字所代表的意义合成音乐，再通过音箱或耳机播放。所以，MIDI 文件实际上是一种字符表格，其描述了各种音符及这些音符的播放方式和时延的乐谱。

声音在信息化教学环境中的主要作用有两方面：一方面是通过语音增强画面的表现效果，起到辅助说明的作用；另一方面是通过背景音乐对画面内容起到烘托作用。一般，教学上要用到的声音可以分为三大类，即语音、音乐、音响。

(1) 语音。语音解说能够系统且完整地表达概念和理论，在传递信息、介绍知识、组接画面方面也可以发挥巨大作用。

(2) 音乐。音乐可以表现人们的思想感情，反映现实生活，其在感情上的概括能力是其他任何艺术无法比拟的。

（3）音响。音响是指除了人声和音乐以外自然界的一切声响，如风声、雨声、鸟鸣声、流水声等，人们可以根据声音判断周围的环境及人和事。

2．数字化音频文件格式

（1）WAV。WAV 格式是 Microsoft 公司开发的一种波形文件格式，是 Windows 本身存放数字声音的标准格式，采用 .wav 作为扩展名。利用该格式记录的声音与原声基本一致，质量非常高，但需占用大量存储空间，解决方法是用软件进行压缩，或者适当降低音质。

（2）MIDI。MIDI 是一种专门用于音乐数字化的国际标准。MIDI 音频并不是直接记录声音，而是只记录发送给 MIDI 设备的一系列指令，实际发声的是合成器或音频器，利用一些特定的数字表达产生音符的键号、通道号、持续时间、音量和力度等。与波形文件相比，MIDI 文件的容量小得多，不会占用很多的内存、硬盘空间和中央处理器资源，因此在多媒体课件中广泛应用。一般用来制作各种电子音乐素材及部分音效素材，如教学软件的背景音乐。其缺点是表达能力有限，无法重现自然的声音。

（3）MP3。MP3 文件采用压缩技术的音频格式，可以将 CD 质量的音频文件压缩至原来的 1/10，甚至更小，且声音质量的损失非常小。MP3 文件在因特网用得比较多，可用于为主页添加主题音乐等。

（4）RA。RA 文件是一种新型流式音频文件，在网络上非常流行。其在网络速度较慢的情况下也可以流畅地传送数据，播放效果与 MP3 类似，且文件很小。RA 文件经常用于视频会议、远程教学和网络直播等。

3．声音素材的采集

（1）用 Windows 系统中的录音机采集声音。

在多媒体课件中使用的声音是数字化的声音文件，用传统录音录制的声音必须转录到计算机中才可以使用，也可以直接用 Windows 中的“录音机”软件采集声音。

1）连接线路。如果已有录好的录音带或录像带，可以利用放音机或放像机播放声音或视频，同时用音频线将放音机或放像机的 Line Out 接口与计算机声卡的 Line In 接口连接，通过音频线将声音输送到计算机中。如果利用 Windows 系统中的“录音机”软件录制声音，需要将麦克风的插头插入计算机声卡的“麦克风”接口。

2）设置音频设备录音属性。在完成了硬件设备的连接后，为了使声卡能正常工作，还要进行软件的调试。进入 Windows 系统，执行“开始”|“控制面板”命令，在弹出的“控制面板”窗口中双击“声音和音频设备”图标，在弹出的“声音和音频设备属性”对话框中选择“音频”选项卡，在其中的播放和录音的设备中，选择声卡所对应的输入和输出选项，如图 4-13 所示。

3）选择录音通道。声卡提供了多路声音输入通道，录音前必须正确选择，设置的方法如下：

①单击任务栏右下角的喇叭图标，在弹出的快捷菜单中选择“打开音量控制”命令（或双击喇叭图标），弹出“主音量”窗口。

② 执行“选项”|“属性”命令，弹出“属性”对话框。在“调节音量”选项组中选中“录音”单选按钮，在“显示下列音量控制”列表框中选中“麦克风”、“线路输入”等复选框，如图 4-14 所示。单击“确定”按钮，弹出“录音控制”窗口，如图 4-15 所示。

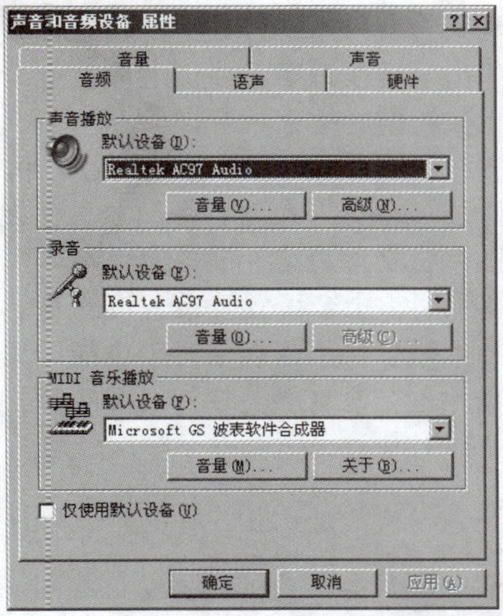

图 4-13　音频设备属性设置

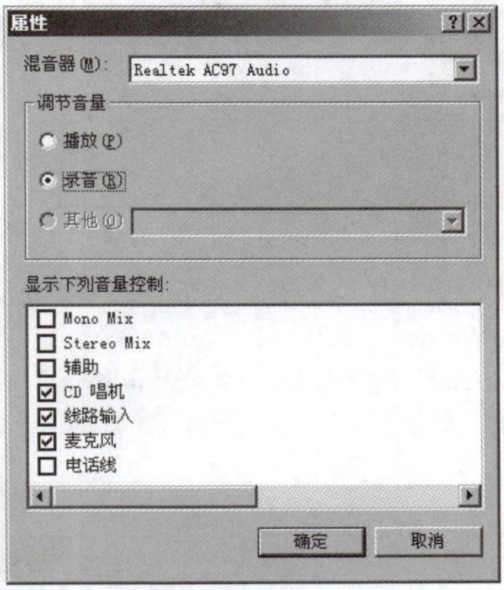

图 4-14　设置录音通道

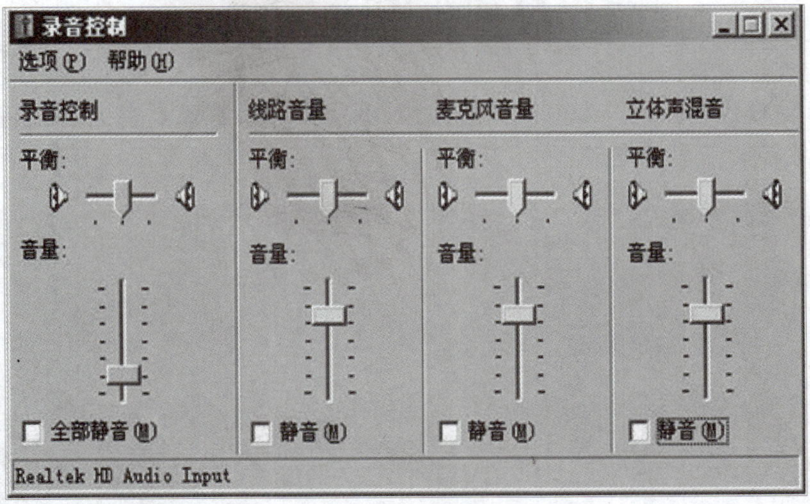

图 4-15　“录音控制”窗口

③ 选择“立体声混音”，用于录制计算机声卡发出的所有声音，如网络中在线动画、游戏、视频、影片中的声音。如果转录放音机或放像机中的声音，选择“线路输入”；如果用麦克风录音，选择“麦克风”。然后调整音量大小，使录制的声音大小适当，不会出现峰值失真。

④ 启动“录音机”程序。执行“开始”|“所有程序”|“附件”|“娱乐”|“录

音机”命令，打开 Windows 系统中的“录音机”软件，如图 4-16 所示。该软件的操作界面与真实的录音机非常相似，使用直观、方便。底部从左到右依次为快退、快进、播放、停止和录音按钮。单击录音按钮●，开始录音，每次录制音频文件的时间为 60 秒，当大于 60 秒时，需要再次单击录音按钮●，才能继续录音；单击停止按钮■，结束录音操作。

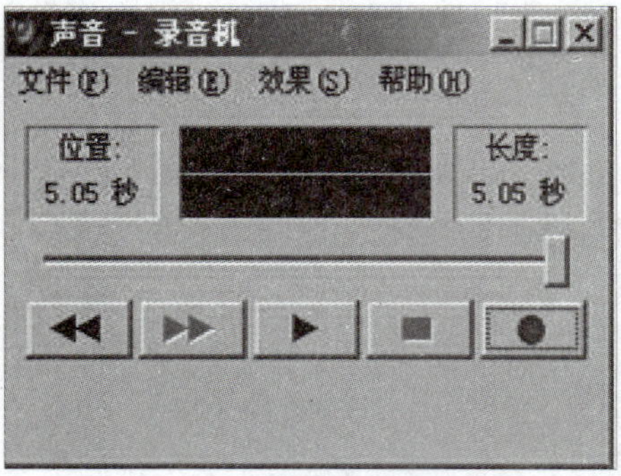

图 4-16　Windows XP系统中的“录音机”软件

⑤ 保存录制的音频文件。执行“文件”|“保存”命令，弹出“另存为”对话框，将文件命名后保存为 WAV 格式的音频文件。需要注意的是，Windows 系统版本不同，录音设置及录音机的功能也有所不同，Windows 2000 和 Windows XP 系统中的录音机不仅能录音，也能播放和简单编辑 WAV 格式的音频文件。Windows 7 系统中的“录音机”软件（图 4-17）没有播放功能，只能录制声音，且录音时间没有 60 秒限制。

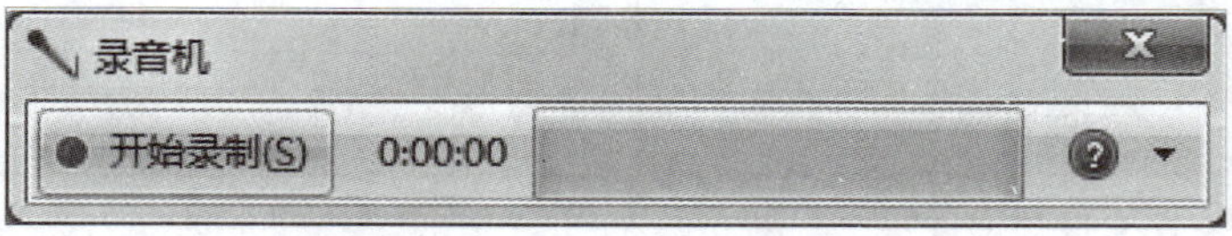

图 4-17　Windows 7 系统中的“录音机”软件

（2）用 GoldWave 采集声音。

1）录制朗诵声音。

① 运行 GoldWave，进入窗口界面，如图 4-18 所示。在工具栏上单击“新建”按钮，弹出“新建声音”对话框。

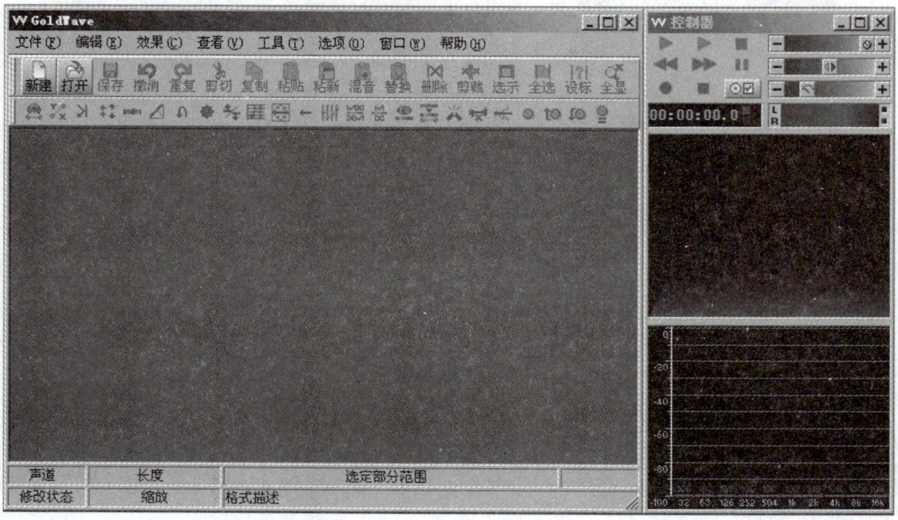

图 4-18　GoldWave 界面

②在“新建声音”对话框中将“声道数”设置为“立体声”，“采样速率”设置为“44100”，“初始化长度”设置为 1 分钟，如图 4-19 所示，然后单击“确定”按钮，新建一个空白文件。

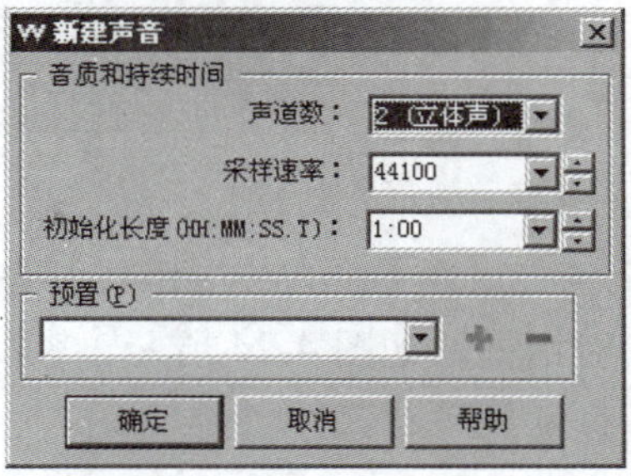

图 4-19　“新建声音”对话框参数设置

③由于是通过麦克风录制语音，因此需要设置音频属性。双击任务栏右下角的喇叭图标，弹出“主音量”窗口。

④执行“选项”|“属性”命令，弹出“属性”对话框。选中“录音”单选按钮，单击“确定”按钮，弹出“录音控制”窗口；选择“麦克风”，将音量调高些（此处没有用高级选项，因此可以调高些）。

⑤在“控制器”窗口中找到红色的录音按钮，调好麦克风的位置，一般距嘴角 2 厘米，单击录音按钮，对着麦克风读音，即可开始录制，如图 4-20 所示。

⑥此时，录音按钮显示为暂停录音按钮，单击该按钮可以暂停录音，如图 4-21 所示，再次单击继续录音。

⑦录音完毕后单击停止录音按钮，然后在工具栏上单击“选显”按钮，显示录制的声音，还可以适当放大；单击“控制器”窗口中的绿色播放按钮可以听录音的效果，找出需要编辑的地方。

⑧在窗口中蓝色的波形上单击，可以选择音频的起始点；右击可以选择选区的结束点，也可以拖动边线来改变选区，如图 4-22 所示。

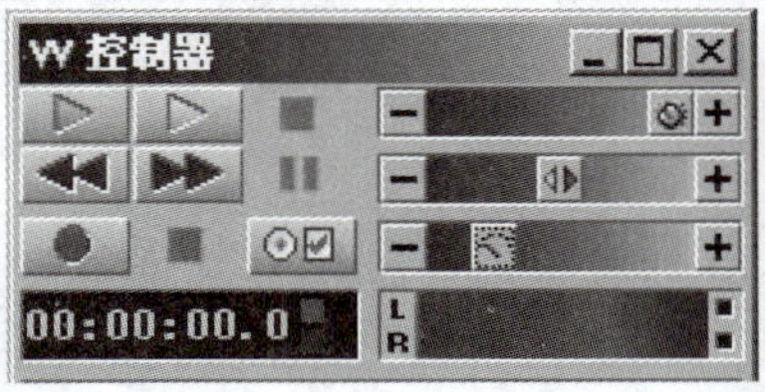

图 4-20　开始录音

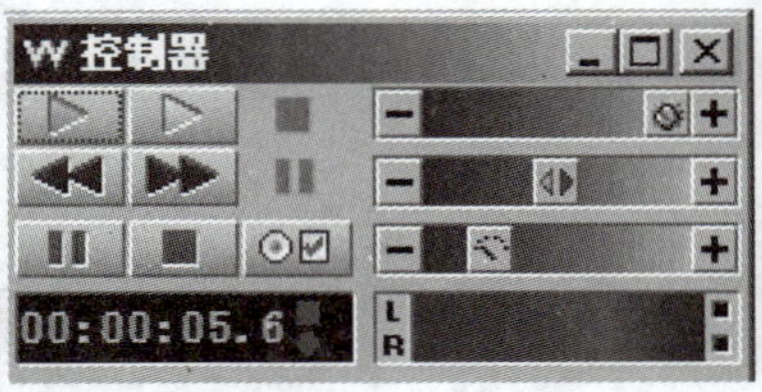

图 4-21　暂停录音

图 4-22　设置开始、结束标志

⑨选中不需要的录音部分，按 Delete 键将其删除；可以执行“编辑”|“撤销删除”命令恢复删除。

⑩编辑完成后，选中录音的部分，执行“文件”|“选定部分另存为”命令，弹出“保存选定部分为”对话框。

⑪在“保存选定部分为”对话框的“保存类型”下拉列表框中选择“MPEG Audio (*.mp3)”选项，在“属性”下拉列表框中选择“Layer-3ACM，44100Hz，128kbps，联合立体声”选项，如图 4-23 所示，单击“保存”按钮。

2）用 GoldWave 裁剪和编辑音乐背景。

以课件采用的背景音乐为名曲“春江花月夜”进行介绍，该音乐素材很容易找到。根据课件的内容和长度，只需要整首古曲中的一部分，下面用 GoldWave 来对音乐进行裁剪和编辑。

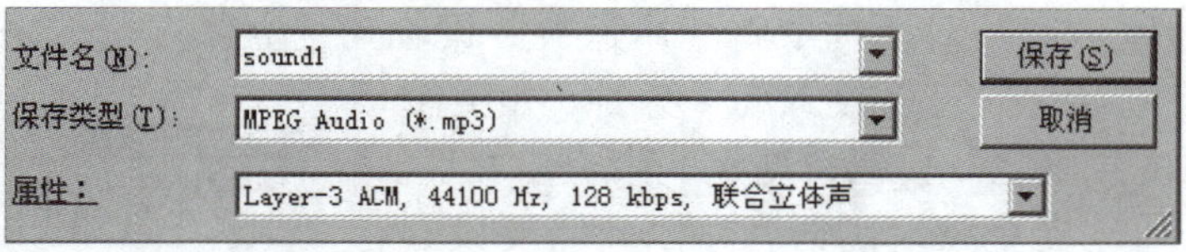

图 4-23　文件保存设置

① 在 GoldWave 中打开音乐。执行“文件”|“打开”命令，弹出“打开声音文件”对话框，如图 4-24 所示，查找到“春江花月夜”音乐素材文件，单击“打开”按钮，打开该声音文件。

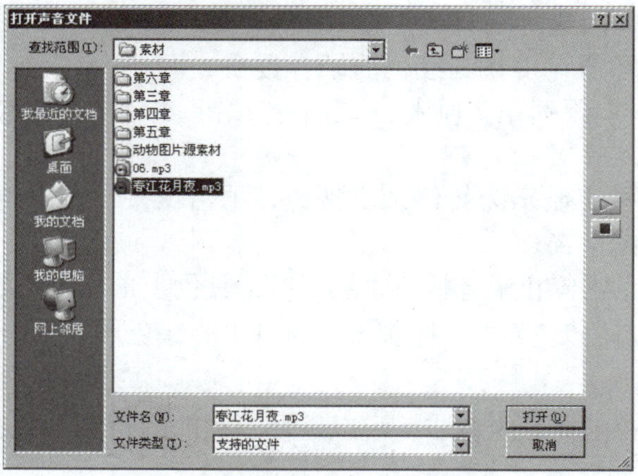

图 4-24　“打开声音文件”对话框

② 裁剪音乐。

a．打开“控制器”窗口，单击播放按钮，音乐开始播放，在试听过程中选择一段合适的音乐，记下这段音乐的时间段，“时间提示标记”在打开的音乐窗口最下端，如图 4-25 所示。

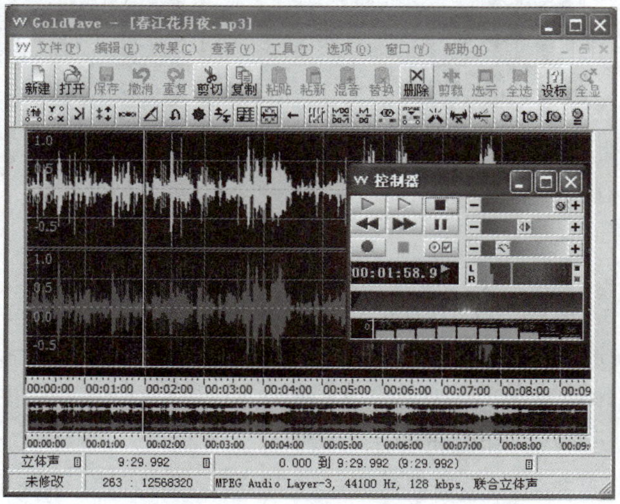

图 4-25　GoldWave音轨

b．单击音乐段的起始位置，再右击音乐段的终止位置，在弹出的快捷菜单中选择“设置结束标记”命令，该音乐段将在音乐窗口中高亮显示，如图 4-26 所示。

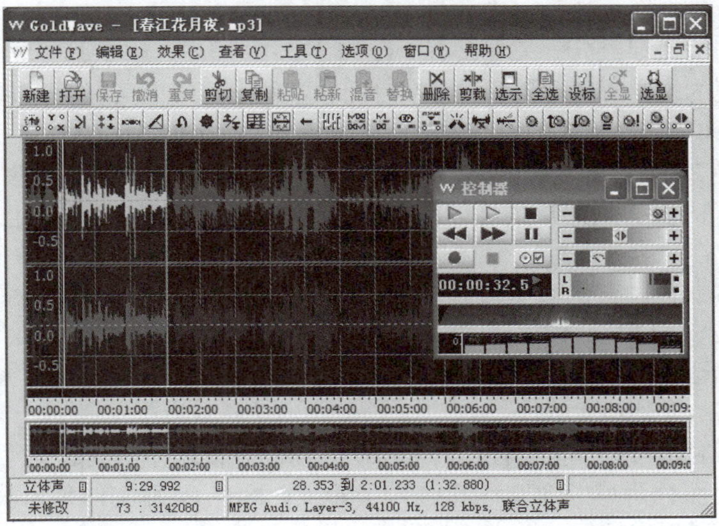

图 4-26　选择声音波

c．执行“编辑”|“复制”命令，再执行“编辑”|“粘贴为新文件”命令，这样将选择的音乐段复制到了一个新建的声音文档中。

③编辑声音效果。

通过裁剪，得到了课件中需要的背景音乐，为了使课件整体效果更好，往往还需要对音乐素材进一步编辑，如添加“淡入”、“淡出”等效果。

a．选择音乐段开始 20 秒的一段音乐，执行“效果”|“音量”|“淡入”命令，弹出“淡入”对话框，如图 4-27 所示。设置完成后，单击“确定”按钮。

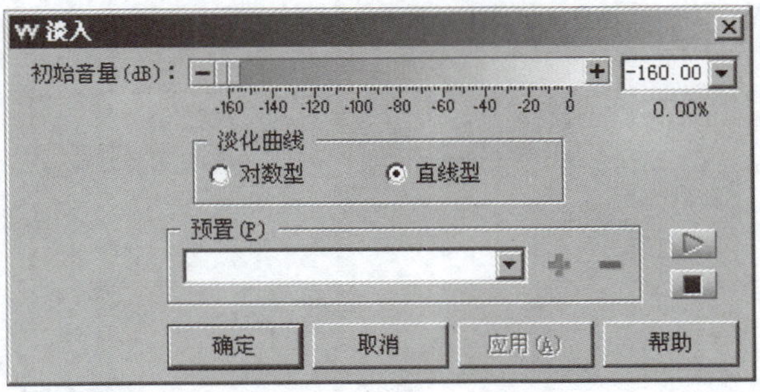

图 4-27　“淡入”对话框

说明：在“效果”菜单中有很多常见的声音效果命令，利用它们可以很容易实现一些声音效果，如去掉声音中的噪音、增大或者减小声音的音量等。

b．再次播放音乐，就能听出音乐快结束时淡出的效果。执行“文件”|“保存”命令，弹出“保存声音为”对话框，将裁剪并编辑过的音乐片段保存为 Wave 格式的声音文件，单击“保存”按钮。

4.2.4 动画素材

1. 计算机动画简介

（1）动画的原理。

由于人眼的视觉暂留现象，许多在时间和空间上连续但又有所不同的画面形成运动着的画面，即动画。当人的眼睛看到一幅画面或一个物体后，在 1/24 秒内不会消失，如果 1 秒更换 24 幅或者更多的画面，那么前一个画面在人的脑海消失之前，下一个画面就进入了人脑，从而形成连续的影像。这样，一张张的画面就组成了精彩纷呈的动画。

在多媒体课件中，动画可以充分发挥人们的想象力、创造力，给人们展示一些客观不存在或人们达不到的奇妙情境。恰当地使用动画可以起到强调主题、化解教学难点、添加趣味等作用。

（2）动画的文件格式。

1）FLC 格式。FLC 格式是 Animator Pro 动画制作软件生成的文件格式，每帧采用 256 色，画面分辨率为 320×200 ～ 1 600×1 280。动画文件采用数据压缩格式，代码率较高，通用率较好，被广泛应用于多媒体作品中。

2）GIF 格式。GIF 格式是常用于网页中的帧动画文件格式。GIF 格式压缩比高，利于网络传输。GIF 格式的文件有两种类型：一种是固定画面的图像文件；另一种是多画面的动画文件。GIF 格式文件的分辨率为 96dpi，采用 256 色。

3）SWF 格式。SWF 格式是动画编辑软件 Flash 的动画格式。这种格式的动画能用比较小的体积表现丰富的多媒体形式，是利用矢量技术制作的，无论将画面放大多少倍，画面都清晰流畅，是目前网络动画的主要形式。

2. Flash 基础知识

（1）Flash 的工作界面。

Flash 的工作界面（图 4-28）由以下几部分组成。

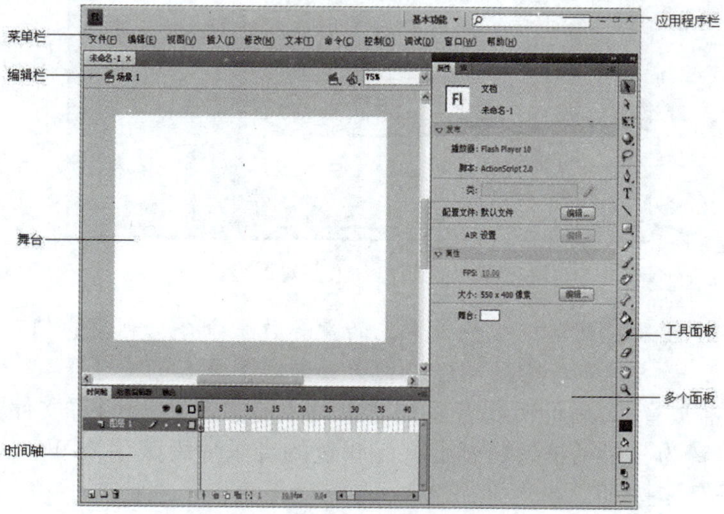

图 4-28 Flash 的工作界面

1)应用程序栏。应用程序栏包含应用程序的图标、工作区预设下拉菜单和搜索栏、最小化按钮、还原/最大化按钮、关闭按钮。其中，工作区预设有“动画”、“传统”、“调试”、“设计人员”、“开发人员”、“基本功能”六种不同的工作方式，用来适应不同领域专业人员各自的操作特点，默认的预设为“基本功能”。

2）菜单栏。菜单栏是 Flash 重要的组成部分之一，绝大多数功能可以通过菜单命令来实现。

3）工具面板。Flash CS4 的默认布局是将工具面板放置到界面的右侧，工具面板包含了有关绘图、选择、编辑、填色等工具。拖动工具面板的标题栏可以移动工具面板的位置，拖动边框可以改变工具面板的大小，各部分的功能如下：①“选择”工具主要用来选择、编辑、移动工作区中的相关对象；②“绘图”工具包括用来绘制线段、图形及输入文本的相关工具；③“填充”工具主要包括填充颜色、吸取颜色和填充相关的工具；④“查看”工具有两个，一个是“手形工具”，另一个是“缩放工具”；⑤“颜色”工具主要是用来设置笔触和填充颜色。

说明：“选项”区域平时是不显示的，只有在选择了某个工具后，该工具的子工具和一些相关的选项才会显示。

4）舞台和工作区。舞台是绘制图形、输入文字、设计动画等各项操作的区域，而工作区则是位于舞台周围的灰色区域。舞台类似于现实生活中剧场的舞台，而工作区类似于后台，只有在舞台上制作的对象，在课件播放时才能显示出来；而位于工作区上的对象，在播放时是不显示的，仅供制作时使用。例如，将“现代教育技术课件”中的“现代教育技术”放置在舞台上，而“课件”放置在工作区内，如图 4-29 所示，在播放时只能显示出其中的“现代教育技术”，如图 4-30 所示。

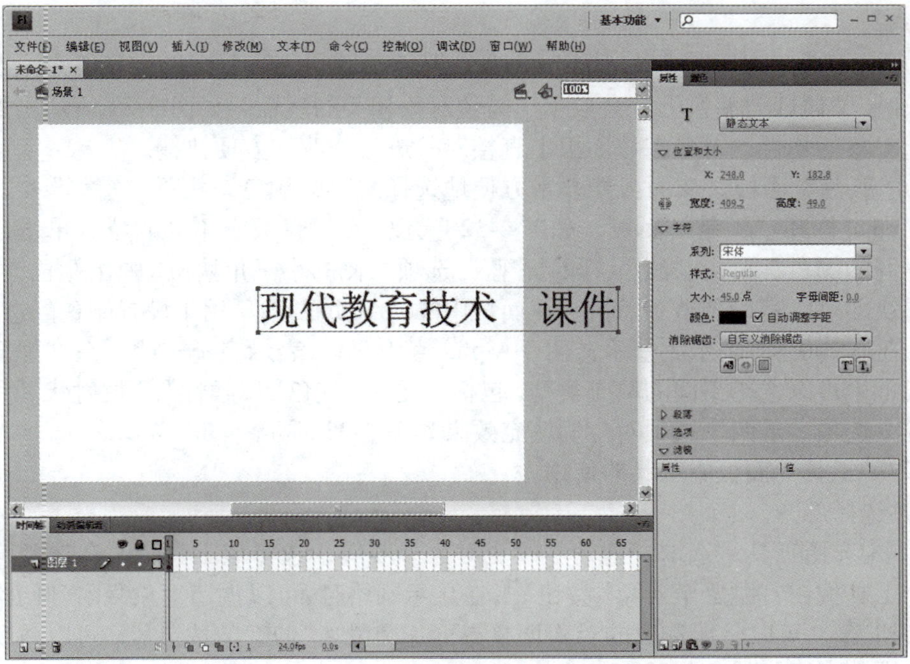

图 4-29　在舞台上输入文本

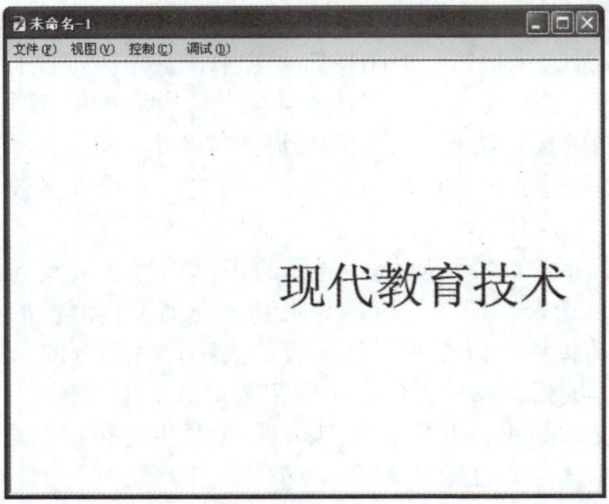

图 4-30　播放时只显示舞台上的内容

5）面板。Flash 中的面板有助于用户查看、组织和编辑各类对象，面板上的各个选项控制着元件、实例、颜色、类型、帧等对象的特征。Flash 的面板较多，如果所需的面板没有显示，可以执行“窗口”菜单下的相应命令将其打开；若想使面板上的位置恢复初始状态，可以执行“窗口”|“工作区”|“基本功能”命令。按 F4 键，可以隐藏面板，再次按 F4 键，则可以恢复显示。所有的面板具有收放特性，单击标题栏相应按钮可以收缩或打开面板。Flash 常用的面板如下：

①“时间轴”面板。用于控制文件中的所有元素，包括图层、帧、播放头和状态栏。默认情况下，“时间轴”面板停放在舞台下部，但是用户可以将其移到屏幕上的任意位置。

②“属性”面板。该面板是 Flash 中使用频率最高的一个面板，当用户选中某一个对象时，“属性”面板上就会显示出与该对象相关的属性，如图 4-31 所示，如果要修改此对象的属性，可以在该面板上直接对其进行修改，方便快捷。

③“颜色”面板。该面板能非常方便地选择想要的颜色，执行“窗口”|“颜色”命令，即可打开“颜色”面板，如图 4-32 所示。在调色板上不同的位置单击，可以选取不同的颜色。单击“红”、“绿”、“蓝”选项右侧的小三角按钮，弹出颜色值滑块，拖动滑块即可以精确调整颜色值。该面板中的“Alpha”选项用于设置颜色的透明度，Alpha 值为 100%，表示完全不透明；Alpha 值为 0%，表示完全透明。在“类型”下拉列表框中可以选择不同的填充类型，包括“无”、“纯色”、“线性”、“放射状”和“位图”五个选项。后四个选项对应的填充效果如图 4-33 所示。

(2)“工具”面板中工具的使用。

1）选择部分。

① 选择工具。选取、拖动、改变对象外观等。选择该工具时，在选项区中显示三个工具按钮：“贴紧至对象”按钮，在显示网格时，可以调节对象吸附到网格；“平滑”按钮，可以将所选取的对象调整得更加圆滑；“伸直”按钮，可以将所选取的对象调整得更加棱角分明。

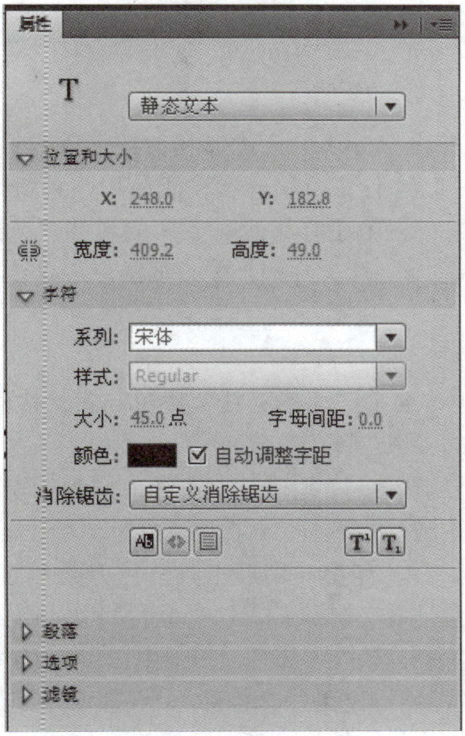

图 4-31 “属性”面板

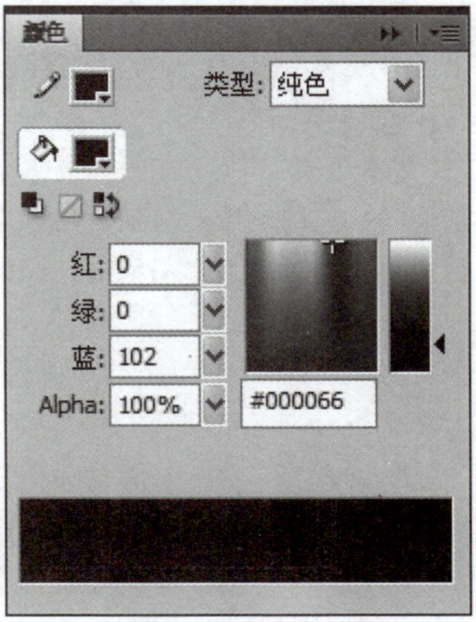

图 4-32 “颜色”面板

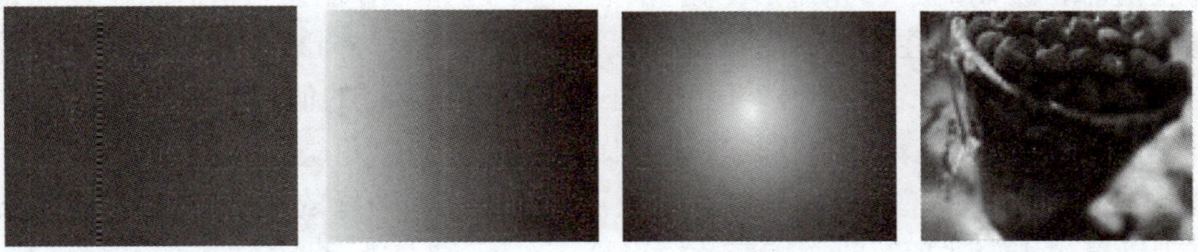

(a) 纯色　　(b) 线性　　(c) 放射状　　(c) 位图

图 4-33 填充效果

② 部分选取工具。选取矢量图形的节点和路径，以改变图形的形状或移动图形等。

③ 任意变形工具。任意变形对象、组合、实例或文本块。使用该工具可以移动、旋转、缩放和扭曲单个变形，或组合对象。“任意变形工具”的使用方法非常简单，选择“任意变形工具”，再单击需要变形的对象，这时对象周围会出现八个相应的控制柄，在控制柄上使用鼠标指针可以随意地调节；也可以利用选项区的子工具直接对选中的对象进行缩放、旋转与倾斜、扭曲或封套操作。

④ 渐变变形工具。利用该工具可对渐变颜色进行变形操作。“渐变变形工具”和“任意变形工具”在同一个位置，通过单击图标右下角的黑色三角按钮展开该工具组，可进行切换。

⑤ 3D 旋转工具。利用该工具在 3D 空间旋转影片剪辑对象。

⑥ 3D 平移工具。利用该工具在 3D 空间沿 x、y、z 轴移动对象。注意，移动

的对象只能为影片剪辑。

⑦ 套索工具。利用该工具在图形上选取一个不规则的区域。

2）绘图部分。

① 钢笔工具。钢笔工具用于绘制直线、折线、多边形和曲线。编辑过程中，通过调节矢量图形上的节点，可以改变图形线的长短和形状，能使用户精确地控制线段。“钢笔工具”图标右下角有三角按钮，表示还有其他同系列工具可以选择，单击该按钮展开工具组，可以看到还有另外三个工具，分别是添加锚点工具、删除锚点工具和转换锚点工具。

② T文本工具。用于在舞台上输入文本。

③ 线条工具。用于绘制直线或斜线。单击“线条工具”按钮，同时按住 Shift 键可绘制水平线、垂直线、45° 或 135° 的斜线。

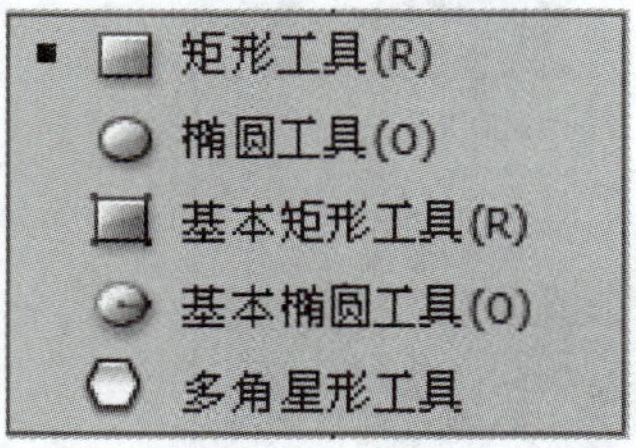

图 4-34　矩形工具组

矩形工具组（图 4-34）用来绘制直角或圆角的矩形（正方形）、椭圆（正圆）、多边形或星形等图形。

④ 矩形工具。利用“矩形工具”可以绘制正方形、直角或圆角矩形、圆。选择该工具，同时按住 Shift 键可绘制正方形。选择该工具，在“属性”面板中设置“矩形选项”为“将边角半径控件锁定为一个控件”，设置四个矩形边角半径为 0.00，绘制的是直角矩形；设置四个矩形边角的半径为正值时，绘制的是圆角矩形；设置四个矩形边角的半径为负值时，绘制的是四角缩进的圆角矩形。在“属性”面板中设置“矩形选项”为断开“将边角半径控件锁定为一个控件”，可以改变四个角中的任意一个边角半径的值，绘制不同的矩形。

⑤ 基本矩形工具。利用该工具可以绘制矩形、圆角矩形，同时按住 Shift 键可绘制正方形或圆角正方形。绘制的对象可以通过调节边缘的实心控点或在“属性”面板中设置“矩形选项”改变矩形角的形状。

⑥ 椭圆工具。利用该工具可以绘制椭圆形、圆形。单击“椭圆工具”按钮，同时按住 Shift 键可绘制圆形。

⑦ 基本椭圆工具。利用该工具可以绘制椭圆形、圆形。单击“基本椭圆工具”按钮，同时按住 Shift 键可绘制圆形。在属性面板中通过设置“椭圆选项”中的“开始角度”、“结束角度”和“内径”，可以绘制不同形状的半圆、扇形图形。

⑧ 多角星形工具。利用该工具可以绘制星形、多边形图形。选择“多角星形工具”，在其“属性”面板中单击“选项”按钮，弹出“工具设置”对话框，在“样式”下拉列表框中选择“星形”或“多边形”选项，并在“边数”文本框中设置边数就可以绘制出星形或多边形，还可以设置星形顶点大小。

⑨ 铅笔工具。利用该工具可以绘制直线或曲线图形或对象。选择该工具，则在选项区中显示出“对象绘制”和“铅笔模式”两个子工具。选择“对象绘制”子工具绘制对象，否则绘制图形。“铅笔模式”子工具提供了“伸直”、“平滑”和“墨水”三种模式。选择“伸直”模式，如果所画的曲线有一定弧度，则画好之后自动

转变为弧线；如果所画的线条接近于直线，那么画好之后将自动转变为直线。选择“平滑”模式，则画出的线条比较圆滑，不会出现比较生硬的棱角。选择“墨水”模式，则对所画的线条基本不作修改，接近徒手画出的线条。

⑩ 刷子工具。该工具可以像“铅笔工具”一样绘制形状或对象。不同的是，“铅笔工具”只能绘制一个像素宽度的对象，而“刷子工具”可以绘制多个像素宽度的对象，而且是用填色来绘制。选择该工具，在选项区中显示出“对象绘制”、“锁定填充”、“刷子模式”、“刷子大小”、“刷子形状”五个工具。

“刷子模式”包括“标准绘画”（所画的线条覆盖同一层中的所有图形）、“颜料填充”（只能在空白区域和原图形的填充区域绘制线条）、“后面绘画”（只能在空白区域绘制线条，原有线条和图形将被保留）、“颜料选择”（只能在选择的图形区域绘制线条）、“内部绘画”（只能在起始点所在的图形区域中绘制线条）五种模式。

⑪ 喷涂刷工具。利用该工具可以一次将开状图案喷涂到舞台上，同时可以将影片剪辑或图形元件作为该工具的图案。

⑫ Deco 工具。利用该工具可以对选定的对象应用“藤蔓式填充”、“网格填充”和“对称刷子”填充。

3）填充部分。

① 骨骼工具。利用该工具可以将两个实例用骨架连起来，也可以将普通的图形转换为 IK 形状。单击要成为骨架根部或头部的实例，然后拖动到另一个实例，就可以将其连接到根部或头部。

② 绑定工具。利用该工具可以编辑单个骨骼和形状控制点之间的连接。

③ 墨水瓶工具。利用该工具改变已绘制线条的颜色、粗细及线型等属性。

④ 颜料桶工具。利用该工具可以对填充物的属性进行修改，填充物的属性有单色填充、渐变填充和点阵图填充等。

⑤ 滴管工具。利用该工具可以吸取舞台区域中已经绘制的线条或填充物的属性，也可以吸取导入的点阵图和文字的属性。

⑥ 橡皮擦工具。利用该工具擦除舞台区域中的图形。选择该工具，则在选项区中显示“橡皮擦模式”、“水龙头”、“橡皮擦形状”三个工具。“橡皮擦模式”包括“标准擦除”（擦除该工具经过的所有图形区域）、“擦除填色”（只擦除填充色，不擦除边界线）、“擦除线段”（与“擦除填色”正好相反，只擦除边界线，不擦除填充色）、“擦除所选填充”（只能擦除已选取区域内的图形）和“内部擦除”（与“擦除填色”相似，但会根据橡皮擦起点的位置决定擦除的内容）。“水龙头”工具可擦除颜色相同且相连的区域，单击该工具按钮将颜色相同且相连的部分全部擦除；“橡皮擦形状”工具用于设置“橡皮擦工具”的形状和大小。

4）查看部分。

① 手形工具。当画面中的内容超出舞台的区域范围时，可以使用“手形工具”。选择“手形工具”，在舞台区域中按住鼠标左键并拖动，整个舞台区域就会随着鼠标的拖动而移动，起到滚动条的作用。

② 缩放工具。该工具用于放大或缩小舞台区域内的图像。

5）颜色部分。

① 笔触颜色。利用该工具设置绘图时线条的颜色。

② 填充颜色。利用该工具设置填充区域的颜色，可以是单色填充或渐变色填充。

③ 默认颜色。利用该工具设置线条颜色为黑色，填充区域颜色为白色。

④ 交换颜色。利用该工具交换线条颜色和填充区域的颜色。

（3）元件的创建与编辑。

1）元件的认识。

元件是可以重复使用的图形、按钮或动画。如果一个对象经常使用，就可以将其转化为元件。实例是元件在舞台上的一次具体使用。元件被创建后被放入该文件的“库”面板中，在使用时只需将元件从“库”面板中拖动到舞台，这样就创建了该元件的一个实例。当多次将一个元件从“库”面板中拖动到舞台，就创建了该元件的多个实例。

当修改一个元件后，其对应的实例也会随之改变，不需要再逐一修改；但修改舞台上的实例，如缩放、改变颜色效果、旋转、变形等，都不会影响存到“库”面板中的元件。

合理使用元件可以缩短动画制作的时间，减少文件的数据量，使制作的动画能够在网络上传输得更加迅速，从而大大提高工作效率。

元件可以分为“图形”、“按钮”和“影片剪辑”三种类型，如图 4-35 所示。每个元件都有其独立的时间轴、图层和舞台。

①“图形”元件：用于创建图片或动画片段中所需的各状态图片。“图形”元件与主时间轴同步运行。交互式控件和声音在“图形”元件中不起作用。

②“影片剪辑”元件：用于创建可反复使用的动画片段，可独立于主动画面的时间轴进行播放。可以将影片剪辑看作主时间轴内的嵌套时间轴，其可以包含交互式控件、声音，甚至其他影片剪辑实例；可以将影片剪辑实例放在按钮元件的时间轴内，以创建动画按钮。

③“按钮”元件：用于响应鼠标动作（如单击、滑过等）或按键动作，实现各种交互功能。按钮元件有四个不同的状态，包括“弹起”、“指针经过”、“按下”、“点击”，每种状态都可以通过图形、元件、声音来定义，一旦创建了按钮就可以通过动作脚本实现按钮对影片或影片剪辑的控制。

2）元件的创建。

元件的创建方式有两种：一种是从舞台上直接选取对象，将其转换为元件；另一种是新建一个空白元件，然后在元件的编辑窗口中制作或导入元件的内容。

① 在舞台上选择一个或多个元素，执行“修改”|“转换为元件”命令，或者将选中的元素拖动到“库”面板中，或者右击元素，在弹出的快捷菜单中选择“转换为元件”命令，弹出“转换为元件”对话框，输入元件名称，选择元件类型，设定注册点，单击“确定”按钮，如图 4-36 所示。Flash 会将该元件添加到库中。舞台上

选定的对象此时就变成了该元件的一个实例。不能在舞台上直接编辑元件，必须在元件编辑模式下对其进行编辑。

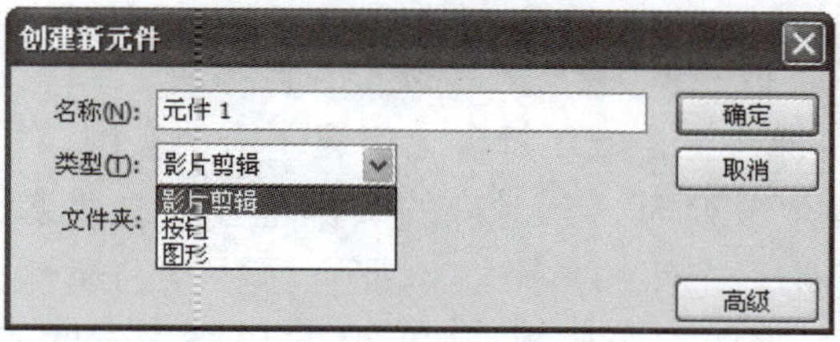

图 4-35　元件的类型

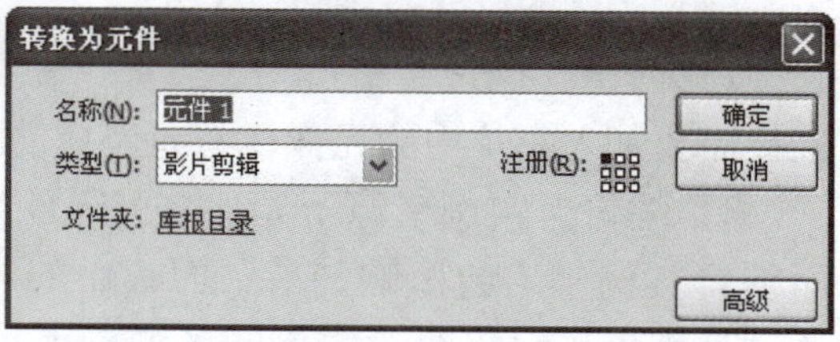

图 4-36　“转换为元件”对话框

② 创建新元件。执行“插入”|“新建元件”命令，或按 Ctrl+F8 组合键，或单击“库”面板左下角的“新建元件”按钮，弹出“创建新元件”对话框，输入元件名称，选择元件类型，单击“确定”按钮。Flash 会将该元件添加到库中，并切换到元件编辑模式。在元件的编辑模式下，元件的名称将会出现在编辑栏内场景名称的右侧，舞台上的十字图形表示该元件的注册点，如图 4-37 所示。

图 4-37　创建新元件

3）元件的编辑。

对元件进行编辑，将改变舞台上该元件所有的实例。编辑元件可以在以下三种模式下进行：①在场景中选择要编辑的元件，执行“编辑”菜单中的“编辑元件”“编辑所选项目”“在当前位置编辑”等命令，进入元件编辑模式；②在场景中选择要编辑的元件，然后右击，在弹出的快捷菜单中选择“编辑”、“在当前位置编辑”、“在新窗口中编辑”等命令，进入元件编辑模式；③在场景中或在图库中直接双击要编辑的元件，进入元件编辑模式。编辑完成后单击编辑栏中的场景名，切换到场景编辑状态。

（4）实例的创建与编辑。

1）创建。执行“窗口”｜“库”命令，或按 Ctrl+L 组合键，打开“库”面板，选择需要加入影片中的元件，将元件拖动到舞台上，就在舞台上创建了一个实例。

2）编辑。实例来源于元件，当元件发生改变时，其对应的实例也会随之改变，而编辑实例却不会影响“库”面板中的元件。元件的每个实例都有其独立的属性，通过属性设置可以更改实例的类型、大小、形状、颜色效果等，还可以将选定的元件替换成其他元件。实例“属性”面板如图 4-38 所示。

此外，还可以为影片剪辑或按钮以实例命名，这样就可以使用动作脚本更改其属性。实例色彩效果的样式如图 4-39 所示。

① 亮度：调节图像的相对亮度或暗度，范围为从黑（– 100%）到白（100%）。单击并拖动“亮度”滑块，或在“亮度”文本框内输入数值调节亮度，如图 4-40 所示。

② 色调：使用“色调”滑块设置色调百分比，范围为从“透明（0%）到完全饱和（100%），或者在“色调”文本框内输入数值来调整色调。单击颜色选择器按钮，在弹出的颜色选择器中选择颜色；或调整滑块位置，或直接输入三个分量的值，如图 4-41 所示。

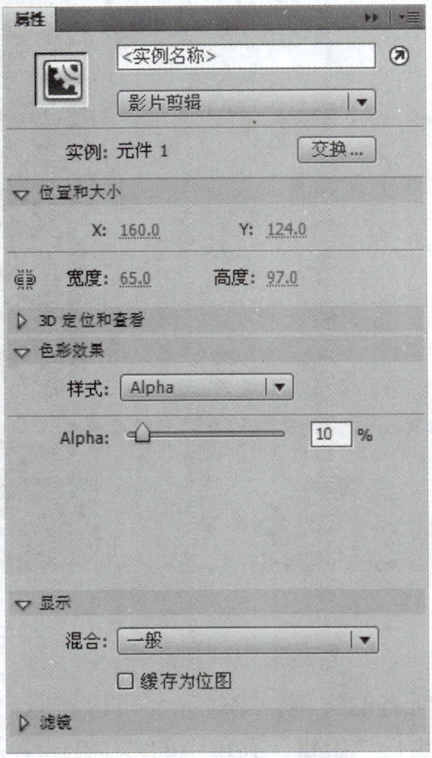

图 4-38　实例“属性”面板

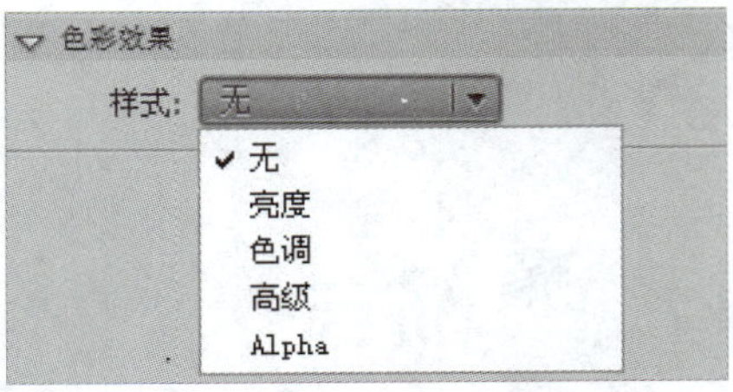

图 4-39　实例色彩效果的样式

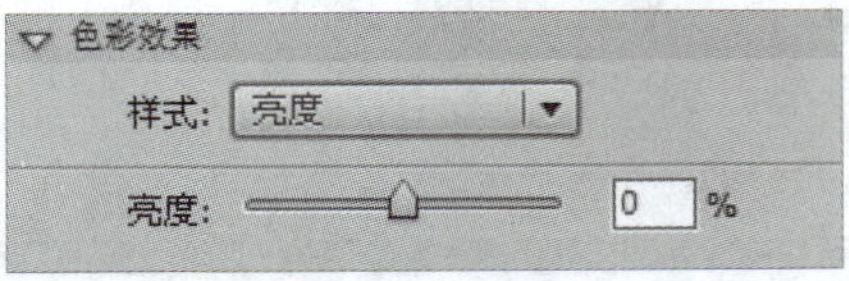

图 4-40　实例“亮度”设置

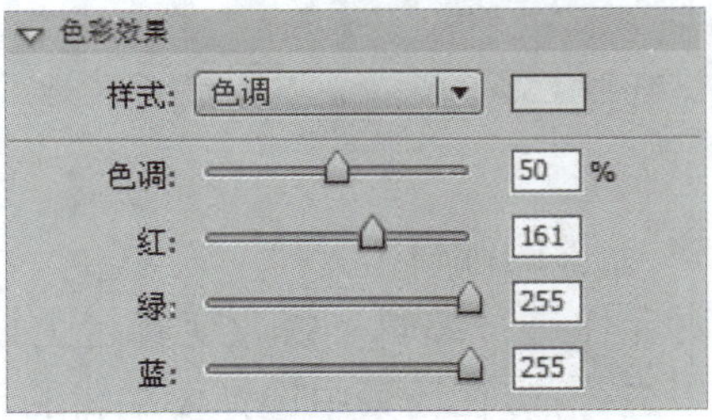

图 4-41　实例“色调”设置

③ Alpha：调节实例的不透明度，范围为从透明（0%）到完全不透明（100%）。要调整 Alpha 值，可以通过拖动“Alpha”滑块调节，或在“Alpha”文本框中直接输入值，如图 4-42 所示。

图 4-42　实例“Alpha”设置

④ 高级：分别调节红、绿、蓝和 Alpha 的值，如图 4-43 所示。

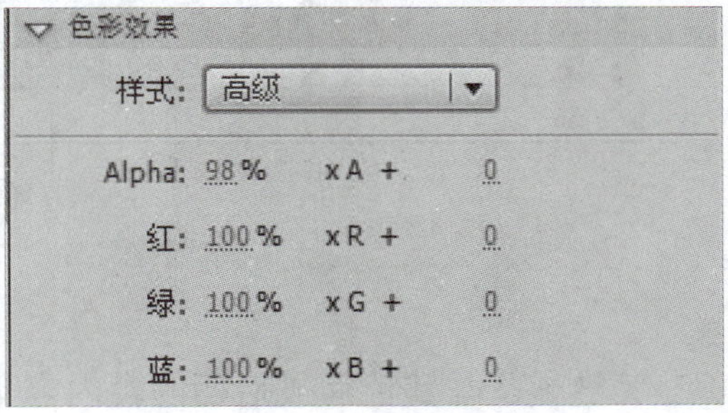

图 4-43　实例“高级”设置

（5）图层、时间轴与帧。

1）图层。

图层就像透明的醋酸纤维薄片一样，一层层地向上叠加，在某图层上绘制和编辑对象，并不会影响其他图层上的对象。图层的各项功能如图 4-44 所示。

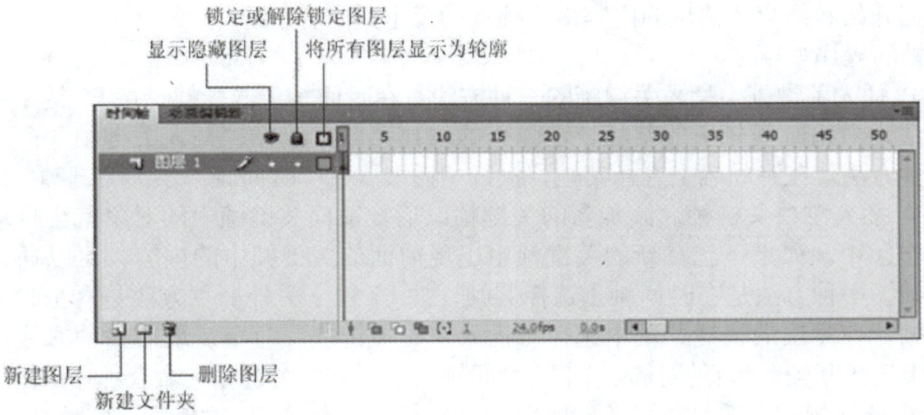

图 4-44　图层各项功能

如果一个图层上没有内容，那么就可以透过该图层看到下面图层。图层不仅可以作绘图用，还可以作动画用，因为每个图层都有自己的时间轴线。这种方法对于动画的制作来说非常方便。例如，制作一个行走的人，只要改变手脚所在的图层，就可以产生很好的效果。

要绘制、上色或对图层或文件夹作其他修改，需要选择该图层以将其激活。图层名称旁边的铅笔图标表示该图层或文件处于活动状态，一次只能有一个图层处于活动状态（尽管一次可以选择多个图层）。

2）时间轴与帧。

时间轴在 Flash 动画制作中很重要，其主要由帧、图层和播放头组成。在“时间轴”面板中，帧是用小格符号表示的，关键帧带有一黑色的圆点。图层列表在时间轴的左侧，时间轴标尺上的红色直线就是播放头，标示了当前帧的位置；用户可以通过左右移动播放头来移动当前帧。默认情况下，时间轴位于舞台的下方，有时为了方便舞台内容的操作，用户可以隐藏时间轴，方法是执行“窗口”｜“时间轴”命令，或按 Ctrl+Alt+T 组合键显示或隐藏“时间轴”面板。

帧在时间轴上表现为一个小格，根据在动画设计中的不同作用可以分成关键帧、普通帧、补间帧，其在时间轴上的显示如图 4-45 所示。

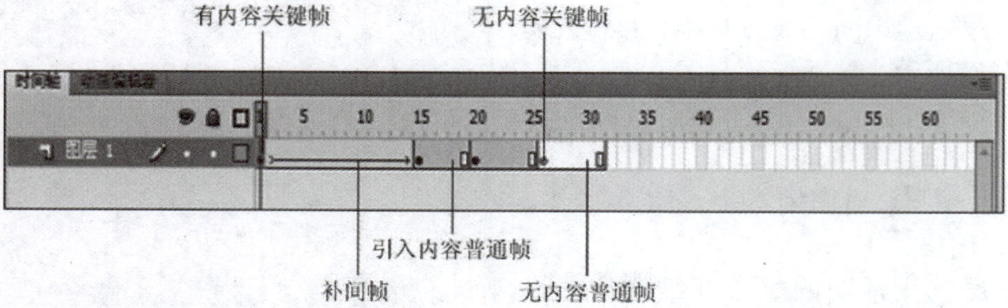

图 4-45　时间轴与帧

关键帧是与其前面或后面的帧内容不相同的帧，实心的圆圈代表了有内容的关键帧；空心的圆圈代表无内容的关键帧；普通帧只延长前一个关键帧的内容；补间帧根据开始和结束关键帧的内容由系统自动产生其内容。

帧的操作如下：

① 插入关键帧。插入关键帧的一种方法是在时间轴上选择帧，按 F6 键；另外一种方法是右击时间轴上的某帧，在弹出的快捷菜单中选择“插入关键帧”命令；最后一种方法是在时间轴上选择某帧，执行“插入”｜“时间轴”｜“关键帧”命令。

② 插入空白关键帧。添加新的关键帧以后，前面关键帧中的对象就会自动出现在工作区中。如果不想在新的关键帧中出现前面的关键帧中的内容，可以插入空白关键帧。一种方法是在时间轴上选择某帧，按 F7 键；另外一种方法是右击时间轴上的某帧，在弹出的快捷菜单中选择“插入空白关键帧”命令；最后一种方法是在时间轴上选择某帧，执行“插入”｜“时间轴”｜“空白关键帧”命令。

③ 选择帧。在选择帧或关键帧时，将鼠标指针移到相应的帧或关键帧上，然后单击。将鼠标指针移到要选择的帧上，按住鼠标左键的同时拖动鼠标，可以选择一段区域内的帧；双击可以选择整个关键帧跨度或空跨度。

④ 延伸帧。延伸帧（插入帧）是在关键帧后面插入普通帧，插入帧的内容与该关键帧相同，实现关键帧内容的延伸。选择需插入帧的帧格，按 F5 键；也可以右击，在弹出的快捷菜单中选择“插入帧”命令。

⑤ 移动帧。选择要移动的帧，按住鼠标左键的同时拖动鼠标，将帧移动到目标位置，释放鼠标左键即可。

⑥ 复制帧。选择要复制的帧，右击，在弹出的快捷菜单中选择“复制帧”命令，然后选择一帧或多帧，右击，在弹出的快捷菜单中选择“粘贴帧”命令，这样复制的帧就将选择的帧覆盖。

⑦ 删除帧。选择要删除的帧，右击，在弹出的快捷菜单中选择“删除帧”命令，注意，删除的只是帧，如果选择的要删除的帧中含有关键帧，则只删除关键帧后面的帧。

⑧ 清除帧和清除关键帧。选择要清除的帧或关键帧，右击，在弹出的快捷菜单中选择“清除帧”命令。清除帧是将帧的内容全部删除，使其成为空白关键帧；而清除关键帧是将其变为普通帧。

⑨ 翻转帧。翻转帧颠倒帧的播放顺序。选择要翻转的多个帧，右击，在弹出的快捷菜单中选择“翻转帧”命令。

⑩ 帧标签和帧注释。帧标签用于标示时间轴中的关键帧，主要用于帧的定位，如果在动画中要跳转到某一帧进行播放，此时在跳转的动作语句中使用帧标签优于使用帧编号，因为在时间轴中添加帧或删除帧时，帧标签会随着帧一起移动，但此时帧的编号已经改变，所以使用帧标签的动作语句可不用修改，但使用帧编号的动作语句则必须修改帧当前的编号，否则跳转就会发生错误。帧注释用于对时间轴中的关键帧进行注释说明，帧注释不会输出到发布的作品中。

添加帧标签和帧注释的方法基本相同：选择要添加帧标签或帧注释的关键帧，在“属性”面板中的“标签”选项组中的“名称”文本框中输入帧标签或注释标签的名称。如果是帧标签，则直接输入即可；如果是注释标签，应在文字开头输入两个斜杠（//），以区别于帧标签。

3. 声音的导入与编辑

Flash 允许导入的声音格式包括 WAV、MP3、AIFF 等，声音的导入方法和图形的导入方法类似，方法如下：执行“文件”|“导入”|“导入到库”命令，弹出“导入到库”对话框，在该对话框中选择要导入的声音文件，单击“打开”按钮就可以将声音文件导入。

(1) 为动画添加声音。打开一个动画文件或新建一个文件，单击图层列表左下角的“新建图层”按钮，新建一个图层，命名为“sound”；在时间轴上声音开始的位置创建一个关键帧，选择这个关键帧，打开“库”面板，从“库”面板中拖入一个声音文件。

(2) 设置声音属性。将声音文件拖到时间轴上后，用户可以设置声音属性。在“属性”面板中可以选择声音文件，设置声音效果、同步效果、声音重复的次数等。同步效果中有“事件”、“开始”、“停止”、“数据流”四个选项。

1）事件：该选项是 Flash 内所有声音的默认选项。事件声音与发生事件的关键帧同时开始，其独立于时间轴播放。如果事件声音比较长，即使动画完成播放，声音还会继续播放。

2）开始：该选项与“事件”选项相似，不同的是其会在播放前先侦察是否正在播放同一个声音文件，如果是就放弃此次播放，如果不是才进行播放。

3）结束：该选项与“开始”选项相似，不同的是当同步事件发生时，声音停止播放。“结束”选项还可能用来停止一些特定的声音。

4）数据流：数据流声音与视频编辑软件的传统声音相似，使多媒体信息像水一样“流”经观赏者的眼前。当使用数据流声音时，Flash 播放器会试图使动画与声音同步，播放对应的声音片段。当动画结束时，数据流声音停止。

(3) 编辑声音。在声音“属性”面板中单击“编辑声音封套”按钮，弹出“编辑封套”对话框，在该对话框中可以对声音进行编辑。

4. 利用 Flash 创建动画

动画是通过迅速而连续地呈现一系列图像（或图形）来获得的。这些图像在相邻帧之间有较小的变化（形状、位置、方向），所以会形成动态效果。在舞台上看到的每一帧都是静止的画面，只有当播放头以一定速度沿各帧移动时，才能从舞台上看到动画。在常用的动画制作方法中，主要包括逐帧动画和补间动画。

（1）逐帧动画。逐帧动画就是将连续的不同内容的帧顺序播放形成的动画。在制作过程中，通过对帧上的内容进行修改和对时间轴的编辑，可以形成动画效果。

实例 1　制作星星闪烁效果（“小星星眨眼睛”）

（1）新建一个 Flash 文档，在“属性”面板中将“背景颜色”设置为黑色。

（2）选择“工具”面板中的“多角星形工具”，在“属性”面板中的“工具设置”选项组中单击“选项”按钮，弹出“工具设置”对话框，在“样式”下拉列表框中选择“星形”选项，其他参数按默认设置，单击“确定”按钮，如图 4-46 所示。

（3）在“属性”面板中将“笔触颜色”设置为“无”，“填充颜色”设置为白色。

（4）选择图层 1 的第一帧，在舞台上绘制一个五角星，单击“选择工具”按钮，选择五角星，在“属性面板”中设置五角星的“高度”为 50，“宽度”为 50，效果如图 4-47 所示。

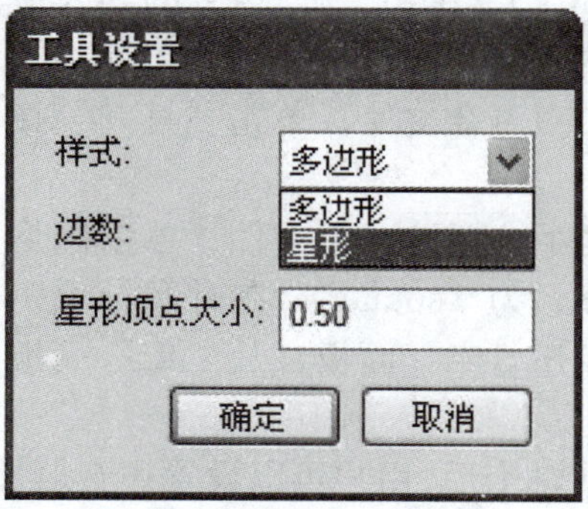

图 4-46　工具设置

图 4-47　绘制星星

（5）选择图层 1 的第二帧，插入一个空白关键帧（右击，在弹出的快捷菜单中选择“插入空白关键帧”命令，或按 F7 键），如图 4-48 所示。

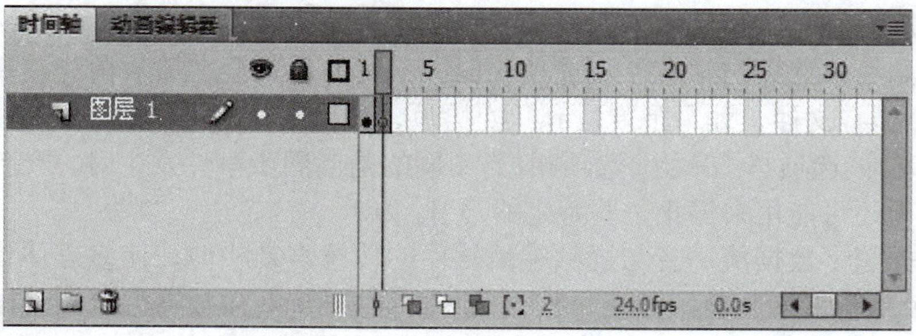

图 4-48　插入空白关键帧

（6）选择第一帧和第二帧并复制帧，定位于第三帧和第五帧并粘贴帧，此时时间轴如图 4-49 所示。

（7）保存文件并测试影片，观看效果。

实例 2　制作打字效果（“我爱北京天安门”）

（1）新建一个 Flash 文档，在“属性”面板中将“背景颜色”设置为 #99CCFF。

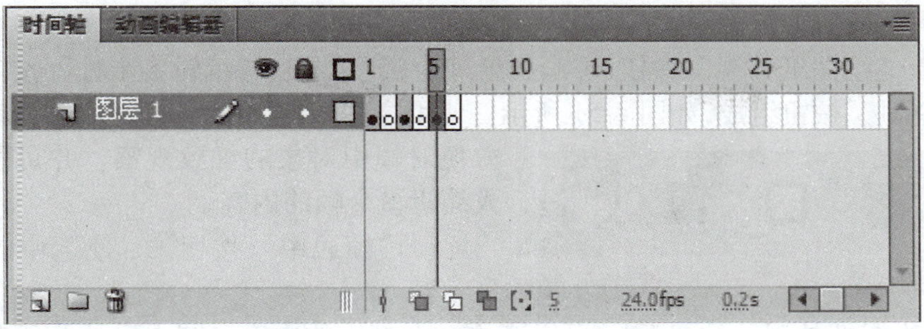

图 4-49　完成复制并粘贴帧时的时间轴

(2) 将鼠标指针定位于图层 1 的第一帧，选择“工具”面板中的“文本工具”，在“属性”面板中设置文本字体为“华文楷体”，字号设置为“60”，颜色设置为红色，在舞台左侧单击，在弹出的文本框中输入文字“我爱北京天安门”。

(3) 在“工具”面板中单击“选择工具”按钮，选择文字，执行“修改”|“分离”命令（或按 Ctrl+B 组合键），此时，文字由一个整体变成七个独立的文字。

(4) 将鼠标指针定位于图层 1 的第一帧，连续按六次 F6 键，增加六个空白关键帧。定位于第一帧，将“我”留下，其余字删除；定位于第二帧，将“我爱”留下，其余字删除；定位于第三帧，将“我爱北”留下，其余字删除。以此类推，每一帧多留下一个字，到第七帧时，全部字书写完毕。

(5) 保存文件并测试影片，观看效果。

提示：如果发现文字出现的速度快，可以定位于每个关键帧，按 F5 键增加帧，以此延长关键帧的速度。

实例 3　制作汉字书写效果（“王”字的书写）

(1) 新建一个 Flash 文档，在“属性”面板中将“背景颜色”设置为黑色。

(2) 将鼠标指针定位于图层 1 的第一帧，单击“工具”面板中的“文本工具”按钮，在“属性”面板中设置文本字体为“华文楷体”，字号设置为“60”，颜色设置为红色，在舞台左侧单击，在弹出的文本框中输入文字“王”。

(3) 在“工具”面板中单击“选择工具”按钮，选择文字，执行“修改”|“分离”命令（或按 Ctrl+B 组合键），此时，文字变成由像素组成的图形。

(4) 选择文字，单击“工具”面板中的“任意变形工具”按钮，改变文字大小，让文字位于舞台中心，如图 4-50 所示。

图 4-50　修改“王”字

(5) 定位于第一帧，连续按 F6 键直到增加七个关键帧，这样“王”在图层 1 上共有八个关键帧。定位于第一帧，利用“橡皮擦工具”将第一画的左半部分保留，其他擦除；定位于第二帧，利用“橡皮擦工具”将第一画保留，其他笔画擦除，以此类推。

(6) 保存文件并测试影片，观看效果。

通常情况下，在 Flash 工作区中只能看到一帧的画面，如果需要同时看到多帧的内容，这时就会用到“洋葱皮”工具。“洋葱皮”工具在时间轴的左侧下方，由“帧居中”按钮、“绘图纸外观”按钮、“绘图纸外轮廓”按钮、“编辑多个帧”按钮和“修改绘图纸标记”按钮组成，如图 4-51 所示。使用这些工具按钮可以改变帧的显示方式，方便对帧中对象的细致观察，并可同时显示或编辑多个帧的内容。

图 4-51 “洋葱皮”工具

1）“帧居中”按钮：使选中的帧居中显示。

2）“绘图纸外观”按钮：可以查看各个帧中的内容，其中播放头所在帧的内容显示清晰，可编辑；其他帧上的内容也为显示状态，但不可编辑，从而方便调整帧中内容的位置和形状，如图 4-52 所示。

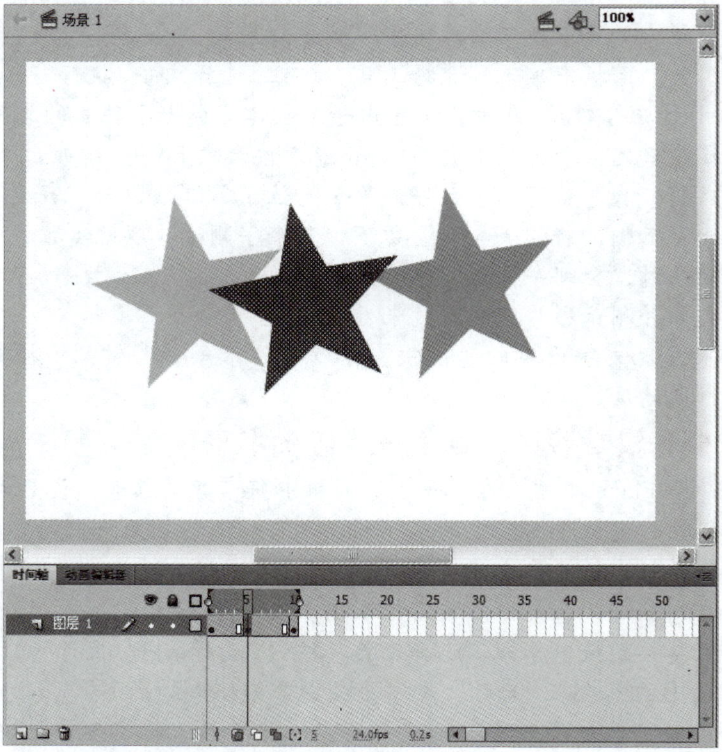

图 4-52 绘图纸外观

3）“绘图纸外观轮廓”按钮：可以查看帧中内容的轮廓线，其中编辑帧并不是显示轮廓线，而是显示真实的内容，只有编辑帧的内容可编辑，其他不可编辑，如图 4-53 所示。

4）“编辑多个帧”按钮：使所有在绘图纸标记中的内容显示，可以选择所有帧并同时编辑，方便调整所有内容的位置，如图 4-54 所示。

5）“修改绘图纸标记”按钮：决定绘图纸外观显示的方式。

提示：调节“洋葱皮工具”显示的帧，可以通过在时间标尺上的括号来调节。当鼠标指针移动到左侧括号时会出现开始绘图红色外观的提示，这时拖动括号就可以扩大或缩小要显示的帧，同理可以拖动右侧的括号。

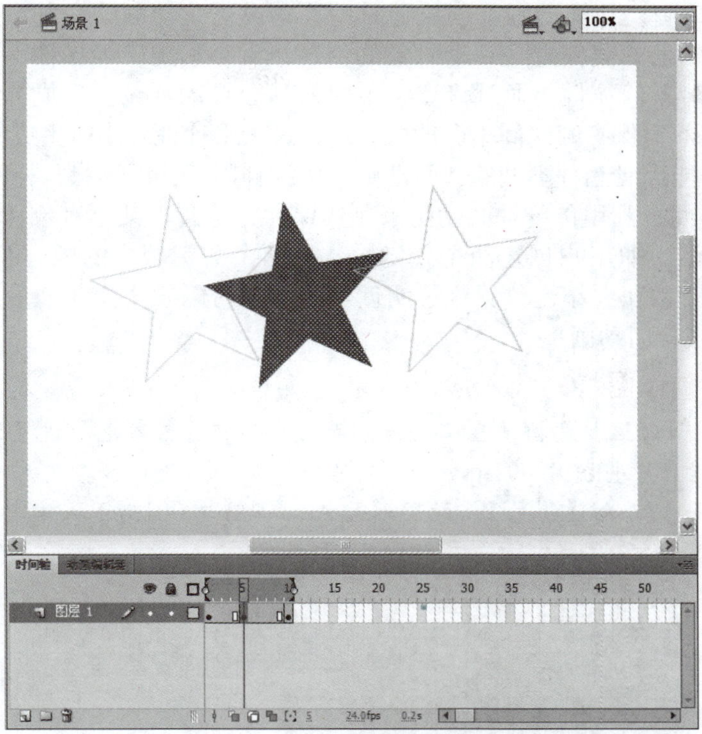

图 4-53　绘图纸外观轮廓

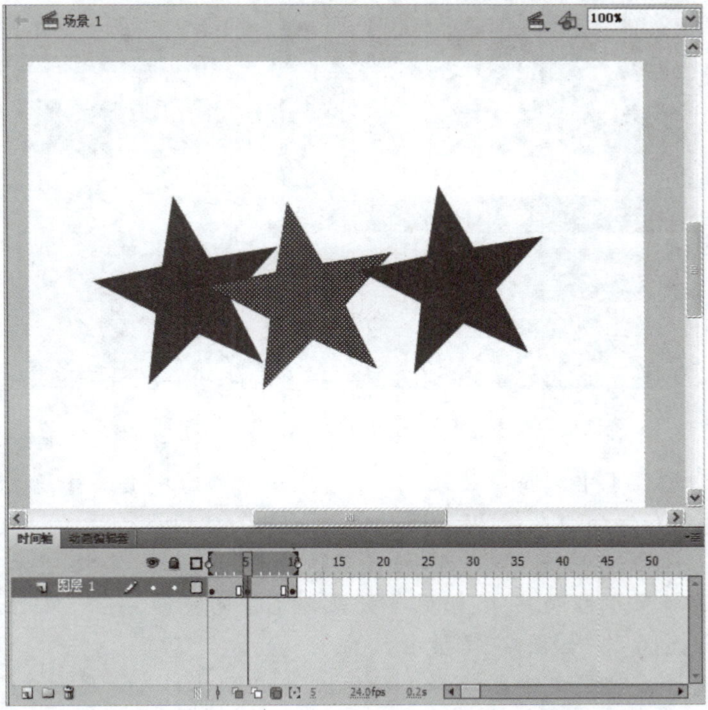

图 4-54　编辑多个帧

（2）补间动画。补间动画是创建随时间移动或更改动画的一种有效的方法，用户只需在时间轴上的某帧定义一个对象的位置、大小和旋转等属性，然后在另一关键帧上改变该对象的属性，通过设置，中间的帧会自动补充，形成补间动画。在补间动画中，Flash 只保存帧之间不同的值，可以最大限度地减小所生成的文件大小。

Flash CS4 能生成三种类型的补间动画：传统补间、补间形状、补间动画。

1）传统补间。利用传统补间动画来制作课件，是实现某个对象从一个位置到另一个位置的过渡。即用户创建两个关键帧，这两个关键帧中的内容为同一个对象，但两个帧中的对象在大小、位置、透明度等方面都可以发生变化，最后在两个关键帧之间创建传统补间动画。

实例 4　制作图片的淡入淡出效果

（1）新建一个 Flash 文档，在“属性”面板中将“背景颜色”设置为黑色。

（2）从素材库中将图片 001.jpg 导入到库中。

（3）创建一个名为“效果 1”的图形元件，将图片 001.jpg 从库中拖出，放入图形元件中，如图 4-55 所示。

图 4-55　图形元件“效果1”

（4）切换到场景 1 中，将“效果 1”元件拖动到舞台中央，并设置画布大小和图片大小一致；按 F6 键分别在第 20、25、45 帧插入关键帧。

（5）在第 1 ～ 20 帧和第 25 ～ 45 帧设置传统补间，如图 4-56 所示。

（6）分别选择第 1 帧和第 45 帧的“效果”元件的实例，在“属性”面板中将实例的 Alpha 值设置为 0，如图 4-57 所示。

（7）保存文件，设置文件名为“淡入淡出”，并测试影片，观看效果。

图 4-56 设置传统补间动画后的时间轴效果

实例 5 制作“运动与静止的相对性”动画演示课件

本实例要制作一个讲解运动与静止的相对性的动画演示课件，通过演示一个汽车运行的动画过程，从而形象化地讲解“运动与静止的相对性”这个知识点，效果如图 4-58 所示。

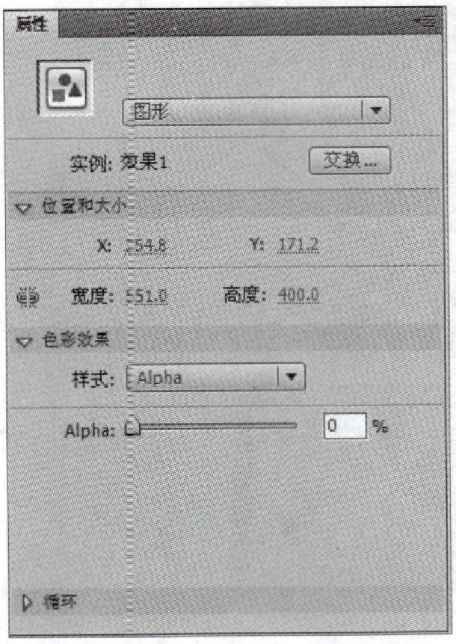

图 4-57 实例属性中Alpha通道设置

图 4-58 运动与静止的相对性

(1) 新建一个 Flash 文档。

(2) 将已有图层重命名为“背景”，绘制背景、天空、地面和公路，如图 4-59 所示。

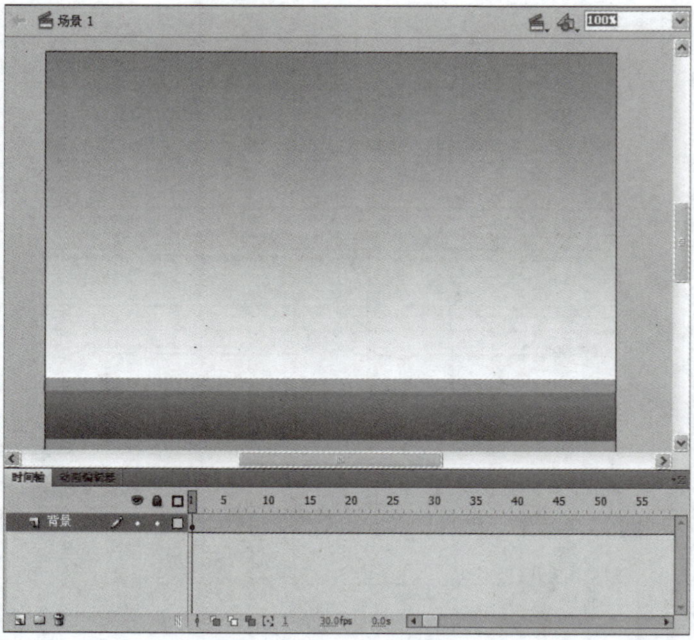

图 4-59　背景图层制作

(3) 在“背景”图层上新建图层“群山”，绘制群山，“宽度”设置为“550”，如图 4-60 所示。

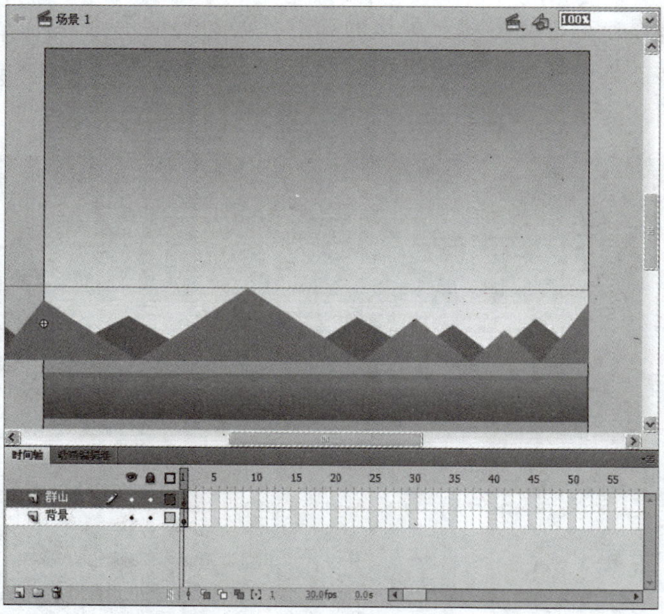

图 4-60　绘制群山

(4) 右击群山图形，在弹出的快捷菜单中选择“复制”命令，然后右击舞台任意位置，在弹出的快捷菜单中选择“粘贴到当前位置”命令，在“群山”图形上就复制了一个与其形状、位置完全一样的图形，在“属性”面板中修改其 x 坐标，设置为“－550”，调整复制“群山”的位置，使其和原来的图形首尾相连，这样在“群山”图形的左侧就接上了一段与其一模一样的图形，如图 4-61 所示。

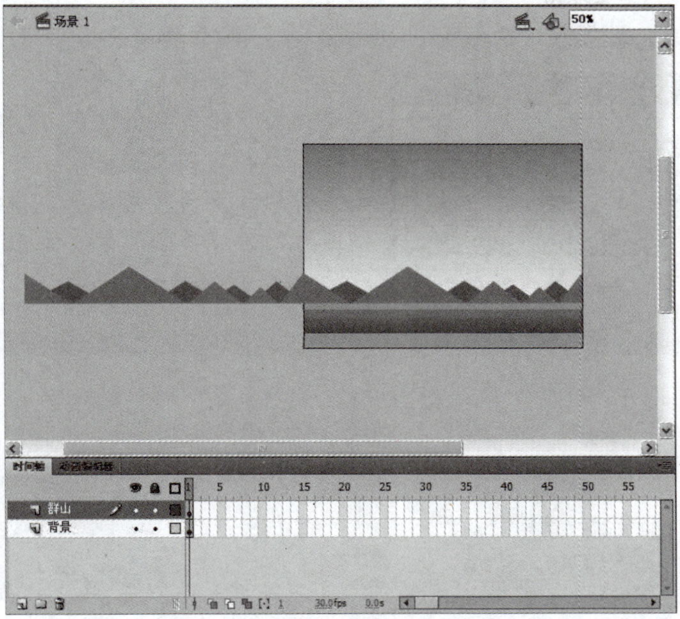

图 4-61　复制群山

(5) 执行“编辑”|“全选”命令，全选“群山”图形，右击，在弹出的快捷菜单中选择“转换为元件”命令，弹出“转换为元件”对话框，设置完成后单击“确定”按钮，将“群山”图形转换为“群山”元件，如图 4-62 所示。

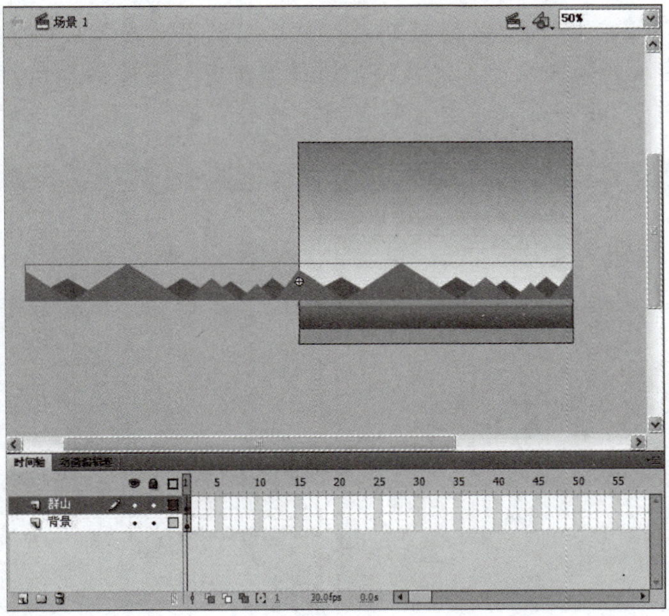

图 4-62　转换元件

(6) 制作一辆行驶中的汽车。执行“插入”|“新建元件”命令,弹出“创建新元件”对话框，将“名称”设置为“汽车”，将“类型”设置为“影片剪辑”，然后单击“确定”按钮，如图 4-63 所示。

(7) 将图层重命名为“车身”，并绘制车身，如图 4-64 所示。

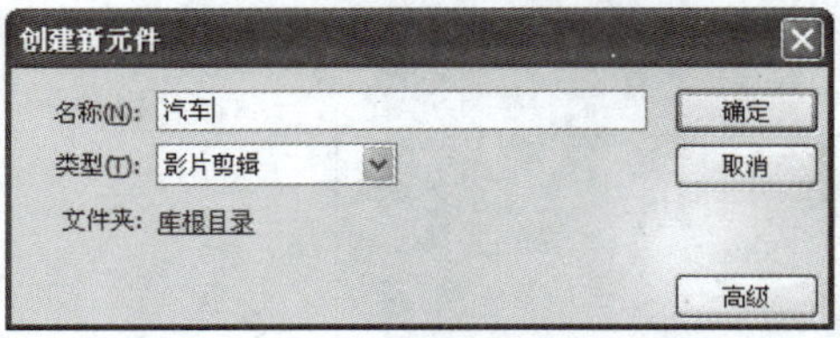

图 4-63 创建新元件

(8) 新建图层并命名为“车轮”，绘制同心圆作为车轮，如图 4-65 所示。

(9) 新建图层并命名为“影子”，将该图层拖动到最下面作为底层。在该层面绘制一个椭圆形作为汽车的影子，填充灰色，如图 4-66 所示。

图 4-64 绘制车身

图 4-65 绘制车轮

(10) 为汽车添加行驶中轻微颠簸的简单动画效果，在各层的第五帧插入帧，然后在“车身”图层的第三帧插入关键帧。选择“车身”图层第三帧的全部内容，按键盘上的方向键“↑”1～2 次，整体向上稍微移动“车身”位置，如图 4-67 所示。

图 4-66 制作影子

图 4-67 轻微颠簸效果

(11) 单击“时间轴”面板上的“场景”按钮，返回场景舞台，如图 4-68 所示。

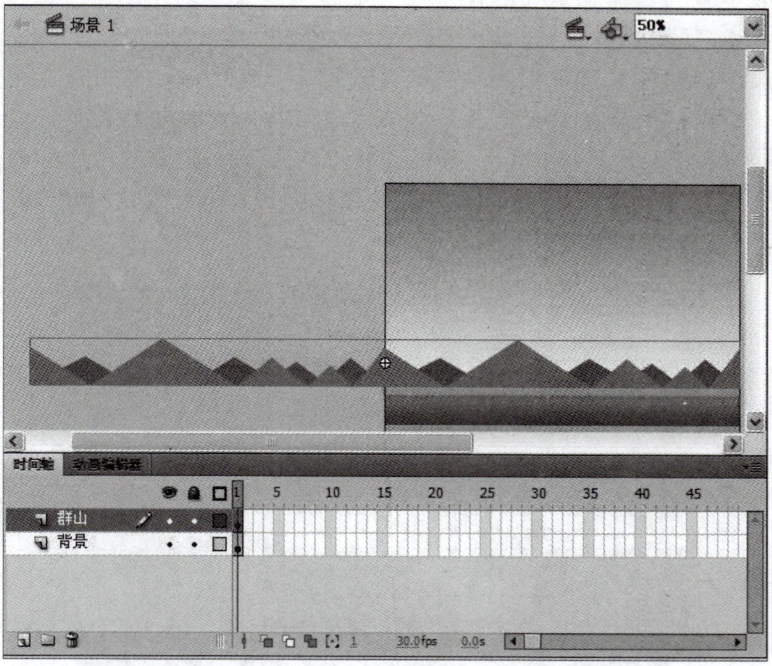

图 4-68　返回场景舞台

(12) 在最顶层新建图层并命名为“汽车”，从“库”面板中将元件“汽车”拖动到舞台并调整其大小，如图 4-69 所示。

图 4-69　将汽车拖动到舞台

(13) 返回场景 1 的舞台。在全部图层的第 500 帧插入帧，并在“群山”图层的第 500 帧插入关键帧，选择第 500 帧上舞台中的“群山”元件，在“属性”面板中将其 x 坐标修改为“500”。

提示：课件的制作思路是让汽车保持位置不变，通过调整作为背景中“群山”的位置，制作“群山”向后移动的动画，从而实现汽车向前移动的效果。

(14) 在“群山”图层的第 1 ~ 499 帧中的任意一帧右击，在弹出的快捷菜单中选择“创建传统补间”命令，“群山”实例平移的动画效果就创建好了，效果如图 4-70 所示。

图 4-70 “群山”效果

(15) 添加图层“知识点”，并将其移到最上层，在舞台上输入标题和知识点，如图 4-71 所示。

图 4-71 “知识点”图层的添加

(16) 保存文件并测试影片，观看效果。

在制作动作补间动画时，对实例中心点的调节也会影响完成效果。将元件拖动到舞台后，选择“任意变形工具”，在中心有一个白色的中心点。在制作动作补间动画时，要确保两个关键帧上元件实例的中心点相对于元件的位置保持一致，从而保证运动的流畅性。

在制作时，若不小心移动了两个关键帧上某个元件实例的中心点，就会出现动画运动不成直线的情况和跳帧的现象。

2）补间形状。利用形状补间动画来制作课件，可以实现某一个对象从一个形状到另一个形状的过渡。即在一个关键帧中导入一个对象，在另一个关键帧中导入另外一个对象或对第一个对象进行形状的改变，然后对两个关键帧中的对象进行“分离”（打散），再创建形状补间动画。

① 创建形状补间动画。

② 使用形状提示。形状提示是一个有颜色的实心小圆，上面的标志是小写英文字母。当形状提示位于图形的内部时，显示为红色；当形状提示位于图形的边角时，起始帧的形状提示显示为黄色，终点帧的形状提示显示为绿色。使用形状提示，用户可以控制图形对应部分的变形，即让原图形中的某一点变化成另一图形中的某一点。这样，对象之间的变形过渡就不是随机发生的，而是经过用户控制的。

实例 6　创建“圆形→方形”形状补间动画

(1) 新建一个 Flash 文档。

(2) 在舞台上绘制一个圆形，在第 20 帧插入空白关键帧，绘制一个方形，右击第 1 ~ 20 帧的任意帧，在弹出的快捷菜单中选择“创建补间形状”命令，创建形状补间动画，这样一个从圆形变化到方形的形状补间动画就做好了。

(3) 选择补间帧，在“属性”面板中设置形状补间动画的“缓动”属性，如图 4-72 所示。

提示：“缓动”选项用来控制动画的加减速，其设置范围是 − 100 ~ 100。当设置为 − 100 ~ − 1 时，动画内容越来越快；当设置为 1 ~ 100 时，动画内容越来越慢；当设置为 0 时，动画内容匀速播放。缓动数值偏离 0 越多，动画内容的速度变化越明显。当设置为 − 100 或 100 时，加减速幅度最大。适当应用此功能能创建出更自然、更生动的动画效果。

(4) 保存文件并测试影片，观看效果。

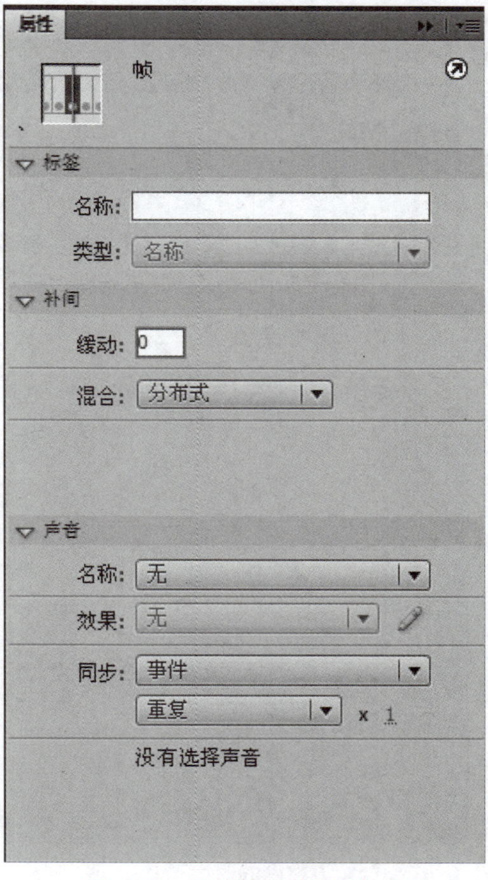

图 4-72　形状补间动画属性设置

实例 7　色块形状变形实践

(1) 新建一个 Flash 文档。

(2) 在图层 1 的第一帧输入文本数字“1”，在第 30 帧插入关键帧，并选择 30 帧的数字“1”，将其改为“2”。

(3) 分别对图层 1 第一帧的数字“1”和第 30 帧的数字“2”执行“修改”|“分离”命令（或按 Ctrl + B 组合键），将其打散。

(4) 在两个关键帧之间创建补间形状。

(5) 选择第一帧中的对象，执行“修改”|“形状”|“添加形状提示”命令（或按 Ctrl+Shift+H 组合键），添加形状提示；重复操作，再添加两个形状提示，并调整形状提示，如图 4-73 所示。

(6) 选择第 30 帧中的对象，调整数字“2”的三个形状提示的位置。调整完毕后数字“2”的红色形状提示变成绿色，如图 4-74 所示。

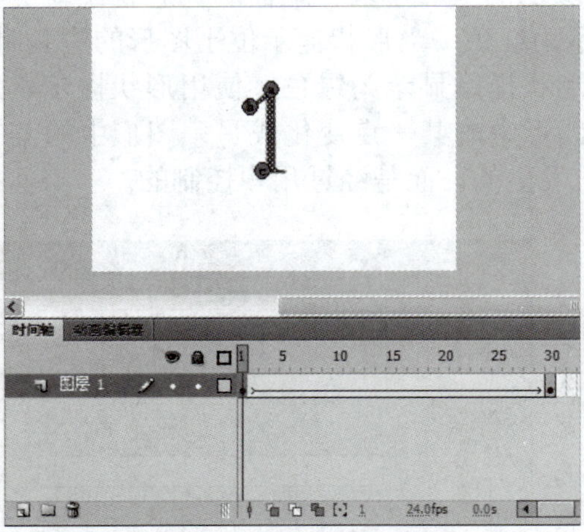

图 4-73　添加并调整形状提示

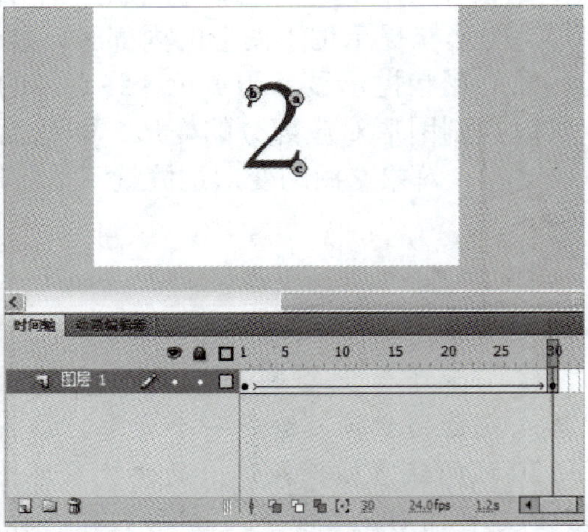

图 4-74　调整数字“2”的形状提示

(7) 当调整完数字“2”的形状提示后，选择第一帧，这时完成后的数字“1”形状提示颜色变成黄色，如图 4-75 所示。

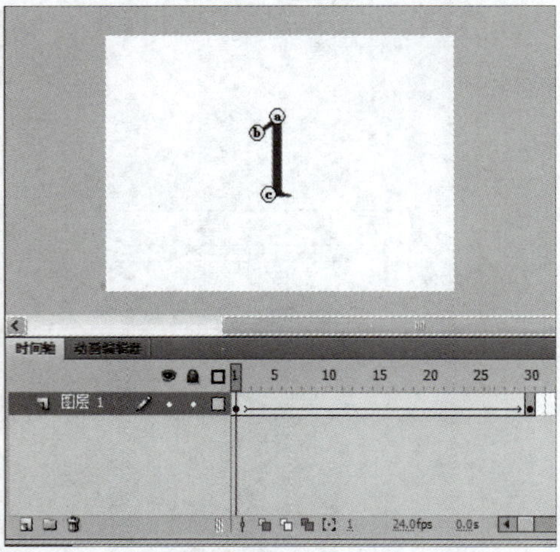

图 4-75　调整后的数字“1”的形状提示

(8) 测试并观看动画效果与之前的效果有何不同。

实例 8　制作汉字演变的动画演示课件

本实例制作汉字演变的动画演示课件，制作本课件需要重点掌握的内容是形状补间动画的应用。

(1) 新建一个 Flash 文档。

(2) 将图层 1 更名为“文字”，单击“工具”面板中的“文本工具”按钮，在“属性”面板中修改文字属性，设置字体为“隶书”，字号为“200”，颜色为黑色，其他使用默认设置，在“文字”图层输入“中”。

(3) 执行“窗口”|“对齐”命令，打开“对齐”面板，使用对齐工具，将文本相对于舞台居中，如图 4-76 所示。选择文本“中”，执行“修改”|“分离”命令，将文本打散。

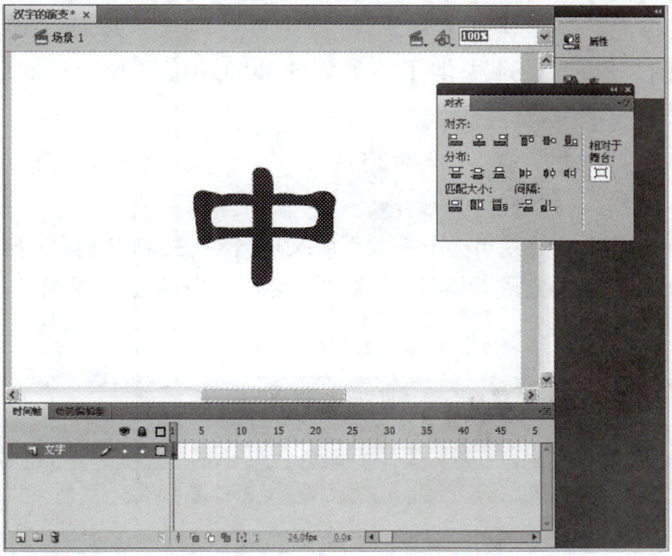

图 4-76　调整隶书“中”

(4) 在第 20 帧插入空白关键帧，然后单击“工具”面板中的“文本工具”按钮，在“属性”面板中修改文字属性，设置字体为“楷体”，字号为“200”，颜色为黑色，输入“中”，并将文本相对于舞台居中，如图 4-77 所示，并将文本打散。

图 4-77　调整楷体“中”

(5) 在“文字”图层右击第 1 ~ 19 帧中的任一帧，在弹出的快捷菜单中选择“创建补间形状”命令。

(6) 在“文字”图层的第 50 帧插入普通帧，为动画添加一个停顿。这样，一个汉字演变的动画课件就完成了。

提示：如果测试影片时发现动画变化过程并不流畅，汉字变形过程不圆滑，可以使用形状提示来修改，使课件更加完美。

3）补间动画。Flash CS4 提供了一种新的补间动画，利用补间动画能够自动记录关键帧，生成路径动画。

实例 9　利用补间动画制作新路径动画（“跳动的小女孩”）

(1) 新建一个 Flash（AS3.0）文档。

(2) 从“素材”文件夹将图片“小女孩”导入场景中，选择该图片，按 F8 键，弹出“转换为元件”对话框，设置完成后单击“确定”按钮，将该图片转换为“影片剪辑”元件，如图 4-78 所示。

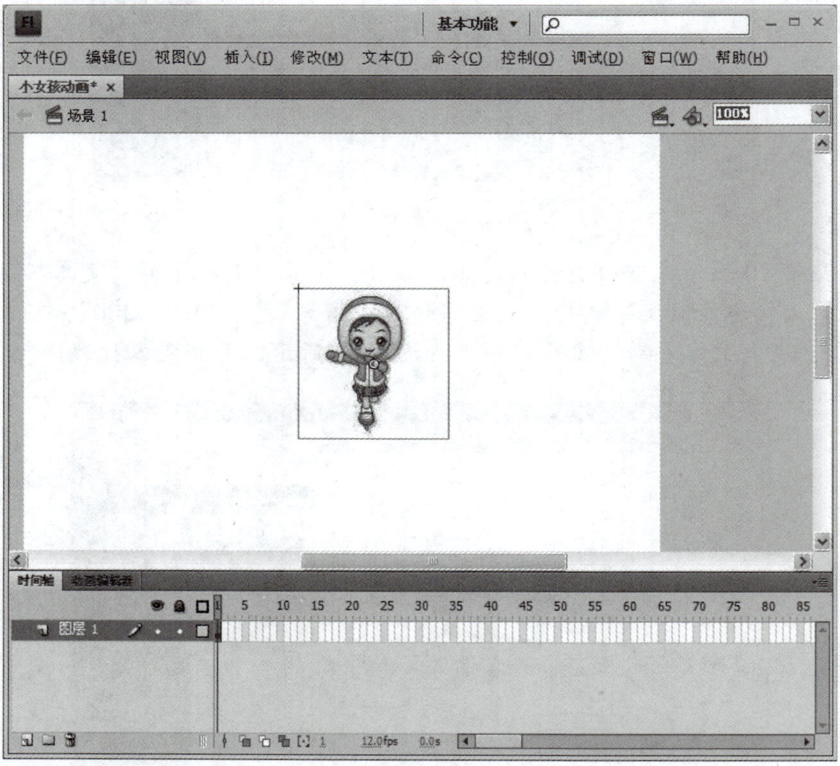

图 4-78　将图片导入场景

(3) 双击“小女孩”，进入元件编辑状态，在第三帧插入帧，右击，在弹出的快捷菜单中选择“创建补间动画”命令；移动播放头到第二帧，右击，在弹出的快捷菜单中选择“插入关键帧”|“位置”命令，拖动小女孩上移一定距离；移动播放头到第三帧，右击，在弹出的快捷菜单中选择“插入关键帧”|“位置”命令，拖动小女孩下移一定距离，效果如图 4-79 所示。

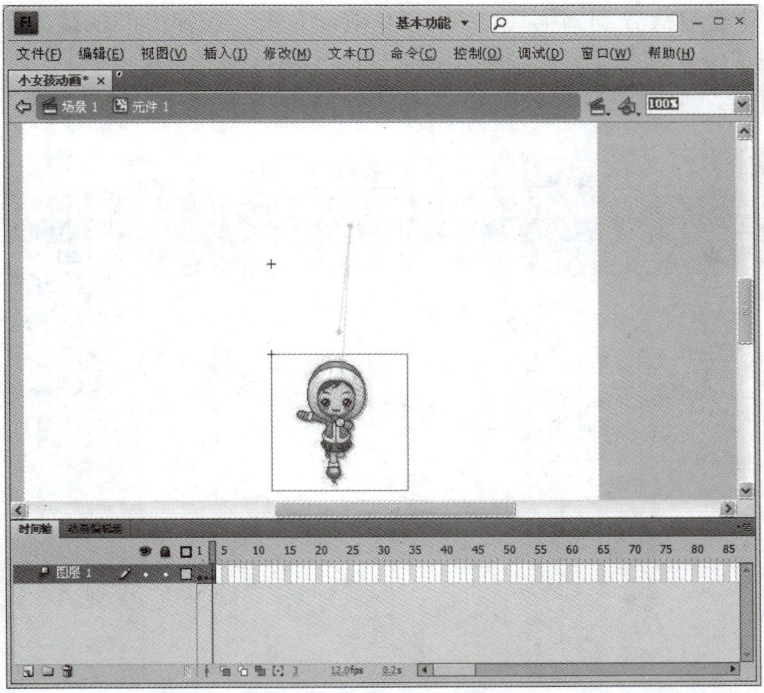

图 4-79　创建“小女孩”剪辑

(4) 切换到场景 1，右击第一帧，在弹出的快捷菜单中选择“创建补间动画”命令，按 F5 键延长时间轴至第 60 帧，调整“小女孩”的初始位置，效果如图 4-80 所示。

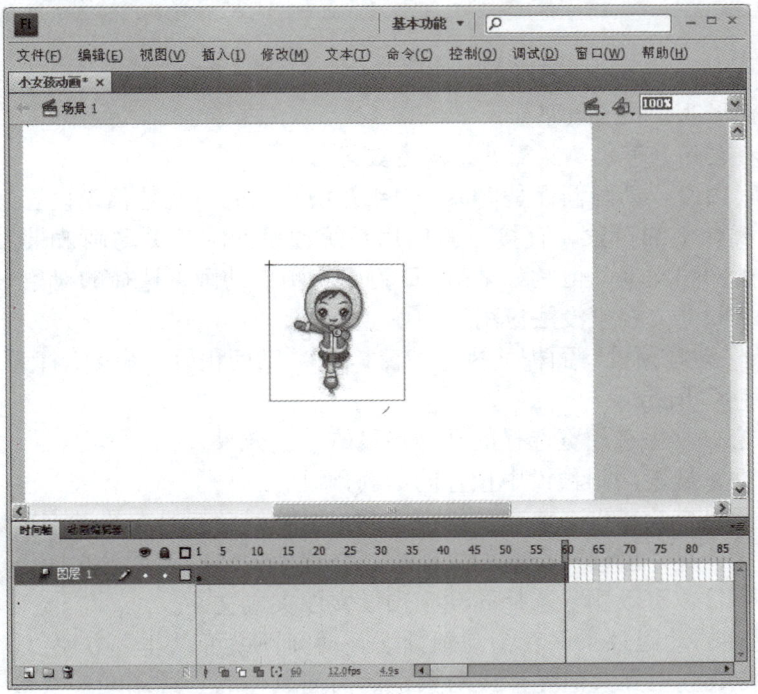

图 4-80　调整“小女孩”的初始位置

（5）移动播放头分别到第 20、40、60 帧，右击，在弹出的快捷菜单中选择“插入关键帧”|“位置”命令，拖动小女孩形成一个曲线路径，还可以利用“选择工具”、“部分选取工具”修改路径，效果如图 4-81 所示。

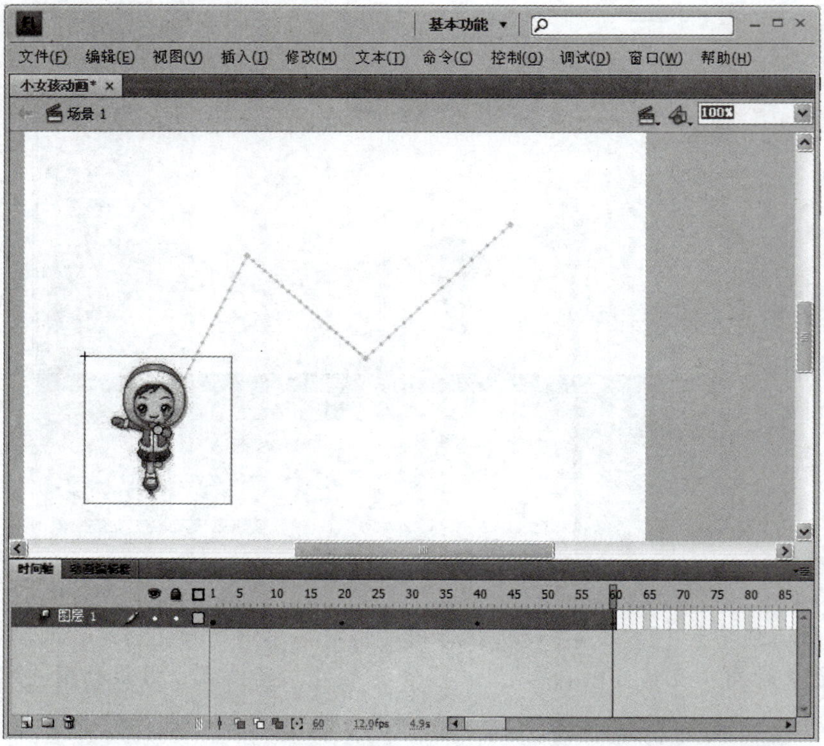

图 4-81　调整“小女孩”其他帧位置后的路径

（6）测试影片，观看效果。

（7）保存文件，再次测试影片，观看效果。

（3）动画预设。动画预设是 Flash CS4 新增的功能，其是预先设置好的动画，可以直接选择舞台上的对象，直接对其应用系统预设好的相关动画效果。选择对象范围包括元件实例和文本，但是如果是 3D 方面的预设动画，选择的对象只能是影片剪辑对象，在 AS2.0 文档中没法应用。

1）打开“动画预设”面板。执行“窗口”|“动画预设”命令，打开“动画预设”面板，如图 4-82 所示。

① 预览窗口：用来预览选择的动画预设的动画效果。

② 搜索框：搜索动画预设中预存的动画预设。

③ 将选区另存为预设：将当前舞台上的一个补间动画另存为动画预设。

④ 新建文件夹：创建一个新的文件夹，合理地管理动画预设文件。

⑤ 删除项目：可以删除选择的动画预设文件夹或文件。

2）将现存的动画效果保存为动画预设。动画预设可以非常方便、快速地将以往创建的动画特效应用到其他元件或对象中。前面制作的“跳动的小女孩”动画效果，就可以存储成动画预设。首先，选择补间上的帧，右击，在弹出的快捷菜单中选择“另存为动画预设”命令，弹出“将预设另存为”对话框，在“预设名称”文本框中输入“跳动效果”，单击“确定”按钮，就将动画效果存储为动画预设了。

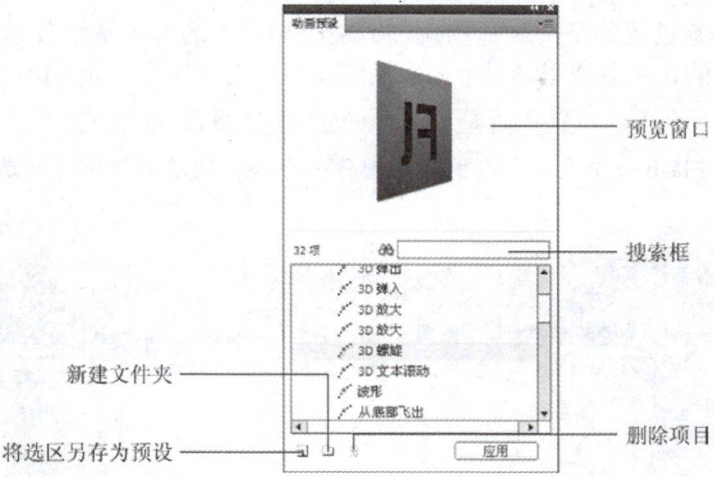

图 4-82　“动画预设”面板

3）应用动画预设。如果想做一个小球放大的效果，先在舞台上绘制一个小球，将其转化为影片剪辑，然后选择“小球”对象，在“动画预设”面板中选择“2D 放大”效果，单击“应用”按钮，如图 4-83 所示。

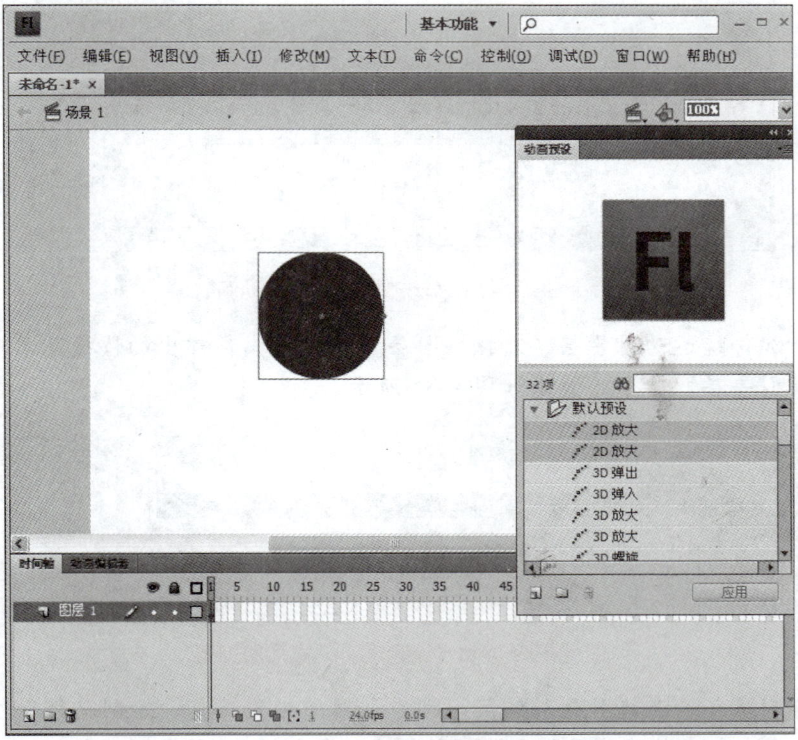

图 4-83　应用动画预设

（4）引导线动画。使对象沿着指定的路径运动，这种动画形式就是引导线动画。引导线动画由运动引导层和被引导层组成，将对象放置在被引导层中，而在引导层中常绘制一条线段用来指定对象的运行路径。

引导线动画设置的是一种运动轨迹，被引导层中的对象是沿着运动引导层中绘制的路径运动的，所以被引导层中最常见的动画形式是动作补间动画。

实例 10　创建引导线动画（“沿一定路径运动的小球”）

（1）新建 Flash 一个文档，在图层 1 制作一个小球运动的传统补间动画，如图 4-84 所示。

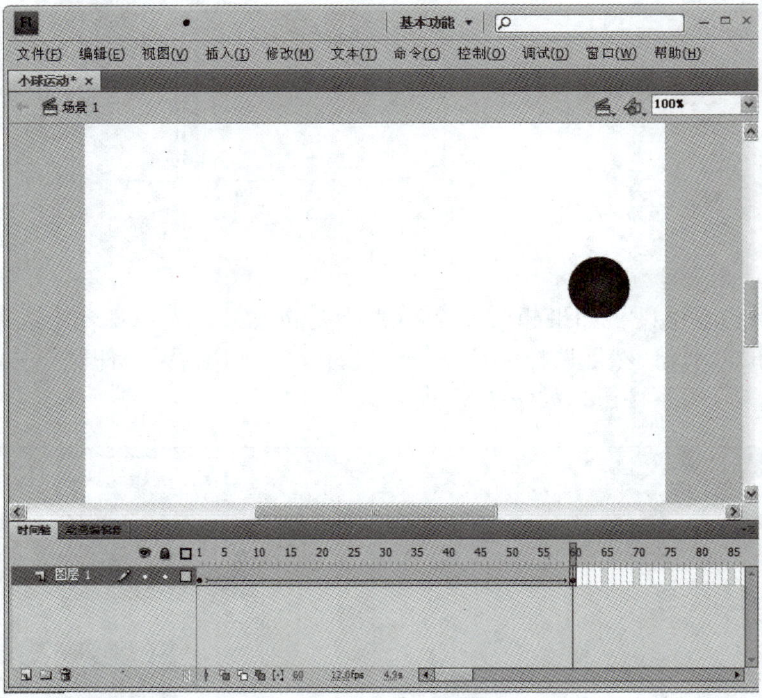

图 4-84　小球运动的动作补间动画

（2）添加传统运动引导层。选择“图层 1”，右击，在弹出的快捷菜单中选择“添加传统运动引导层”命令，效果如图 4-85 所示。

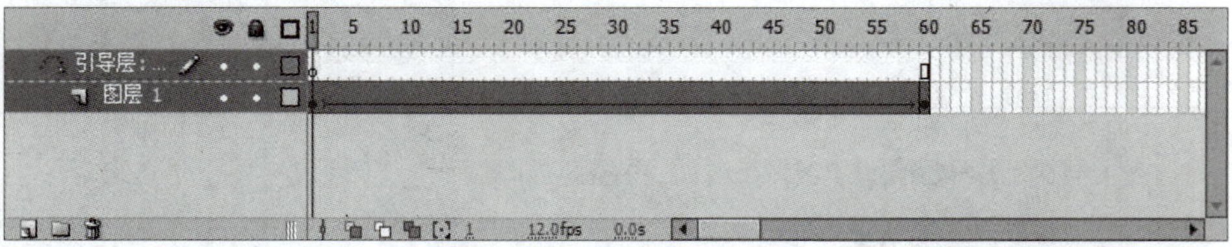

图 4-85　添加传统运动引导层后的图层

（3）绘制路径。选择引导层的第一帧，利用“铅笔工具”绘制路径，这时在图层 1 中的第一帧，小球自动被吸附到路径的起点，如图 4-86 所示。

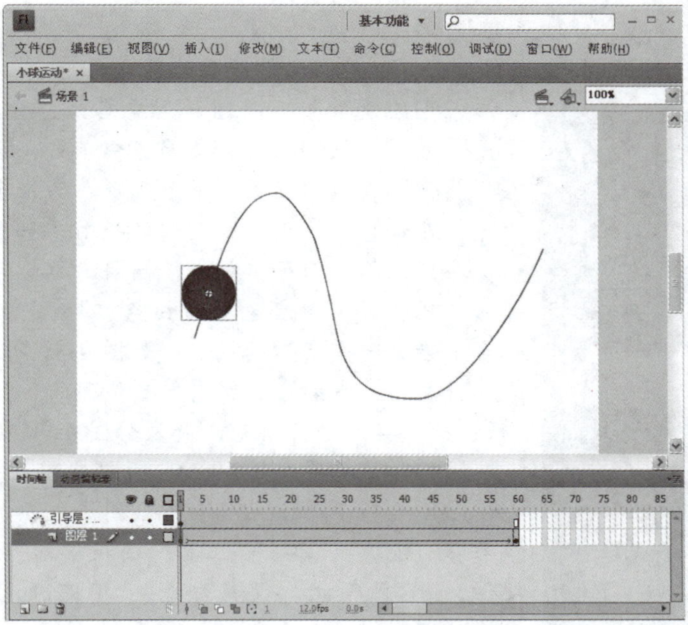

图 4-86　绘制路径后的效果

提示：绘制路径通常使用能够绘制线条的工具，如“钢笔工具”、“线条工具”、“铅笔工具”、“椭圆工具”、“矩形工具”等。其中选用“椭圆工具”和“矩形工具”时，“填充颜色”要设置为无，同时要用“橡皮擦工具”擦除一个断点，作为运动的起点和终点。最常用的绘制工具是“铅笔工具”，而且通常需要将铅笔选项设置为“平滑”。

(4) 对齐路径。创建完引导层的路径后，使用“选择工具”将运动对象的关键帧锁定到相应路径的末端点上，如图 4-87 所示。

(5) 保存文档并测试影片，观看效果。

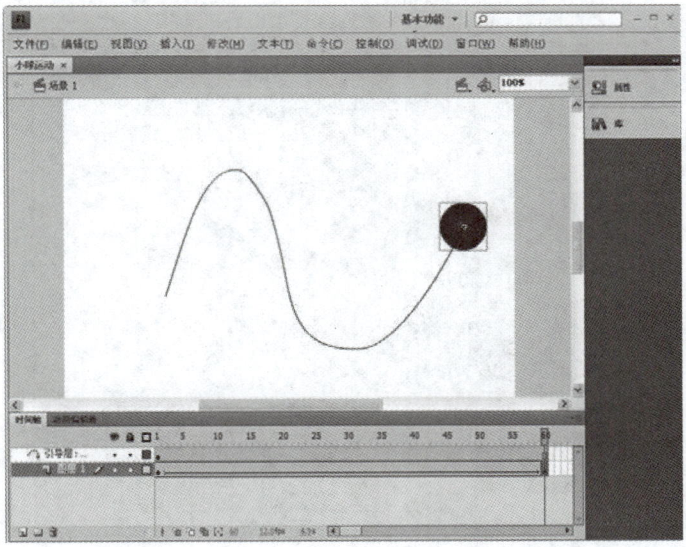

图 4-87　对齐路径后末帧的显示效果

实例 11　制作“小球沿坡度滚动”动画

(1) 新建一个 Flash 文档，并将“背景颜色”设置为黑色。

图 4-88　绘制背景“矩形”

(2) 绘制背景。将图层 1 更名为“背景”，定位于背景图层的第一帧，在“工具”面板中单击“矩形工具”按钮，在“属性”面板中设置“笔触颜色”为白色，“填充颜色”为无，在舞台上绘制一个空心的矩形，如图 4-88 所示。

在“工具”面板中单击“椭圆工具”按钮，在“属性”面板中设置“笔触颜色”为白色，“填充颜色”为无，在舞台上绘制一个空心的椭圆，如图 4-89 所示。

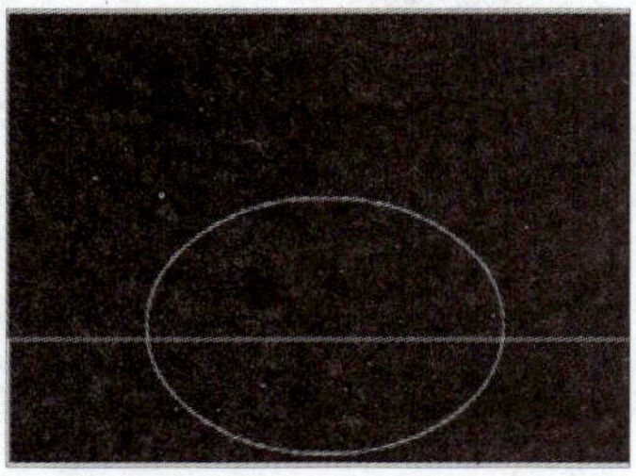
图 4-89　绘制背景“椭圆”

将圆的上半部分和圆内的直线删除，并将剩余部分用“颜料桶工具”进行填充，效果如图 4-90 所示。

延长背景图层到第 60 帧，并锁定图层。

(3) 绘制小球。在“背景”图层上添加一个图层，并命名为“小球”，单击“工具”面板中的“基本椭圆工具”按钮，“笔触颜色”设置为无，“填充颜色”设置为放射状填充，绘制一个小球，如图 4-91 所示。

在“小球”图层的第 60 帧插入关键帧，将小球移到右侧台上。

图 4-90　颜色的填充

(4)绘制路径。在“小球”图层上添加传统运动引导层，选择引导层的第一帧，利用“铅笔工具”绘制路径，这时在小球图层的第一帧，小球自动被吸附到路径的起点，如图 4-92 所示。

(5) 对齐路径。创建完引导层的路径后，使用“选择工具”将运动对象小球的关键帧锁定到相应路径的末端点上，如图 4-93 所示。

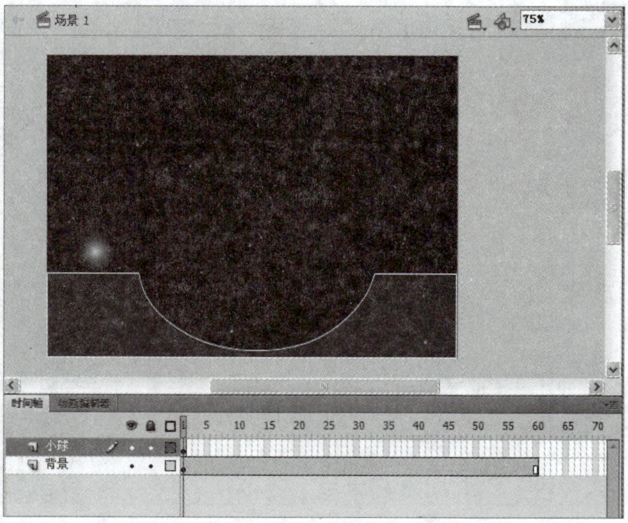

图 4-91　绘制“小球”图层

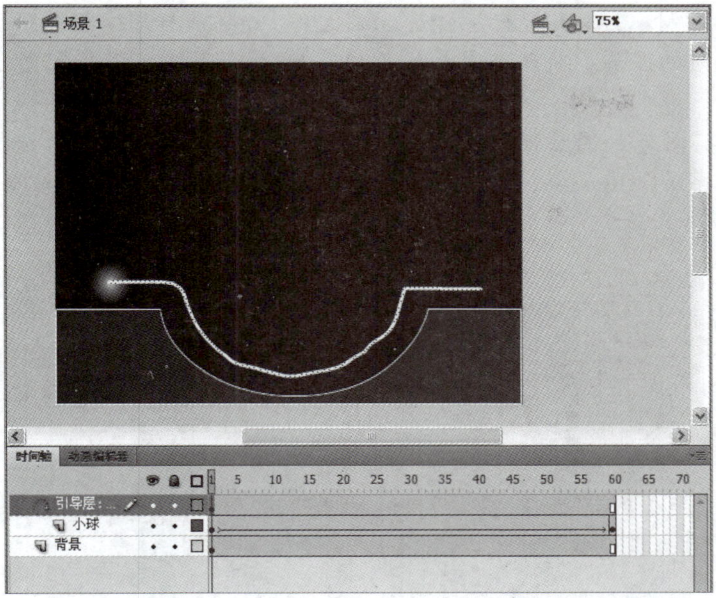

图 4-92　添加传统运动引导层后的效果

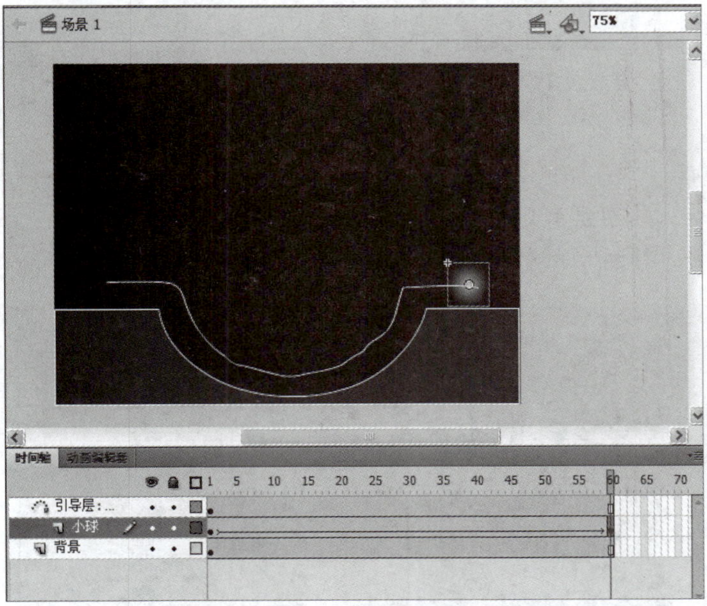

图 4-93　对齐路径后末帧的显示效果

(6) 保存文档并测试影片，观看效果。

实例 12　制作“卫星绕行星转动”动画

该动画中的地球做的是自转，可以在地球元件内部做出转动效果；而月球则是围绕地球转动，在制作时可以运用引导线功能达到环绕转动效果。如何使月球转到地球背面，这是本实例的重点。

(1)打开“素材\卫星围绕行星转动.fla”文件,将地球与月球实体图片导入到舞台,并分别位于不同的图层。将两个图层延长到第60帧,并在“月球”图层的第60帧插入关键帧。

(2)右击“月球”图层标题栏,在弹出的快捷菜单中选择“添加传统运动引导层”命令,在“引导层”图层中,以地球为参照,用“椭圆工具”在舞台上绘制空心椭圆曲线,如图4-94所示。

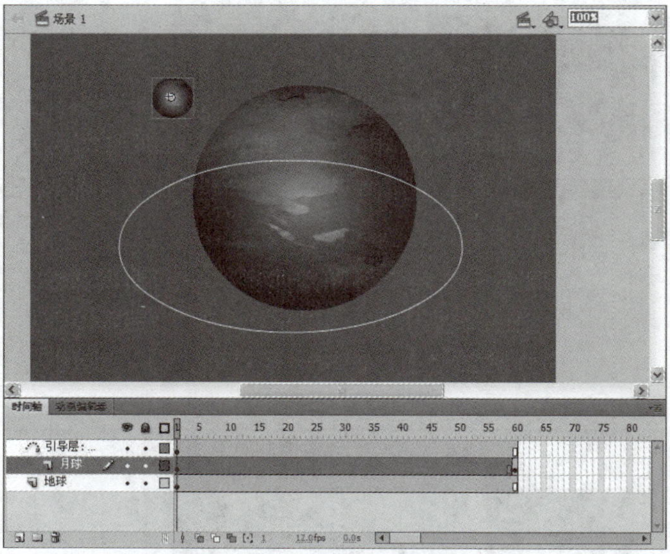

图4-94 绘制空心椭圆曲线作为引导线

(3)将“地球”图层暂时隐藏或锁定,用“橡皮擦工具”擦出一小段,绘制断开的椭圆曲线作为月球运动的轨迹,如图4-95所示。

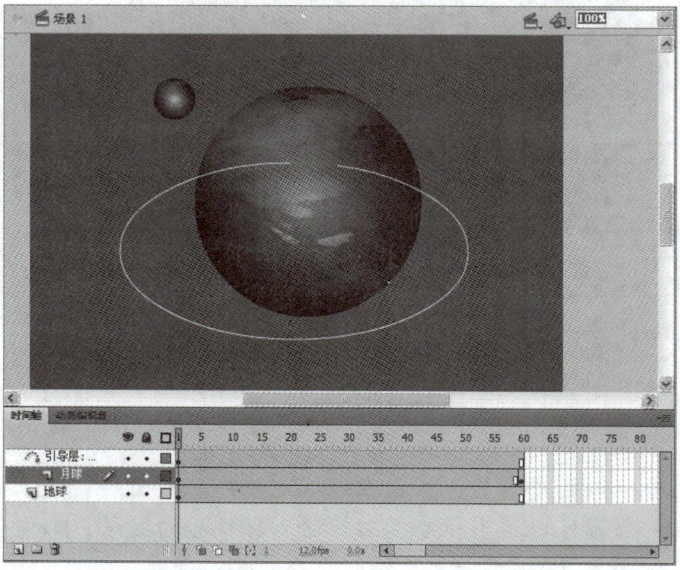

图4-95 制作运动引导线

(4) 单击“对齐对象”按钮，定位“月球”图层的第一帧，将“月球”实体拖动到椭圆曲线起点，并确保“月球”实体的编辑中心与曲线的起点紧贴；定位“月球”图层的第60帧，将“月球”实体拖动到椭圆曲线终点，并确保“月球”实体编辑中心与曲线起点紧贴。

(5) 为“月球”图层的两个关键帧创建传统补间。

(6) 将“地球”图层拖动到最上层，拖动时间轴滑块观察月球从地球背后绕出来的过程，效果如图4-96所示。

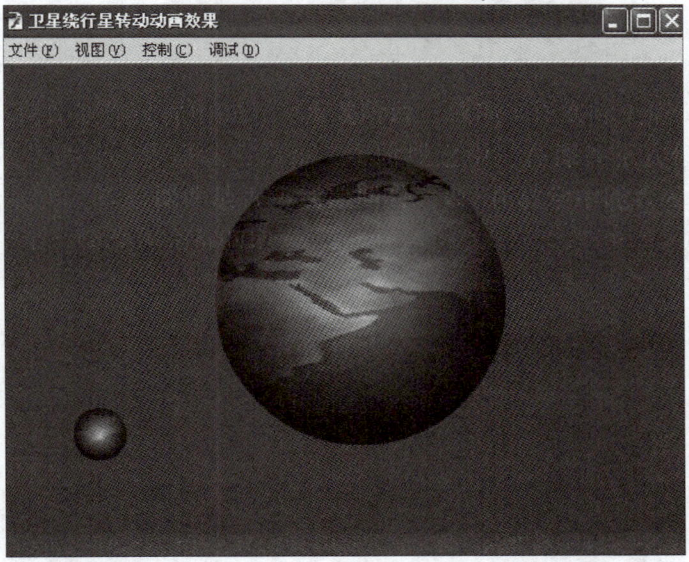

图4-96　“卫星绕行星转动”效果图

(7) 保存文档并测试影片，观看效果。

(5) 遮罩动画。将某个图层作为遮罩层，以遮罩图层的区域来显示被遮罩图层的内容，这就是遮罩效果。遮罩动画由遮罩层和被遮罩层组成，遮罩层相当于一个“视窗”，该层下方的对象可以通过该“视窗”显示出来，而“视窗”之外的对象将不会显示。遮罩层中的内容可以是填充的形状、输入的文字或创建的元件，但线条不能作为遮罩层的内容，更改遮罩层内容的颜色不会影响遮罩的效果；被遮罩层中可以放置任意内容。

要创建遮罩效果，至少需要两个图层。右击上面的图层，在弹出的快捷菜单中选择“遮罩层”命令，则可以将该图层转换为遮罩层，下一层会自动链接到遮罩层下面成为被遮罩层。同时，遮罩层和被遮罩层会自动锁定，如果要对遮罩层和被遮罩层进行编辑，将其开锁即可。

实例13　制作遮罩效果

(1) 在舞台中导入一张图片（素材\荷塘月色.jpeg），将其作为被遮罩层的内容，并在“属性”面板中设置图片“宽度”为“550”，“高度”为“400”，并将图层1更名为“被遮罩层”，如图4-97所示。

(2) 新建图层，更名为“遮罩层”，并绘制一个圆的矢量图形（可以利用“椭圆工具”，也可以利用“基本椭圆工具”进行绘制）作为遮罩层的内容，如图 4-98 所示。

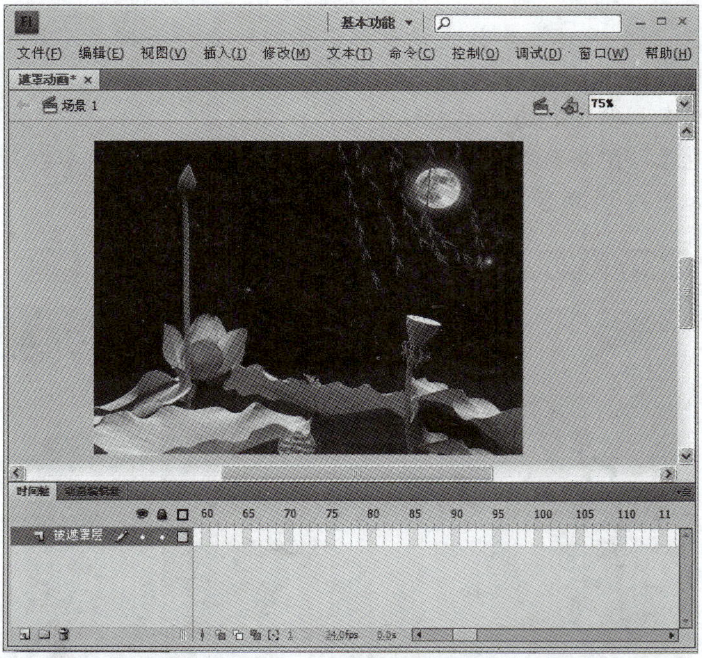

图 4-97　导入图片作为被遮罩层

图 4-98　绘制椭圆作为遮罩层

（3）在“遮罩层”上右击，在弹出的快捷菜单中选择“遮罩层”命令，如图 4-99 所示。这样，就可以将圆形作为下层图片的遮罩，只显示圆形区域的图片内容，效果如图 4-100 所示。

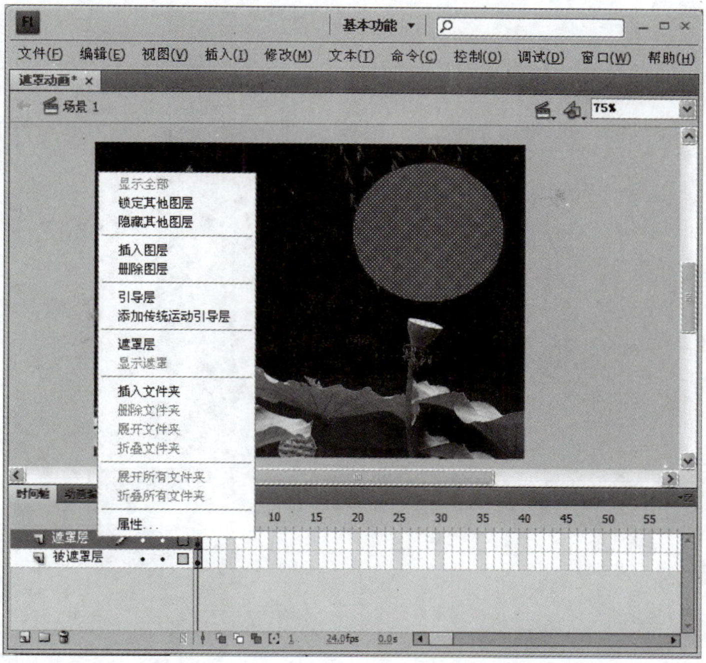

图 4-99　设置遮罩

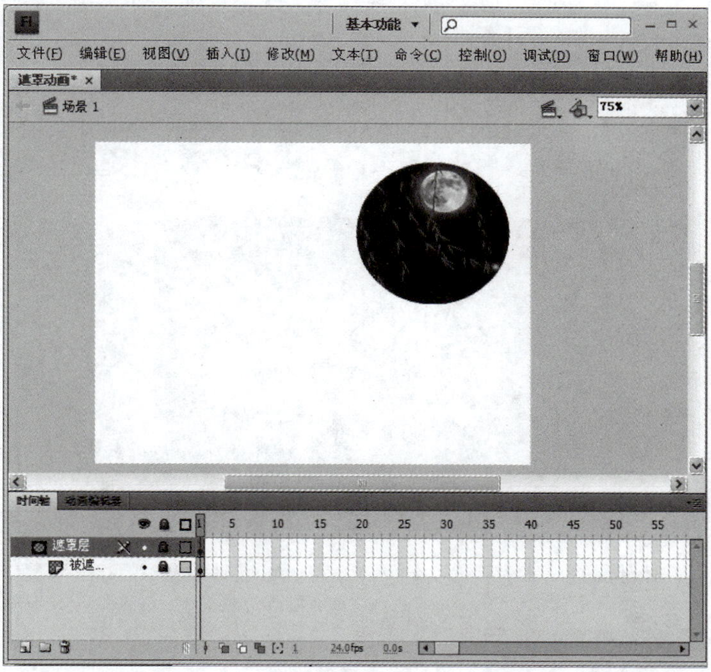

图 4-100　遮罩效果

实例 14　创建遮罩动画（“荷塘月色”）

(1) 打开刚刚制作的具有遮罩效果的文件，将“遮罩层”解除锁定，效果如图 4-101 所示。

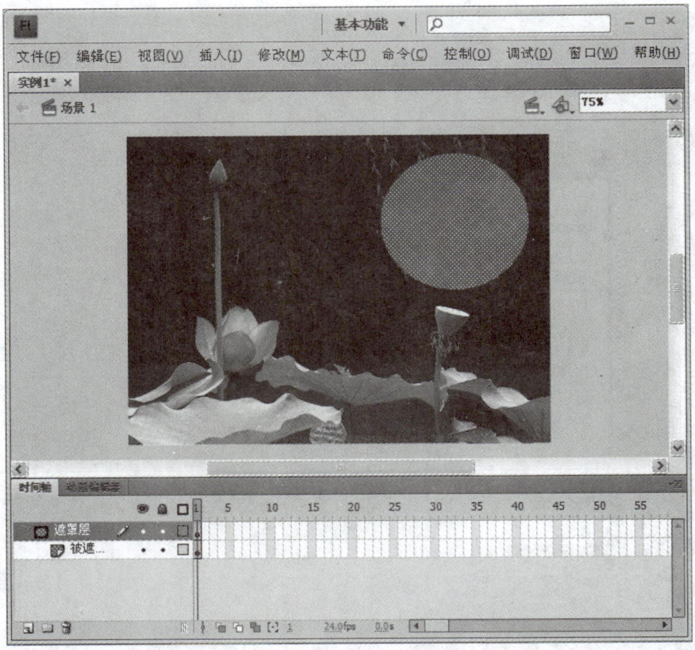

图 4-101　解除遮罩层锁定的效果

(2) 在“遮罩层”的第 20 帧插入关键帧，并将“被遮罩层”的帧延续到第 20 帧，如图 4-102 所示。

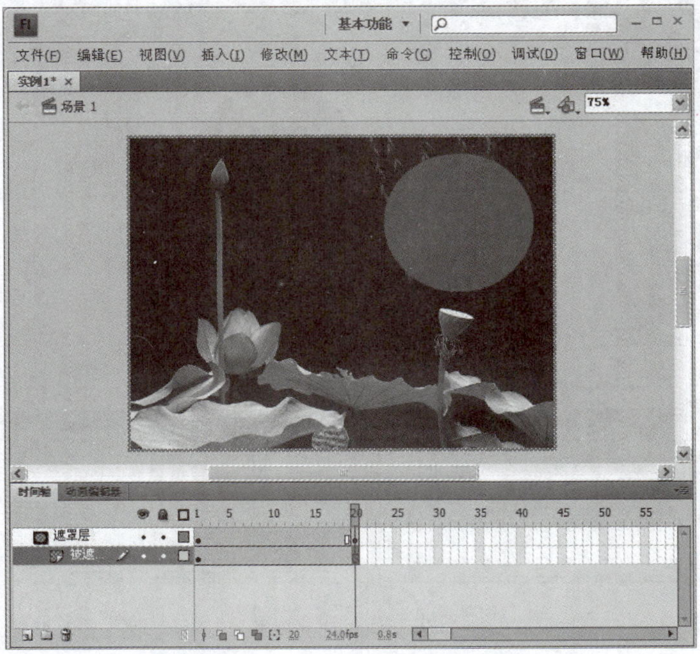

图 4-102　遮罩层和被遮罩层的处理

(3) 改变“遮罩层”中两个关键帧的圆形位置，如图 4-103 所示。

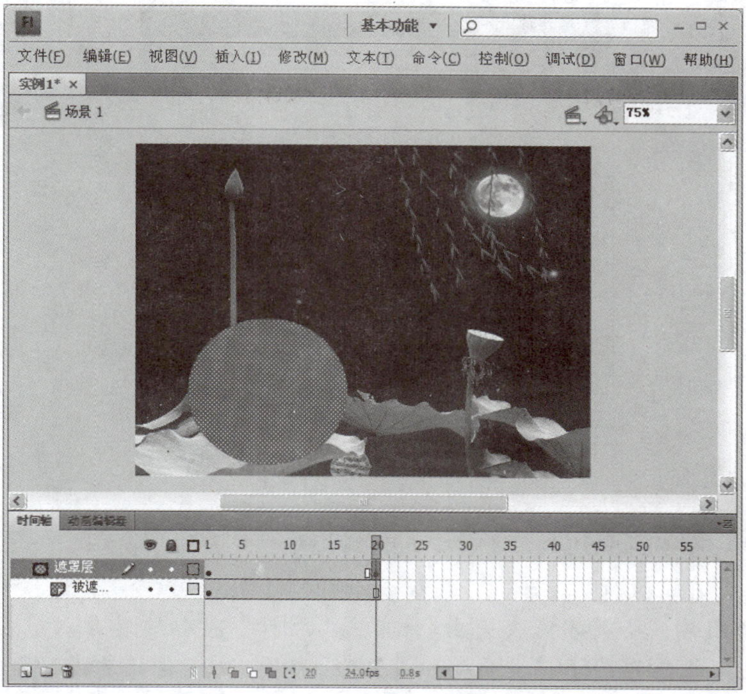

图 4-103　改变圆形的位置

(4) 在两个关键帧之间创建补间形状动画，如图 4-104 所示。这样，就为“遮罩层”添加了动画，课件运行时只显示圆经过的区域，效果如图 4-105 所示。

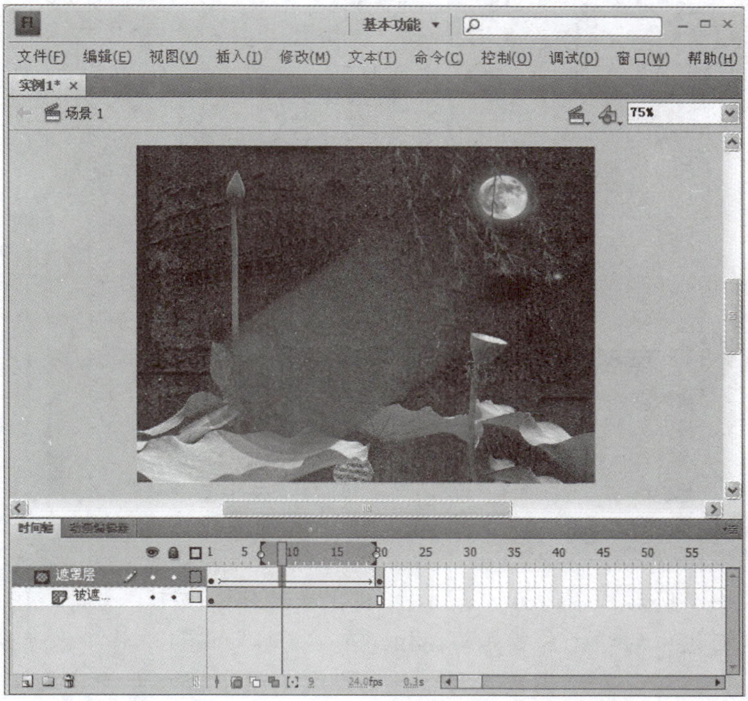

图 4-104　创建补间形状动画

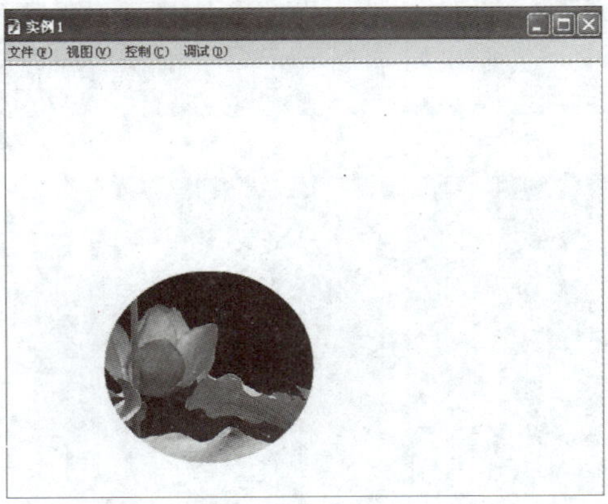

图 4-105 遮罩效果

实例 15 为图配诗（古诗《小池》）

(1) 新建一个 Flash 文档，将图层 1 重命名为“背景”。

(2) 导入图片。执行“文件”|“导入”|“导入到舞台”命令,弹出“导入”对话框，在素材中选择图片“小荷才露尖尖角”，单击“打开”按钮将其导入。在“属性”面板中将“宽度”设置为“550”,“高度”设置为“400”, x、y 坐标均设置为“0”, 将“背景”图层延长到第 50 帧，将图层锁定，如图 4-106 所示。

图 4-106 导入图片作为背景

(3) 插入一个图层，命名为“古诗”。将鼠标指针定位于“古诗”图层的第一帧，单击“工具”面板中的“文本工具”按钮，在“属性”面板中将字体设置为“华文行楷”，字号设置为“26”，颜色设置为白色，在文本框中输入古诗“泉眼无声嬉戏流，树荫照水爱晴柔，小荷才露尖尖角，早有蜻蜓立上头”，如图 4-107 所示。

图 4-107　输入古诗

(4)在第 50 帧插入关键帧，将古诗位置移动至图 4-108 所示位置。定位于第 1 ~ 50 帧，右击，在弹出的快捷菜单中选择“创建传统补间”命令。

图 4-108　创建传统补间

(5) 在“古诗”图层上插入一个图层，命名为“遮罩”，选择“矩形工具”，笔触颜色设置为无，填充色任意，绘制一个矩形，如图 4-109 所示。右击“遮罩”图层，在弹出的快捷菜单中选择“遮罩层”命令，效果如图 4-110 所示。

图 4-109　在遮罩层绘制矩形

图 4-110　设置遮罩层

(6) 保存文档并测试影片，观看效果。

提示：如果想让古诗停止显示，则定位于最后一个关键帧，右击，在弹出的快捷菜单中选择“动作”命令，打开“动作”面板，在面板中输入“stop（）”，如图 4-111 所示。

实例 16　制作“地球自转”动画

(1) 新建一个 Flash 文档。

(2) 导入图片。将图层 1 更名为“图形”，执行“文件”|“导入”|“导入到舞台”命令，弹出“导入”对话框，选择素材库中的“地图.jpg”图片，单击“打开”按钮将其导入。调整图片大小，“宽度”设置为“1200”，“高度”设置为“300”；x 坐标设置为“－520”，y 坐标设置为“200”，如图 4-112 所示。

(3) 在第 50 帧插入关键帧，向右移动图片（注意移动的距离为 1/2 图片长度），定位于第一帧，右击，在弹出的快捷菜单中选择“创建传统补间”命令。

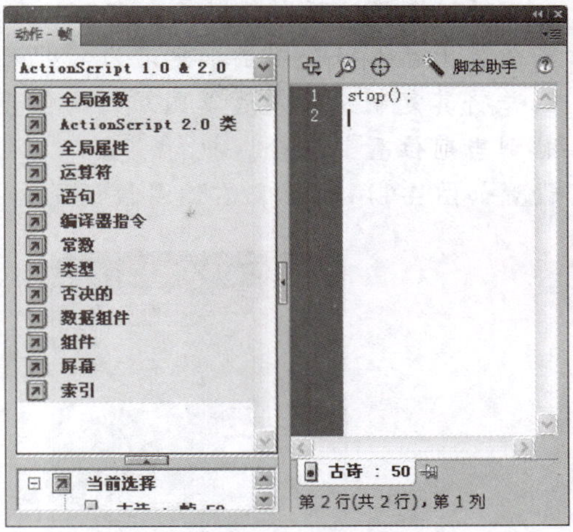

图 4-111　帧“动作”面板的设置

图 4-112　导入图片“地图”

(4) 新建图层，更命名为“球形”，单击“工具”面板中的“椭圆工具”按钮，在“属性”面板中将“笔触颜色”设置为无，“填充颜色”设置为任意色，定位于“球形”图层的第一帧，在图片的右侧绘制一个圆形，如图 4-113 所示。

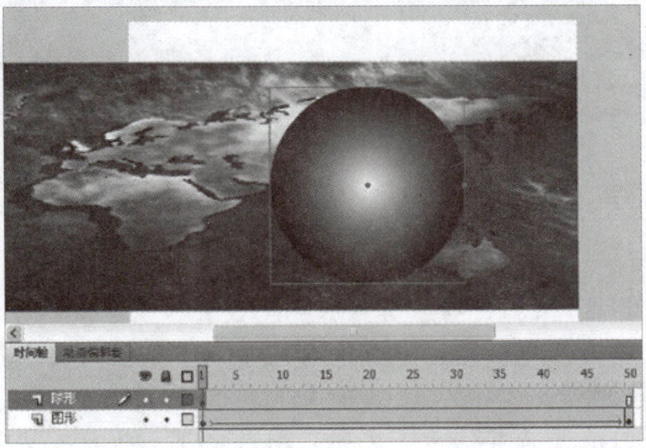

图 4-113　新建“球形”图层

(5) 选择“球形”图层，右击，在弹出的快捷菜单中选择“遮罩层”命令。在遮罩图层上插入一个图层，更名为“效果”。解除锁定遮罩图层，选择遮罩图层中的椭圆并将其复制；锁定遮罩图层，定位于“效果”图层的第一帧，执行“编辑”|“粘贴到当前位置”命令。执行“窗口”|“颜色”命令，打开“颜色”面板，左侧滑块设置如图 4-114 所示，右侧滑块设置如图 4-115 所示。

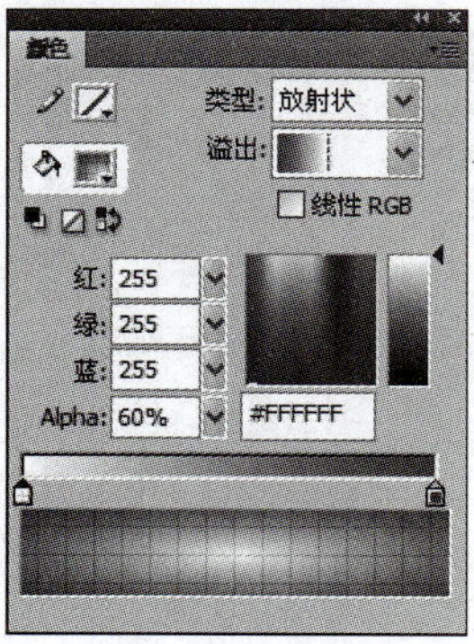

图 4-114　左侧滑块设置

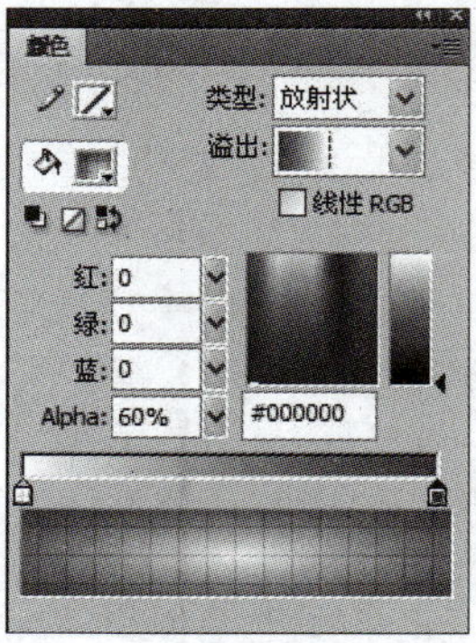

图 4-115　右侧滑块设置

(6) 保存文档并测试影片，观看效果，如图 4-116 所示。

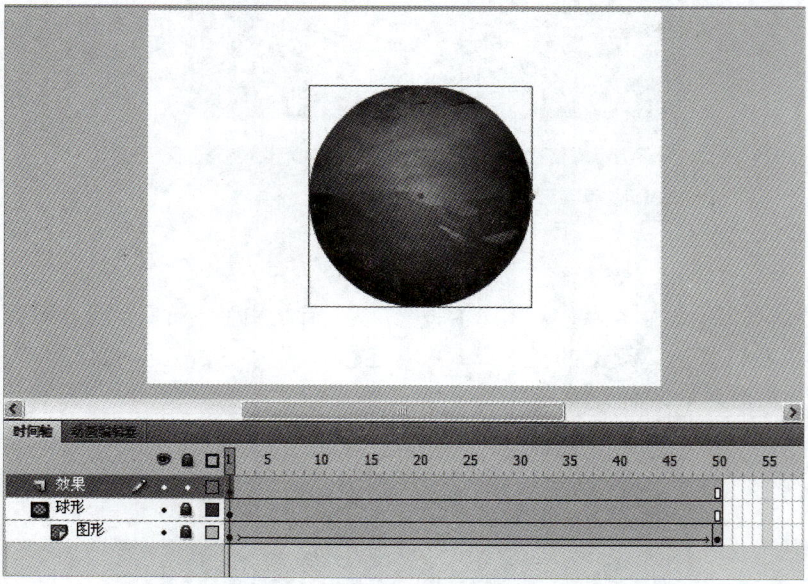

图 4-116　“地球自转”效果图

实例 17　制作“填图文字”动画

(1) 新建一个 Flash 文档，将“背景颜色”设置为蓝色。

(2) 利用“文本工具”在舞台中央输入文字“少年强则国家强”，设置文字颜色为白色，如图 4-117 所示。

(3) 新建一个图层并将其位于“文字”图层之下，执行“文件”|“导入”|“导入到舞台”命令，弹出“导入”对话框，导入图片“素材 \002.jpg”，并将其转换为元件。

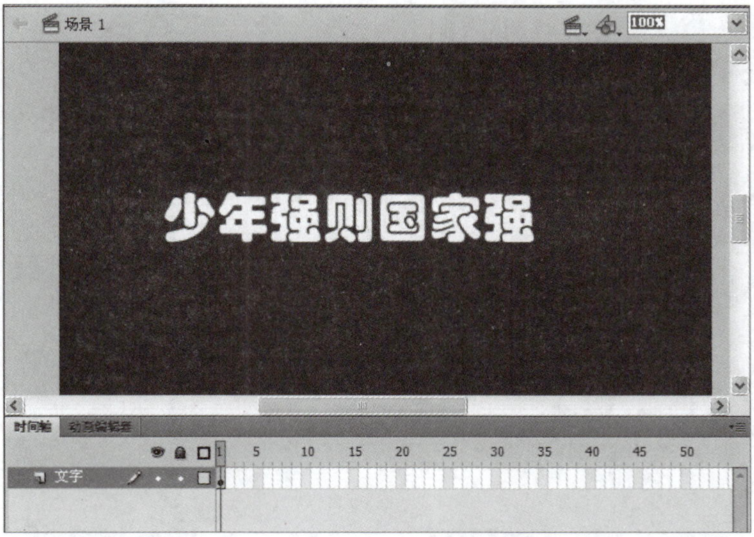

图 4-117　输入文字“少年强则国家强”

(4) 适当调整图片元件的大小，确保图片在旋转时始终包含文字，如图 4-118 所示。

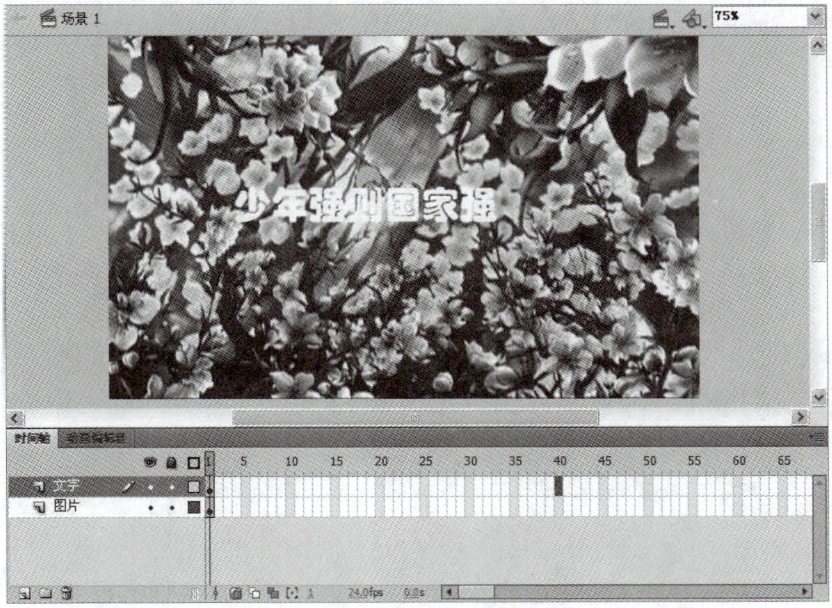

图 4-118　调整图片大小

(5) 按 F6 键将两个图层扩展至第 40 帧，将“图片”图层的第 40 帧转变为关键帧。

(6) 为图片元件创建补间动画，在“属性”面板中设置旋转方向为顺时针，旋转一次，如图 4-119 所示。

提示：拖动时间轴滑块，观察图片是否一直能将文字包含，如果不能，则必须重新调整图片元件的大小。

(7) 为“文字”图层设置遮罩功能，得到“填图文字”遮罩效果，如图 4-120 所示。

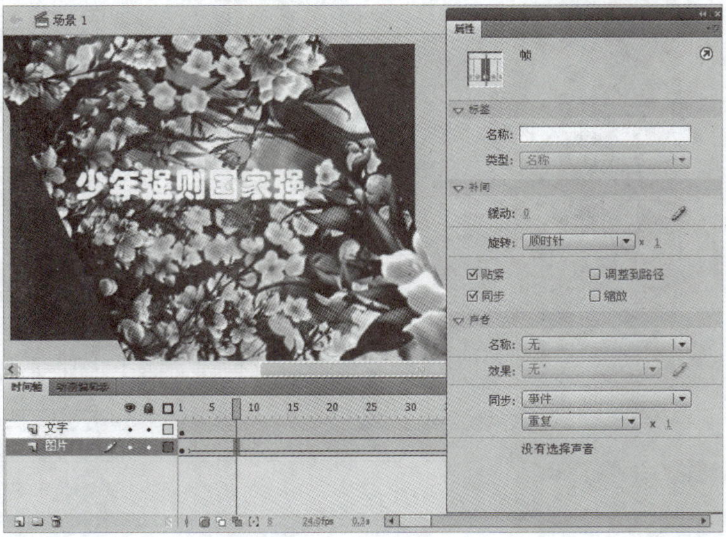

图 4-119　设置动画属性

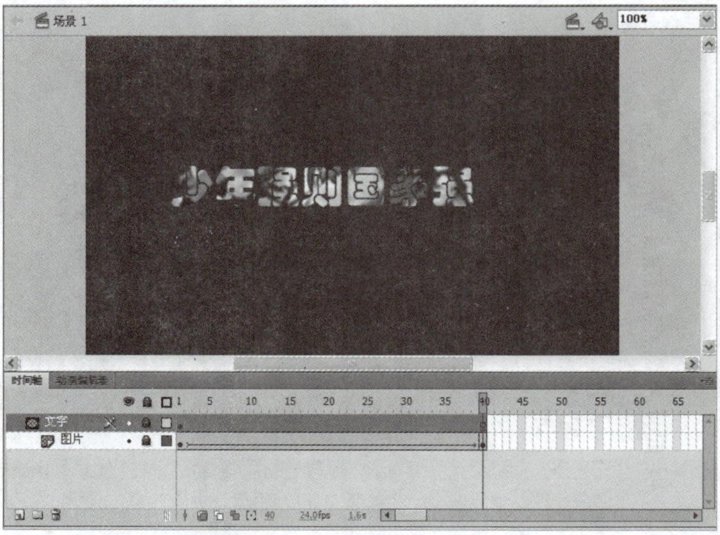

图 4-120　“填图文字”遮罩效果图

(6) 交互动画。Flash 课件通过 Action Script 脚本语言实现人机对话，可以添加脚本语言的地方有三处：①在帧上添加交互功能，即帧动作；②在按钮上添加交互功能，即按钮动作；③在电影剪辑上添加交互功能，即电影剪辑事件。

实例 18　添加按钮动作

(1) 打开“素材\第四章\按钮 .fla”文件。

(2) 单击舞台中的“播放”按钮，按 F9 键，或右击按钮，在弹出的快捷菜单中选择“动作”命令，或执行“窗口”｜“动作”命令，打开“动作”面板，如图 4-121 所示。

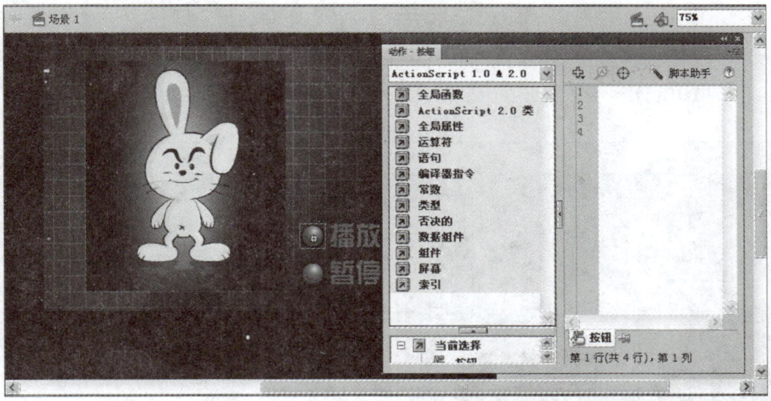

图 4-121　打开按钮“动作”面板

(3) 单击面板上方的按钮，在弹出的菜单中选择“全局函数”｜“影片剪辑控制”｜“on”指令，选择“release”，如图 4-122 所示。

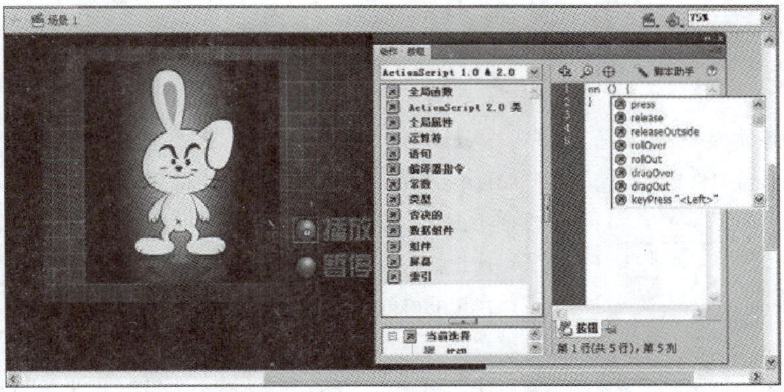

图 4-122　为“播放”按钮添加指令

(4) 将鼠标指针定位于脚本栏第二行的开始位置，单击按钮，在弹出的菜单中选择“全局函数”｜“时间轴控制”｜“play”指令，如图 4-123 所示。

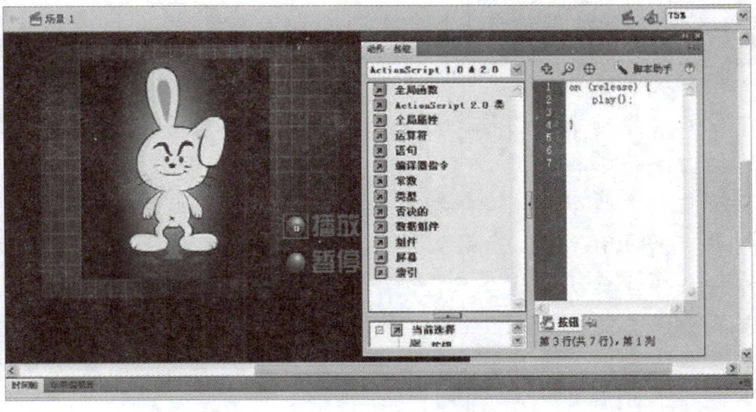

图 4-123　添加“play”指令

（5）单击“舞台”中的“暂停”按钮，在脚本栏第一行添加“全局函数”｜“影片剪辑控制”｜“on”指令，并选择“release”；在脚本栏第二行添加“全局函数”｜“时间轴控制”｜“stop( );”指令，完成添加“暂停”按钮的动作指令，如图 4-124 所示。

图 4-124　为“暂停”按钮添加指令

（6）保存文件，并测试影片。

在按钮事件中，除了常用的“release”外，还有其他几种按钮事件，如图 4-125 所示。

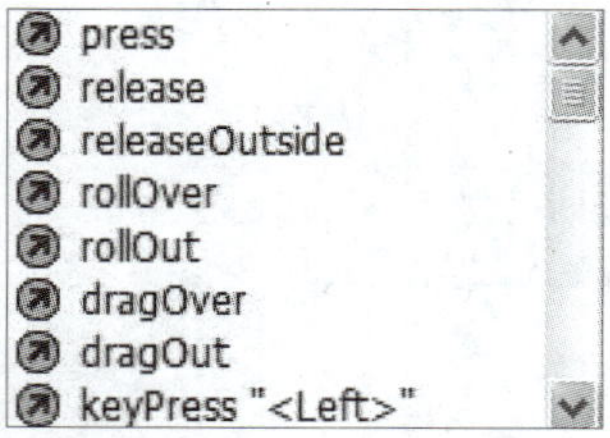

图 4-125　按钮事件

（1）press：表示按钮被按下时触发事件。

（2）release：表示按钮被单击，释放后触发事件。

（3）releaseOutside：表示按钮被单击，在按外部释放后触发事件。

（4）rollOver：表示鼠标指针移到按钮上时触发事件。

（5）rollOut：表示鼠标指针移到按钮外部时触发事件。

（6）dragOver：表示按下鼠标左键后拖动到按钮上时触发事件。

（7）dragOut：表示按下鼠标左键后拖动到按钮外部时触发事件。

（8）keyPress：表示按下键盘上指定的键时触发事件。

实例 19　添加帧动作

本实例学习如何为帧添加动作，即让动画停止于某帧。为帧添加动作的方法与为按钮添加动作的方法基本相同。

（1）打开“素材\第四章\按钮动作.fla”文件，测试影片。可以发现兔子一直在动，直到单击“停止按钮”。如果从第一帧开始使动画停止，就可以在第一个关键帧上添加动作指令，注意动作指令只能添加在关键帧或空白关键帧上。

（2）单击第一个关键帧，按 F9 键，打开帧“动作”面板，在脚本栏中添加“stop();”指令，其作用就是使动画在开始就处于停止状态，需要用户手动单击舞台中的按钮进行播放，因为按钮上也加入了交互控制的动作指令。

Flash 中的许多程序写在按钮和帧上，特别是在交互课件中，既包括按钮动作也包括帧动作。它们是相互关联、相互配合的。

5. Flash 动画的输出

动画制作完成后，可利用“导出”或“发布”命令将 Flash CS4 动画输出为多种特定的文件格式，如 .swf、.avi、.mov、.gif、.exe 等。

输出动画文件的步骤如下：

(1) 制作完成动画；

(2) 执行“文件”|“导出”|“导出影片”命令，弹出“导出影片”对话框，如图 4-126 所示；

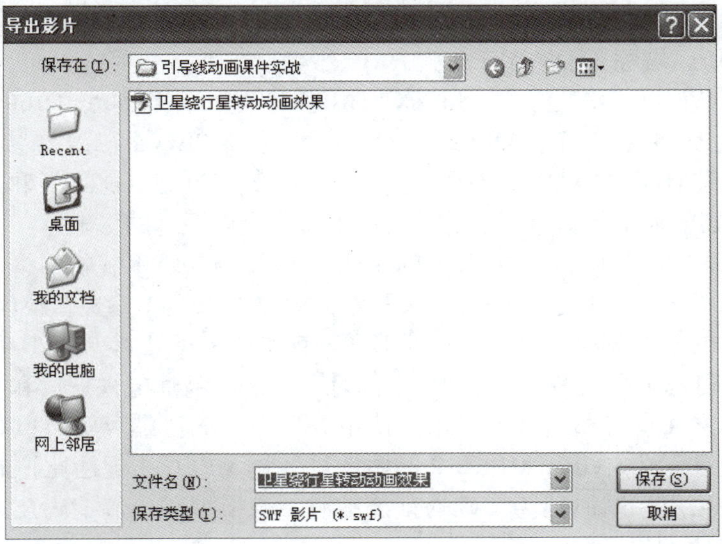

图 4-126　“导出影片”对话框

(3) 在该对话框的“文件名”文本框中输入文件名，在“保存类型”下拉列表框中选择一种输出文件类型；

(4) 为输出文件设置好输出路径，单击“保存”按钮，即将动画按选定格式保存在指定文件夹中（还可以在“发布设置”对话框中进行发布设置）。

4.2.5　视频素材

在多媒体课件的制作中，视频是一种不可缺少的表现形式。与图形、图像信息相比，视频更易于表现动态的、逼真的信息，尤其在展示事实性的知识及实时操作方面具有其他媒体无法比拟的优越性。

1. 常用视频格式

(1) AVI 格式。AVI（Audio Video Interleaved）即音频、视频交错，于 1992 年被微软公司推出，随 Windows 3.1 被人们所认识和熟知。所谓“音频、视频交错”，即将视频和音频交织在一起进行同步播放。这种视频格式的优点是图像质量好，可以跨多个平台使用，缺点是体积过于庞大，而且压缩标准不统一，最普遍的现象是高版本 Windows 媒体播放器不能播放采用早期编码编辑的 AVI 格式视频，而低版本 Windows 媒体播放器也不能播放采用最新编码编辑的 AVI 格式视频，所以在进行 AVI 格式的视频播放时，经常会出现由视频编码问题而造成的视频不能播放的现象，或即使能够播放，但存在不能调节播放进度和播放时只有声音没有图像等一系列问题。如果用户在进行 AVI 格式的视频播放时遇到了这些问题，可以通过下载相应的解码器来解决。

（2）DV-AVI 格式。DV（Digital Video Format）是由索尼、松下、JVC 等多家厂商联合提出的一种家用数字视频格式。非常流行的数码摄像机就是使用这种格式记录视频数据的。其可以通过计算机的 IEEE 1394 端口传输视频数据到计算机，也可以将计算机中编辑好的视频数据回录到数码摄像机中。这种视频格式的文件扩展名一般是 .avi，所以被称为 DV-AVI 格式。

（3）MPEG/MPG/DAT 格式。MPEG（Motion Picture Experts Group）即运动图像专家组。这类格式包括了 MPEG-1、MPEG-2 和 MPEG-4 在内的多种视频格式。MPEG 系列标准对 VCD、DVD 等视听消费电子及数字电视（DTV）和高清晰度电视（HDTV）、多媒体通信等信息产业的发展产生了巨大而深远的影响。

MPEG-1 被广泛地应用在 VCD 的制作和一些视频片段下载的网络应用，大部分的 VCD 是用 MPEG-1 格式压缩的(刻录软件自动将 MPEG-1 格式转换为 DAT 格式)，使用 MPEG-1 的压缩算法，可以将一部 120 分钟的电影压缩到 1.2 GB 左右。

MPEG-2 则是应用在 DVD 的制作，同时在一些高清晰电视广播和一些高要求视频编辑、处理方面也有相当多的应用。使用 MPEG-2 的压缩算法可以将一部 120 分钟的电影压缩到 5 ～ 8 GB（MPEG-2 的图像质量是 MPEG-1 无法比拟的）。MPEG-1 和 MPEG-2 是采用相同原理为基础的预测编码、变换编码、熵编码及运动补偿等第一代数据压缩编码技术。

MPEG-4 则是基于第二代压缩编码技术制定的国际标准，其以视听媒体对象为基本单元，采用基于内容的压缩编码，以实现数字视音频、图形合成应用及交互式多媒体的集成。

提示：细心的读者一定注意到了，这其中没有 MPEG-3 编码。实际上，大家熟悉的 MP3 就是采用 MPEG-3（MPEG Layeur3）编码，但是其是 MPEG-1 的第三层，属于 MPEG-1，并没有真正的 MPEG-3 流行。

（4）MOV 格式。MOV（QuickTime）是 Apple 公司开发的一种音频、视频文件格式。QuickTime 用于保存音频和视频信息，文件格式支持 25 位彩色，支持领先的集成压缩技术，提供 150 多种视频效果，并配有 200 多种 MIDI 兼容音响和设备的声音装置。新版的 QuickTime 进一步扩展了原有功能,包含基于因特网应用的关键特性。QuickTime 因具有跨平台、存储空间要求小等技术特点，得到业界的广泛认可，目前已成为数字媒体软件技术领域的工业标准。

（5）RM 格式。RM 格式是 RealNetworks 公司开发的音频、视频压缩格式，是 Real Media 的一种。其根据网络数据传输速率的不同制定了不同的压缩比率，从而实现在低速率的广域网上进行影像数据的实时传送和实时播放，不需要下载音频内容。

(6) RMVB 格式。RMVB 格式是由 RM 格式进行升级的视频文件格式，可以在证静止画面质量的基础上，大幅度地提高运动图像的质量，在文件质量与文件存储空间上取得了令人满意的平衡点。

(7) ASF 格式。ASF 格式是微软公司为了和 RealPlayer 竞争而发展的一种可以直接在网上观看视频节目的文件压缩格式。ASF 格式使用了 MPEG-4 的压缩算法，压缩率和图像的质量都很高。因为 ASF 格式是以一种可以在网上即时观赏的视频“流”存在的，所以其图像质量比 VCD 稍差，但比同是视频“流”的 RAM 格式要好。

(8) WMV 格式。WMV 格式一种独立的编码方式，在因特网上实时传播多媒体的技术标准，其主要优点在于：可扩充的媒体类型、本地或网络回放、可伸缩的媒体类型、流的优先级化、多语言支持、扩展性等。

2. 视频文件的编辑与处理

在多媒体教学、网络远程教学中，常常会遇到视频格式转换、视频文件的分割与合成等问题。目前，视频格式转换软件有很多，如万能视频格式转换器、MP4/RM 全能视频转换专家、格式工厂、视频转换大师等。这里介绍 Corel VideoStudio Pro X5 会声会影视频编辑软件，其采用分步的方式，便于捕获、编辑和共享视频，利用它可以轻松制作视频作品。

(1) 认识会声会影（Corel VideoStudio Pro X5）界面。

会声会影将影片制作分为“捕获”、“编辑”、“分享”三个步骤，步骤不同，界面也有所有同，图 4-127 显示的是“捕获”的主界面。

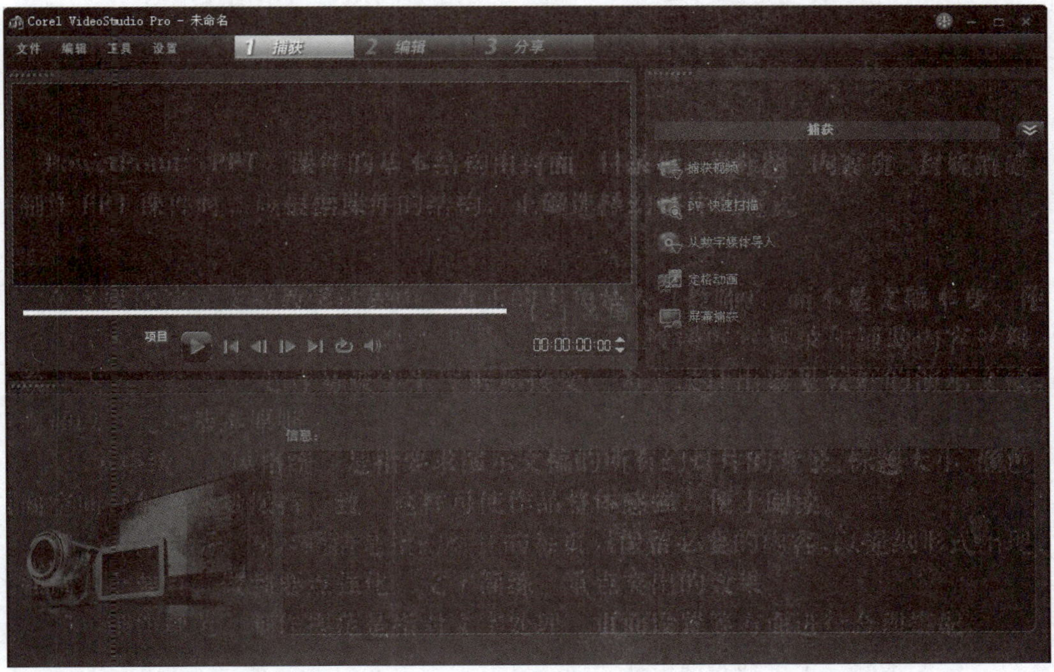

图 4-127　会声会影“捕获”的主界面

1）捕获。

“捕获”步骤是在会声会影中创建视频文件，以实现影视编辑后期制作的过程。

会声会影可从 DVD-Video、DVD-VR、AVCHD ™、BDMV 光盘，包括可录制到内存卡上的摄像机、光盘的内存储器、DV 或 HDV 摄像机、移动设备及模拟和数字电视捕获设备中捕获或导入视频。在“捕获”步骤的选项面板中，有“捕获视频”、“DV 快速扫描”、“从数字媒体导入”、“定格动画”、“屏幕捕获”五个选项，具体介绍如下：

捕获视频——将视频镜头和照片从摄像机捕获到计算机中；

DV 快速扫描——扫描 DV 磁带，并选择想要添加到影片的场景；

从数字媒体导入——从 DVD-Video、DVD-VR、AVCHD、BDMV 的光盘或从硬盘中添加媒体素材，还允许直接从 AVCHD、Blu-ray 光盘或 DVD 摄像机导入视频；

定格动画——使用从照片和视频捕获设备中捕获的图像制作即时定格动画；

屏幕捕获——创建捕获所有计算机操作和屏幕上显示元素的屏幕捕获视频。

要制作一个视频，必须先从摄像机或其他视频来源中捕获或导入视频。然后修整捕获的视频，排列视频顺序，应用转场，以及添加覆叠、动画标题、画外音和背景音乐。这些元素组织在时间轴视图的不同轨中，在故事板视图中显示为按时间顺序排列的缩略图。

① 捕获视频。各种类型摄像机捕获视频的步骤是类似的，只是“捕获视频”选项面板中的可用捕获设置有所不同，不同类型的来源可以选择不同的设置。

“捕获视频”选项面板介绍如下：

a．区间——设置捕获时间长度；

b．来源——显示检测到的捕获设备，列出计算机上安装的其他捕获设备；

c．格式——提供一个选项列表，可在此选择文件格式，用于保存捕获的视频；

d．捕获文件夹——指定一个文件夹，用于保存所捕获的文件；

e．按场景分割——根据用 DV 摄像机捕获视频的日期和时间的变化，将捕获的视频自动分割为几个文件；

f．捕获到素材库——选择或创建想要保存视频的库文件夹；

g．选项——显示一个菜单，在该菜单上可以修改捕获设置；

h．捕获视频——将视频从来源传输到硬盘；

i．抓拍快照——将显示的视频帧捕获为照片。

从摄像机中捕获视频和照片的方法如下：

a．将摄像机连接到计算机，并打开设备，将设备设置为播放（或 VTR/VCR）模式；

b．在“捕获”步骤的选项面板中单击“捕获视频”按钮；

c．在“来源”下拉列表框中选择捕获设备；

d．在“格式”下拉列表框中选择用于保存捕获视频的文件格式，查找“捕获文件夹”下要保存文件的文件夹位置，可自定义特定于视频设备的捕获设置；

e．扫描视频，搜索要捕获的部分，如果从 DV 或 HDV 摄像机捕获视频，则使用导览面板播放录像带；

f．在捕获视频时，单击“捕获视频”按钮，单击“停止捕获”按钮或按 Esc 键可停止捕获视频；

g．如果从视频镜头捕获照片，则在所需照片处暂停视频，然后单击“抓拍快照”按钮；

h．摄像机处于“录制”模式（通常称为 CAMERA 或 MOVIE）时，可以捕获现场视频。

根据所选的捕获文件格式，视频属性对话框中的可用设置有所不同。

② DV 快速扫描。使用该选项，可以扫描 DV 设备，查找要导入的场景，可以添加视频的日期和时间。

③ 从数字媒体导入。可以从光盘、硬盘、内存卡、数码相机和 DSLR 中将 DVD、DVD-VR、AVCHD、BDMV 视频和照片导入到会声会影中，如图 4-128 所示。

图 4-128　数字媒体导入

导入数字媒体的步骤如下：

a．单击“捕获”按钮，然后单击“从数字媒体导入”按钮；

b．弹出“选取‘导入源文件夹’”对话框，查找包含数字媒体的文件夹，单击“确定”按钮；

c．弹出“从数字媒体导入”对话框，单击“起始”按钮；

d．选择想要导入的媒体素材，单击“开始导入”按钮，所有导入的视频将添加到素材库中的缩略图列表中。

④ 定格动画。可以使用从 DV、HDV 摄像机或网络摄像头捕获的图像或从 DSLR 导入的照片直接在会声会影中制作定格动画，并将其添加到视频项目中。

⑤ 屏幕捕获。使用该选项可录制计算机操作和鼠标指针的移动，只需通过几个简单的步骤即可创建可视化视频。还可以定义需要突出和聚焦的捕获区域，或合并画外音。

单击“捕获”步骤选项面板中的“屏幕捕获”按钮，弹出“屏幕捕获”工具栏。会声会影主程序窗口在后台最小化，显示“屏幕捕获”工具栏；也可以单击“录制/捕获选项”按钮，在弹出的“录制/捕获选项”对话框中单击“屏幕捕获”按钮，弹出“屏幕捕获”工具栏，如图 4-129 所示。

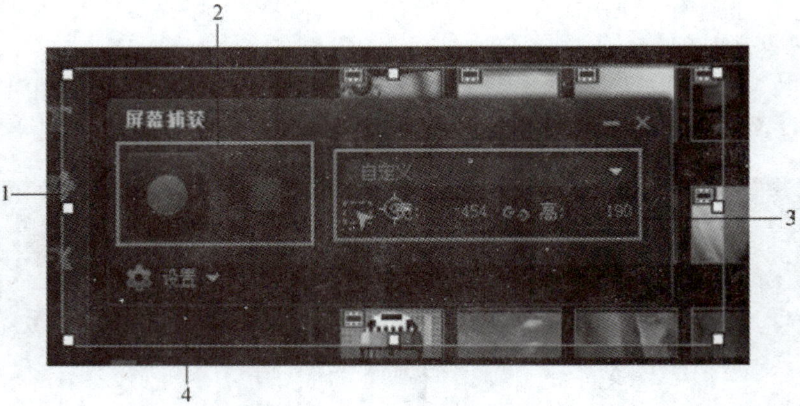

图 4-129 “屏幕捕获”工具栏

“屏幕捕获”工具栏基本组件介绍如下：

1——捕获区域框，指定要捕获的显示区域；

2——录制控件，包含控制屏幕捕获的按钮；

3——捕获区域框尺寸，指定要捕获的活动程序，并在“宽”和“高”文本框中指定捕获区域的准确尺寸；

4——设置（默认视图），可指定文件、音频、显示和键盘快捷方式设置。

在进行实际的屏幕捕获之前，要先确保配置好视频设置，方法如下：

a．单击“设置”下拉按钮，展开选项组。

b．在“文件设置”选项组中，指定以下详细信息。

- 文件名——输入项目的文件名；
- 保存至——可以指定视频文件的保存位置；
- 捕获到素材库——将屏幕捕获自动导入到素材库。默认情况下，屏幕捕获保存在素材库的样本文件夹中。单击“添加新文件夹”按钮，弹出“添加新文件夹”对话框，可添加一个新文件夹，并更改文件的保存位置。

c．从“格式”下拉菜单中的可用格式中选择一个选项。

d．在“音频设置”选项组中的“声音”选项中，执行以下其中一项操作。

- 单击“启用声音录制”按钮，录制画外音，并单击“声效检查”按钮测试声音输入；

- 单击“禁用声音录制”按钮，禁止录制画外音。

e．启用或禁用系统音频并调整参数滑块。

f．在“监视器设置”选项组中，选择一个显示设备。程序将自动检测系统中可用的显示设备，“主要监视器”为默认选项。

g．选中“启用 F10/F11 快捷键”复选框，可打开屏幕捕获的键盘快捷方式。如果屏幕捕获的快捷键与要捕获的程序相冲突，建议禁用此功能，以避免在录制时出现意外停止或暂停的情况。

录制屏幕捕获的方法如下：

a．选择以下其中一个选项。

- 全屏幕——可捕获整个屏幕。当启动“屏幕捕获”工具栏时，将默认启用此选项。
- 自定义——允许指定要捕获的区域，捕获区域的尺寸也会随之显示。还可以通过从“应用程序”列表中选择一个选项来指定要捕获的应用程序窗口。

b．单击“设置”下拉按钮，可访问更多选项。要包含画外音和系统音频，则必须在开始录制之前先启用和配置各自的设置。

c．单击“开始/恢复录制”按钮，开始屏幕捕获。指定捕获区域内的所有活动都将被录制，倒计时结束后开始屏幕捕获。

d．单击“停止录制”按钮，结束屏幕捕获。

屏幕捕获可添加到素材库和指定的自定义文件夹中，也可以导入会声会影时间轴中。捕获区域框将随“屏幕捕获”工具栏自动显示。

2）编辑。

会声会影的“编辑”界面如图 4-130 所示。

图 4-130　编辑窗口界面

“编辑”步骤是会声会影的核心，在“编辑”步骤的“时间轴”面板，可以对影片、图片进行裁剪、位置调整、时间控制，以及添加转场、滤镜效果等编辑操作。

① 预览窗口和导览面板（图 4-131）。导览面板提供一些用于回放和精确修整素材的按钮。使用导览控制可以移动所选素材或项目，使用“修整标记”和“擦洗器”可以编辑素材。在“捕获”步骤中，其也可用作 DV 或 HDV 摄像机的设备控制。

预览窗口和导览面板介绍如下：

图 4-131　预览窗口和导览面板

1——预览窗口，显示当前项目或播放的素材；

2——滑轨，可以在项目或素材之间拖动；

3——修整标记，可以拖动设置项目的预览范围或修整素材；

4——项目 / 素材模式，指定预览整个项目或只预览所选素材；

5——播放，播放、暂停或恢复当前项目或所选素材；

6——起始，返回起始片段或提示；

7——上一帧，移动到上一帧；

8——下一帧，移动到下一帧；

9——结束，移动到结束片段或提示；

10——重复，循环回放；

11——系统音量，可以通过移动滑块，调整计算机扬声器的音量；

12——时间码，通过指定确切的时间码，可以直接跳到项目或所选素材的某个部分；

13——放大预览窗口，增大“预览窗口”的大小；

14——分割素材，按照飞梭栏的位置分割所选素材，将滑轨移至想要分割素材的位置，然后单击此按钮；

15——开始标记 / 结束标记，在项目中设置预览范围或设置素材修整的开始和结束点。

② 素材库。素材库中存储了制作影片所需的全部内容，包括视频素材、照片、即时项目模板、转场、标题、滤镜、色彩素材和音频文件。

在素材库中右击一个素材，在弹出的快捷菜单中选择“属性”命令，弹出“属性”对话框，可查看该素材的属性，同时还可复制、删除或按场景分割素材；也可以使用“修整标记”修整素材库中的素材。按住 Ctrl 或 Shift 键可选择多个素材。

③ 项目时间轴。项目时间轴显示当前编辑项目中包括的所有素材、标题和效果。项目时间轴中有两种视图显示类型，即“故事板视图”和“时间轴视图”。单击两个视图的按钮，可以在两种视图之间切换。

- 故事板视图。整理项目中的照片和视频素材最快和最简单的方法是使用“故事板视图”（图 4-132）。“故事板视图”中的每个缩略图都代表一张照片、一个视频素材或一个转场。缩略图是按其在项目中的位置显示的，可以拖动缩略图重新进行排列。每个素材的区间都显示在各缩略图的底部。此外，可以在视频素材之间插入转场，以及在预览窗口修整所选的视频素材。

图 4-132　故事板视图

- 时间轴视图。“时间轴视图”（图 4-133）为影片项目中的元素提供最全面的显示。其按视频、覆叠、标题、声音和音乐将项目分成不同的轨。图 4-134 所示为 HTML5 模式下的时间轴视图。

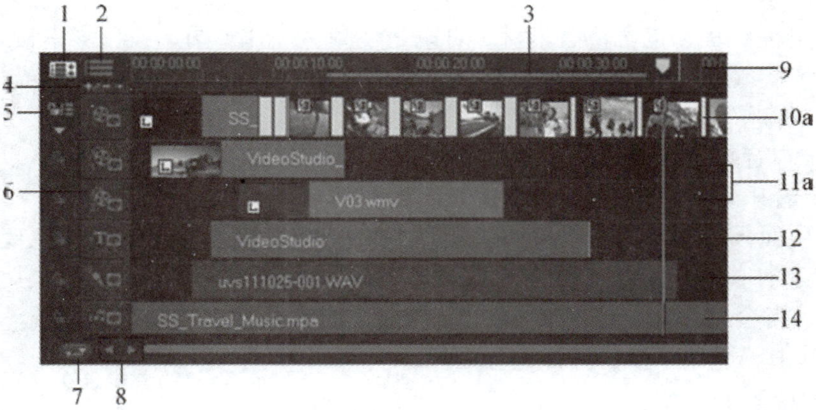

图 4-133　时间轴视图

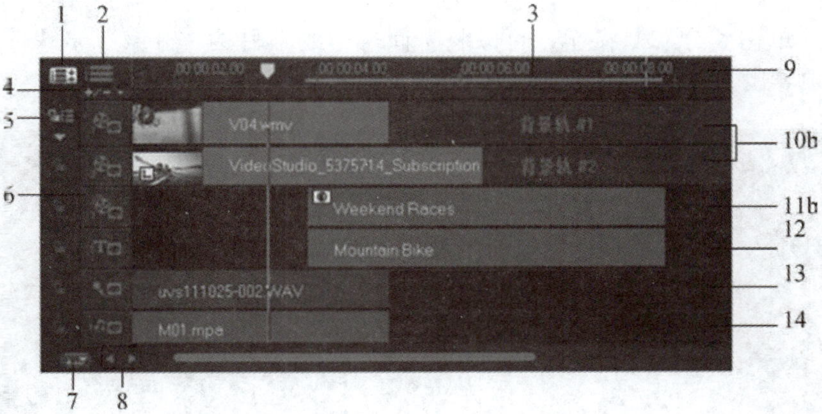

图 4-134　HTML5 模式下的时间轴视图

时间轴视图与 HTML5 模式下的时间轴视图介绍如下：

1——显示全部可视化轨道，显示项目中的所有轨道；

2——轨道管理器，可以管理“项目时间轴”中可见的轨道；

3——所选范围，显示代表项目的修整或所选部分的色彩栏；

4——添加 / 删除章节，可以在影片中设置章节或提示点；

5——启用 / 禁用连续编辑，当插入素材时，锁定或解除锁定任何移动的轨；

6——轨按钮，可以选择不同的轨；

7——自动滚动时间轴，预览的素材超出当前视图时，启用或禁用项目时间轴的滚动；

8——滚动控制，可以通过使用“向滚动”和“向前滚动”按钮或拖动滚动栏在项目中移动；

9——时间轴标尺，通过“时 : 分 : 秒 : 帧”的形式显示项目的时间码增量，帮助用户确定素材和项目长度；

10a——视频轨，包含视频、照片、色彩素材和转场；

10b——背景轨（HTML5 模式），包含创建 HTML5 项目的视频、照片、色彩素材和转场；

11a——覆叠轨，包含覆叠素材，可以是视频、照片、图形或色彩素材；

11b——覆叠轨（HTML5 模式），包含覆叠素材，可以是照片、图形或色彩素材；

12——标题轨，包含标题素材；

13——声音轨，包含画外音素材；

14——音乐轨，包含音频文件中的音乐素材。

④ 选项面板。选项面板会随程序的模式和正在执行的步骤或轨发生变化。选项面板可能包含一个或两个选项卡，每个选项卡中的控制和选项都不同，具体取决于所选素材。当会声会影显示“编辑”步骤界面时，素材库会显示视频素材缩略图。可以通过单击“选项”按钮打开选项面板。

3）分享。

“分享”步骤是指在影片编辑完成之后的导出过程。“分享”步骤选项面板包含“创建视频文件”、“创建光盘”、“上传到网站”等多个选项，如图 4-135 所示。将影片制作完成后，单击“分享”按钮，可以将时间轴中的项目按“分享”步骤选项面板中的所列选项导出。

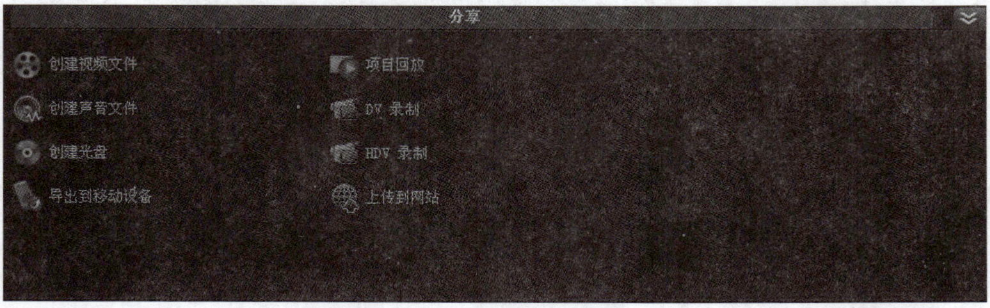

图 4-135 “分享”步骤选项面板

（2）编辑视频。

1）在时间轴上修整、剪裁、装配素材。

从素材库中选择需要编辑的视频素材，将其逐一拖放到时间轴面板的视频轨上，根据需要按照从左到右的顺序装配影片。如果不需要素材中的某些画面，可以在导览面板中，利用功能按钮修整、剪裁素材。可以利用“上一帧”、“下一帧”按钮更精细地设置剪辑点，也可以双击素材库中的视频素材或右击视频素材，在弹出的快捷菜单中选择“单素材修整”命令，弹出“单素材修整”对话框，在该对话框中对其进行精细修整。利用“开始标记”、“结束标记”按钮可以剪裁素材，利用“按照飞梭栏的位置分割素材”按钮可以分割素材，按 Delete 键可删除分割后的素材。调整素材时，还可以利用鼠标将素材直接拖动到要调整的位置。

2）添加转场效果。

转场效果是指从一个场景切换到另一个场景时画面的过渡效果。单击素材库选项面板中的“转场”按钮，在弹出的“收藏夹”工具栏中选择“全部”选项，可预览全部的转场效果；也可以按照分类预览不同类别的转场效果，如图 4-136 所示。

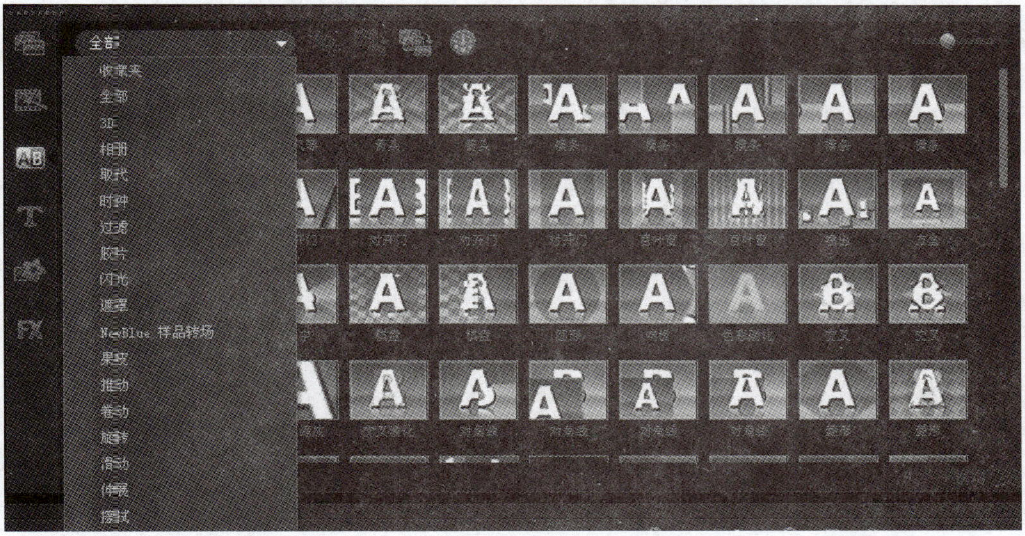

图 4-136　转场效果选项

选择一个效果并将其拖放到时间轴上两个视频素材之间，即为两个素材添加了过渡效果。双击添加在时间轴上的转场效果，或右击时间轴上的转场效果，在弹出的快捷菜单中选择“打开选项面板”命令，在弹出的选项面板中会显示该转场效果的某些属性，如图 4-137 所示。调整属性设置，可以进一步修饰转场效果。

3）处理音频。

声音是视频作品获得成功的元素之一。会声会影允许用户为项目添加音乐、画外音和声音效果。

会声会影中的音频功能由四个轨组成，可将画外音插入声音轨，将背景音乐或声音效果插入音乐轨。

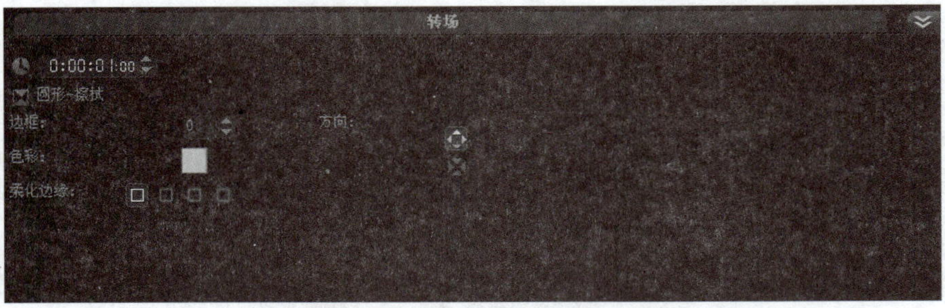

图 4-137 “转场”属性面板

① 添加音频文件。可以用以下任何一种方法将音频文件添加到项目中。

a．将音频文件从本地或网络驱动器添加到素材库。单击“导入媒体文件”按钮，弹出“浏览媒体文件”对话框，查找计算机上的音频文件。

b．转存 CD 音频。

c．录制画外音素材。

d．使用自动音乐。

另外，可以从视频文件中提取音频。

② 添加画外音。使用画外音可以帮助学生理解教学影片中所发生的事情。会声会影允许录制自己的画外音。在会声会影中录制旁白，与利用 Windows 录音机、GoldWave 软件录音前的准备相同，首先将麦克风插入计算机声卡的“麦克风”接口，然后在“录音控制”窗口选中“麦克风音量”复选框。完成以上操作后，添加画外音，步骤如下：

a．将“滑轨”移动到视频部分中要插入画外音的位置，单击时间轴上的“启用声音轨”按钮。

b．在时间轴视图中单击“录制 / 捕获选项”按钮，在弹出的“录制 / 捕获选项”对话框中单击“画外音”按钮，弹出“调整音量”对话框。不能在现有素材上录音，选择素材后，录音将被禁用。单击时间轴上的空白区域，确保未选择任何素材。

c．对准麦克风讲话，检查仪表是否有反应。可使用 Windows 混音器调整麦克风的音量级别。

d．单击“开始”按钮并开始对准麦克风讲话。

e．按 Esc 或 Space 键结束录音。

录制画外音的最佳时间是 10 ～ 15 秒，这样便于删除录制效果较差的画外音并重新进行录制。删除画外音素材时，只需在时间轴上选取此素材并按 Delete 键。

③ 添加背景音乐。会声会影可以将 CD 上的声轨录制并转换为 WAV 文件，然后将其插入到“时间轴”。会声会影还支持 WMA、AVI 及其他可直接插入“音乐轨”中的流行音频文件格式。

4）制作标题字幕。

字幕是指影片开场和结束时的文字说明。会声会影允许用多文字框和单文字框添加文字。使用多文字框能灵活地将文字放置在视频帧的任何位置，并允许安排文字的叠加顺序。在为项目创建开场标题和结尾鸣谢名单时，单文字框非常适用。

制作标题字幕的方法如下：

① 直接在预览窗口添加多个标题。在素材库面板中单击“标题”按钮，打开选项面板，在“编辑”选项卡中选择多个标题。使用导览面板中的按钮可以扫描影片，并选择要添加标题的帧，双击预览窗口并输入文字，如图 4-138 所示。（标题素材可以放到“标题轨”或“视频轨”上）

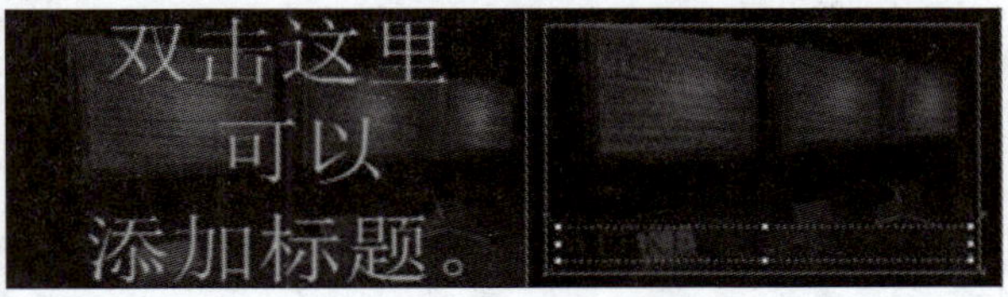

图 4-138　标题预览窗口

输入完成后，在文本框外部单击。如果要添加其他文字，在预览窗口中再次双击。

② 为项目添加预设标题。在素材库面板中单击标题，将预设文字拖放到“标题轨”，可以在预览窗口双击预设标题对其进行修改。打开选项面板，在“编辑”选项卡中可以编辑标题属性，还可以进一步修饰标题，也可以保存标题文件；在“属性”选项卡中，可以设置文字动画和添加滤镜效果。

思考与练习

1．利用 Photoshop 软件制作个性化的课件背景。
2．利用 GoldWave 软件录制一首儿歌。
3．利用已制作的课件背景和儿歌，制作一个动画。
4．利用会声会影制作一首视频动画儿歌。

第5章 Chapter 5

多媒体课件制作

教学要点

熟练使用 PPT 制作多媒体课件

教学目标

了解多媒体课件
掌握多媒体课件制作的结构和基本原则
会对多媒体课件进行综合分析和评价

5.1 多媒体课件概述

5.1.1 多媒体课件的概念

课件是教师或程序设计人员根据教学要求，用某种计算机语言或课件制作系统编制的教学应用软件。课件反映了教学内容、教学目标、教学策略和教学经验。

多媒体课件是以现代教学思想为指导，以计算机、多媒体和通信技术为支撑，具备一定的教学功能，以学生为中心的多媒体计算机辅助教学软件。

多媒体课件由文本、图形、动画、声音、视频等多种媒体组成，为学生提供多种感官的综合刺激，教师通过多媒体课件可以非常形象直观地讲述很难描述的课程内容，提高了学生学习的兴趣和积极性。

在中小学教学中，多媒体课件对课堂教学内容的补充、深化具有明显的作用。在多媒体课件的支持下，教师的教学手段更加丰富，教学形式更加灵活，学生的学习方式更加自主，获取知识的途径也更加广阔。

5.1.2 常见的多媒体课件类型

在多媒体教学已经普及的今天，广大教师、学生、商家开发了大量的多媒体课件，从不同的角度分类有不同的类型。

1. 课堂演示型

一般来说，课堂演示型的多媒体课件是为了解决某一学科的教学重点与难点而开发的，注重对学生的启发、提示，反映问题解决的全过程。该类型课件主要用于在课堂教学中呈现教学内容（如提纲、重点、难点、数据图表等）和演示抽象、复杂、难以用语言表达清楚的知识（如变化过程、宏观或微观现象、历史或未来现象、操作过程等）。这种课件通常由学科教师设计开发，在多媒体教室通过投影屏幕展示给学生，课件比较直观，文字清晰，尺寸比例大，是最常见的课件类型。

2. 课堂学生自主学习型

自主学习型课件也称为“个别指导型课件”，这种类型的课件强调个别化教学，具有完整的知识结构，能反映一定的教学过程和教学策略，提供相应的形成性练习供学生学习评价，并设计友好的界面让学习者进行人机交互活动。

课堂学生自主学习是在课堂教学中，在多媒体网络教室的环境下，教师向学生提出学习要求，学生利用学生工作站进行个别化学习。在学生进行自主学习时，教师可对学生进行监控或个别指导。目前，在课堂多媒体教学中，集中演示教学模式和学生自主学习模式常结合在一起使用。

3. 专业技能训练型

专业技能训练型的多媒体课件主要通过问题的形式来训练和强化学生某方面的

知识和技能，或在学科多媒体专用教室的环境下，利用专门的教学功能进行专业技能的示范和训练，或进行特殊情境的仿真及实验数据的分析处理等。

4. 课外学生检索阅读型

课外学生检索阅读型的多媒体课件是学生在课余时间，在多媒体电子阅览环境下，进行资料的检索或浏览，以获取信息，扩大知识面。这种类型的课件包括各种电子工具书、电子字典及各类图形库、动画库、声音库等，只提供某种教学功能或某类教学资料，并不反映具体的教学过程。

5. 教学游戏型

教学游戏型的多媒体课件与一般的游戏软件不同，其是基于学科的知识内容，寓教于乐，通过游戏的形式引发学生的学习兴趣，使学生掌握学科知识并提高学习能力，是一种非常有前景的多媒体课件。当前，这类课件与教学内容结合层次较浅，主要与练习结合，增加练习的趣味性，国内许多的游戏网站、中小学网站、科普网站等都有学习类的小游戏。

6. 模拟型

模拟型的多媒体课件借助于计算机仿真技术，模拟某种真实的情境，提供可更改参数的指标项，当学生输入不同的参数时，及时给出相应的实验结果供学生模拟实验或探究学习，该类型课件在具有操作性实验的学科中应用较为广泛。

5.1.3 多媒体课件的结构

从总体上看，多媒体课件很像一本书或一部交互性的电影，其是由一页页或一幅幅的画面组成的，称之为一帧一帧的页面。多媒体课件的基本结构包括封面、说明页、目录页、内容页、封底几部分。

(1) 封面：运行课件时出现的第一幅页面，其内容包括教学软件的类型、主题、作者及联系信息、版权信息，以及退出软件和继续运行软件的途径。

(2) 说明页：为首次使用课件的学习者说明课件的功能及使用方法。

(3) 目录页：供学习者选择学习内容。

(4) 内容页：课件的主要框面部分，呈现教学内容。

(5) 封底：制作课件的人员名单页面。

5.1.4 多媒体课件设计的基本原则

多媒体课件是一种特殊的计算机软件，是学科知识等教育内容的载体，在设计过程中，要遵循教育性、科学性、技术性、艺术性原则。

1. 教育性原则

首先要充分体现教学规律。多媒体课件对促进学生对某门学科基础知识的掌握，发展学生的能力，培养学生的思想品德，促进学生的全面发展具有良好作用。因此，要明确教学目的，围绕教学中的重点、难点或关键性的问题来设题立意，同时要符合学生的认知心理和智力发展水平，选择合适的课件类型、表现形式和呈现方式，使课件的学习以学生为中心。

2．科学性原则

教学过程不仅应向学生传授科学知识，还应注重培养学生科学的方法。而在传授科学知识的过程中，也无时不体现出方法的重要性。在多媒体课件的设计中，应根据不同学科的具体情况，准确地阐述科学知识，并将科学的方法渗透始终。

3．技术性原则

技术上的因素对多媒体课件设计水平的高低很重要。要在课件的视觉表现、听觉表现、运行环境、操作界面等方面充分考虑其技术性要求，即要求画面清晰稳定，构图均衡合理，色彩清新明快，播放流畅；解说清晰准确，音响恰当逼真，配乐紧扣主题，声音组合协调；运行可靠，适应性强；易于操作，可控性好，界面合理。

4．艺术性原则

在精心设计的多媒体课件中，将抽象的科学概念、原理等知识，通过运用艺术手段转化为图文并茂、妙趣横生的教学内容，其中要求无论画面构图的主体对象是什么，其准确、规范、鲜明、真实性是第一位的，还要做到画面艺术形象、协调、完整，主题突出。根据教学意境，应用不同色调表现不同的主题和内容，塑造不同的形象。在多媒体课件中，还应充分发挥音乐和解说的魅力，增加画面形象的表现力和真实感，使学生在注意力高度集中的情况下认识客观事物的内在规律，获得更多的知识。

5.1.5 多媒体课件的制作过程

多媒体课件是一种计算机软件，其开发的具体过程及其组织应按照软件工程的思想和方法进行。由于多媒体课件面向教学，且具有数据量大、交互性强的特点，因此决定了多媒体课件的制作有其独特的方法。多媒体课件的制作过程包括分析、设计、制作和测试评价四个阶段。

1．分析

分析阶段通常包括对课件的需求分析、内容分析、使用对象分析等几项任务。需求分析就是指分析课件是否符合学生学习的需求，即分析课件开发的必要性；内容分析主要解决“教什么”、“怎么教”的问题，前者主要确定教学的范围和深度，后者则确定教学中所采用的策略；使用对象分析即分析学习者在从事新的学习或练习时，其原有知识水平或原有的心理发展水平对新知识学习的适应性。

2．设计

设计阶段是课件开发过程中最能体现教师教学经验和教师个性的阶段，也是教学思想最直接、最具体的表现。该阶段的主要任务包括详细分析教学内容、划分教学单元、确定课件制作的具体计划。分析教学内容指的是根据教学目标，具体划分出教学内容的范围，揭示教学内容各部分之间的联系。划分教学单元的依据是课程标准，划分前应当仔细地分析教材和参考书，将教学目标逐步演化成一系列的教学单元，并根据教学内容的难易程度和知识体系情况，选择控制教学单元前进的策略，即确定课件的结构方式。一般来说，在一个教学单元中主要讲授一个新概念或一个知识点，然后取得学生的回答信息，并对回答作出反馈。确定课件制作的具体计划是具体确定要传授的教学内容，详细规定呈现教学内容的信息形式、向学生提出的问题及对学生回答问题的各种可能答案作出预计并准备相应的反馈信息等。

3. 制作

课件的制作合成是一项复杂、繁琐的系统工程。首先要选择合理的多媒体制作工具，如 Phctoshop、Flash 等，根据脚本制作出所需要的素材；然后选择课件的集成工具，如 PowerPoint、Flash 等，根据脚本制作出交互性强、使用方便、视图美观的多媒体课件。

4. 测试评价

测试评价是课件制作过程中的一个重要阶段。该项工作实际上应存在于课件制作的环境分析、教学设计、程序编写等每一个阶段之中。在课件正式使用之前，还应进行较为全面的评价，检验课件是否达到预期的效果，在教学中能否发挥应有的作用，是否存在需要补充、修改和完备的地方。

5.2　多媒体课件的制作

5.2.1　利用 PowerPoint 制作多媒体课件

1. PowerPoint 的基本结构

PowerPoint（PPT）课件的基本结构由封面、目录页、节标题、内容页、封底组成。在制作 PPT 课件时，应根据课件的结构，正确选择幻灯片的版式。

2. 多媒体课件的界面设计

在多媒体演示文稿教学过程中，真正的主角是人（教师），而不是文稿本身。使用演示文稿的目的并不是代替教师讲课，而是列出授课内容目录和辅助内容材料，使教学内容形象化，更容易被学生理解和接受。为了设计出效果较好的演示文稿，应遵循以下几个基本原则：

(1)风格统一。风格统一是指要求演示文稿的所有幻灯片的背景、标题大小、颜色、版面空间分配等尽量保持一致。这样可使作品整体感强，便于阅读。

(2) 内容简洁。内容简洁是指幻灯片的每页只保留必要的内容，以提纲形式出现；只强调一个要点，做到要点强化、文字简练、重点突出的效果。

(3) 制作规范。制作规范是指对文字处理、页面设置等方面进行合理搭配。

1）文字处理。

文字是 PPT 课件的灵魂，其帮助人们传达信息。文字内容要做到“一目了然”，这是 PPT 课件制作的第一条原则，要求把文字内容中的要点提炼出来，并用大号字呈现，不能将文字全部罗列在幻灯片上。

为了使 PPT 课件的文字具有良好的可阅读性，在选择字体时，应避免使用“华文行楷”等装饰性字体，因为装饰性字体显得线条复杂，可辨认性较差，不利于信息传达。建议 PPT 课件的标题字体采用“黑体”44 号或更大字号,正文字体采用“宋体”。这两种字体美观大方，清晰可读。另外，由于“宋体”文字的处理笔画较细，将其通过投影演示时有些发白，因此使用“宋体”时最好要“加粗”。行间距应根据字体的大小进行设置，过窄或过宽都会影响阅读速度。

2）页面设置。

幻灯片的作用是辅助教师，不能代替教师，因此每一页上不应该放置太多的信息。每页只有一个主题，页面大致留出 1/3 的空白（上下左右都要留白），标题、文字、图的四周也应留有适当的空白。文字版式要符合规范和浏览习惯，公式、上下标等必须表达准确，符合相关标准。这样的页面设置便于主题突出，版面清爽，疏密相间，不但有利于阅读，还有利于稳定视线。

（4）排版一致。排版一致是指同类型的文字或图片应使用相同的版式，设计时注意构图的合理性，使整个画面尽量做到均衡和对称，突出主题内容。

（5）配色协调。课件要求色彩融合、搭配合理。视点要明确、突出主题；前景色与背景色的对比度要大且和谐；背景要简单、柔和，文字以鲜明的颜色为主，不能喧宾夺主，如深蓝底黄色字（或白字）对比度大，效果好。

（6）图表简明。设计中遵循“用图不用表，用表不用字”的原则，要求图表中的内容与表达的内容相关，且注意图表风格的统一，尽量不要添加没有意义的装饰性图案，避免页面出现凌乱。

（7）衔接合理。各页面间的衔接设置固定在文字和按钮上，便于使用者记忆和操作，能够避免复杂的层次结构之间的转换，使课件思路清晰明了。

3．设置课件的外观

为了使课件中的多张幻灯片具有一致的风格，应为课件中的幻灯片设置统一的背景样式和文字风格。

（1）应用 PowerPoint 内置模板。在“设计”选项卡的“主题”下拉菜单中选择一个模板，应用该模板之后，所有的幻灯片就会具有统一的风格。

（2）下载 PPT 模板。如果 PowerPoint 的内置模板不能满足需要，可以上网下载由专业设计者设计的 PPT 模板。PPT 模板的扩展名为 .pot 或 .potx。如果希望在模板文件的基础上开始制作课件，可以在 PowerPoint 中打开模板文件，然后将其另存为 PPT 或 PPTX 文件。如果仅希望将模板文件中的样式应用到当前课件中，可以在“设计”选项卡的“主题”下拉菜单中选择“浏览主题”命令，在弹出的“选择主题或主题文档”对话框中选择需要应用的模板文件，然后单击“应用”按钮。

（3）制作个性化模板。为了适应教学需要，教师可以根据学生特点和教学内容，制作个性化模板。

1）在“视图”选项卡中单击“幻灯片母版”按钮，进入“幻灯片母版视图”。

2）选择“幻灯片母版”，设置所有幻灯片的外观，主要操作包括删除多余的页脚，设置背景样式，插入图片、图形、文本框等元素，调整占位符的位置，设置占位符中的“字体”属性和“段落”属性，设置占位符中文字的项目符号。

3）选择“标题幻灯片版式”，设置封底和封面幻灯片的外观。在设置背景格式时，需要将“幻灯片母版”的背景隐藏起来，方法是在“幻灯片母版”选项卡中选中“隐藏背景图形”复选框。

4）选择“节标题版式”，设置节标题幻灯片的外观。在设置背景格式时，需要将“幻灯片母版”的背景隐藏起来，方法是在“幻灯片母版”选项卡中选中“隐藏背景图形”复选框。

5）单击“关闭母版视图”按钮，返回“普通视图”。

如果想将当前课件的样式保留下来，用于以后的课件，可以将当前的课件保存为模板。方法是执行“Office 按钮”|“另存为”命令，在弹出的“另存为”对话框中设置“保存类型”为“PowerPoint 模板（*.potx）”。

5.2.2 基本编辑操作

课件具有了基本的结构和统一的风格后，就可以对课件内容进行细致加工了。

1. 文字

在课件的某一幻灯片中输入文字有三种途径：通过提供的自动版式在文字占位符中输入（图 5-1）；插入文本框后直接输入（图 5-2，图 5-3）；通过艺术字输入。

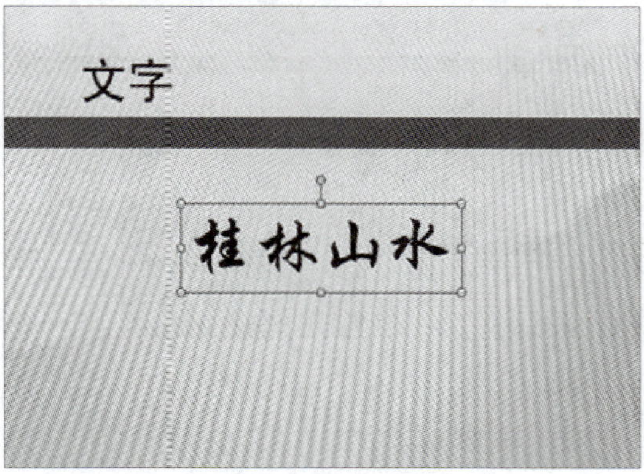

图 5-1　利用占位符输入文字

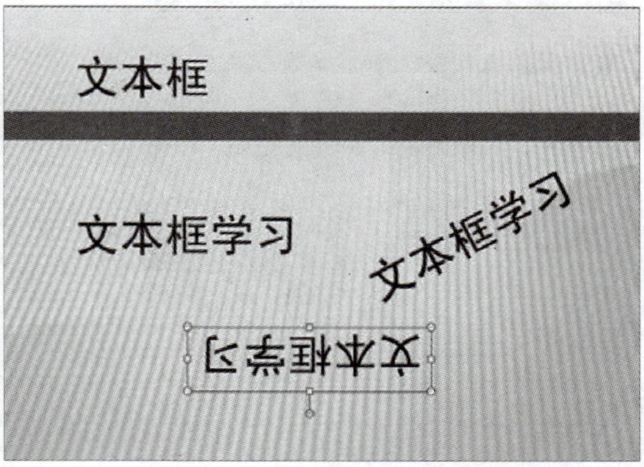

图 5-2　利用文本框输入文字

2. 艺术字

在“插入”选项卡的“艺术字”下拉菜单中选择一种艺术字，可以在幻灯片中插入艺术字；也可以在幻灯片中选择任意文本框，在“绘图工具”|“格式”选项卡的“艺术字样式”下拉菜单中选择一种预设样式，将其应用到选中的文本上，艺术字应用效果如图 5-4 所示；还可以在“格式”选项卡中进行修改。

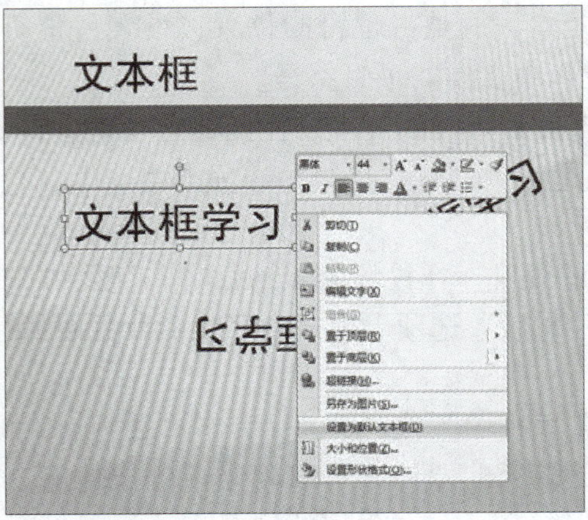

图 5-3　设置默认文本框

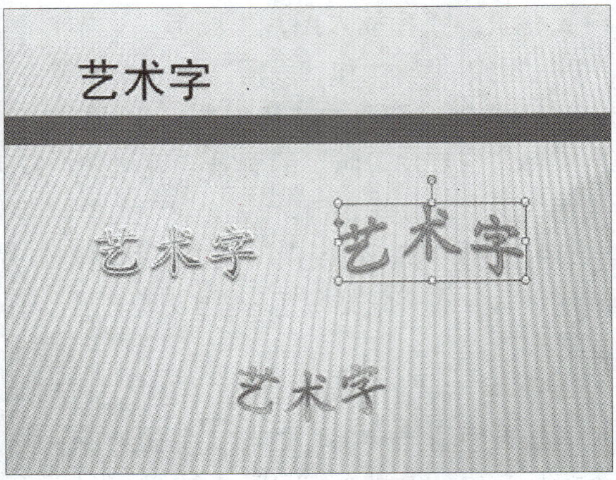

图 5-4　艺术字效果

3．图片

图片能增强课件的“视觉化”，不仅能增进学生的理解，还可以增加学生的记忆。在“插入”选项卡中单击“图片”按钮，弹出“插入图片”对话框，选择一个图片文件，单击“插入”按钮即可插入该图片。图片的使用有以下五种方式：

（1）直接使用。图片插入到幻灯片中之后，可以进行移动、调整大小、旋转等操作。选择图片，在“图片工具”|“格式”选项卡的“图片样式”下拉菜单中，为图片添加 PowerPoint 预设的“图片样式”，如图 5-5 所示。

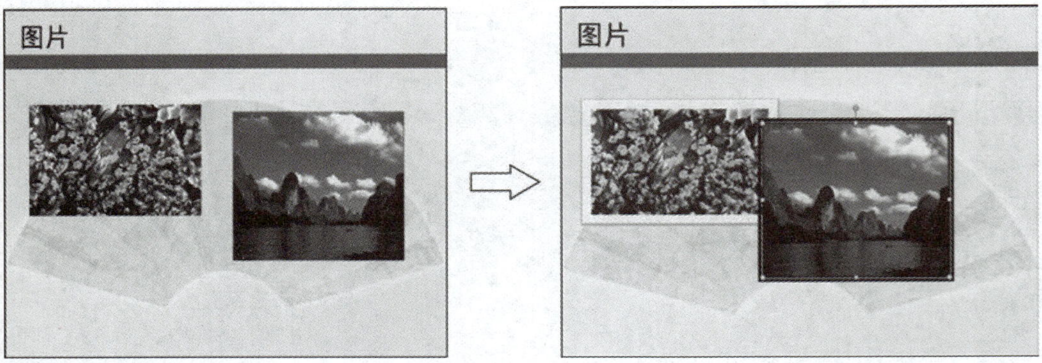

图 5-5　为图片添加预设的“图片样式”

（2）全屏使用。当全屏使用时，如果需要输入文字，可以在图片中的空白位置插入无填充色的文本框，并输入文字，如图 5-6 所示。如果图片图案复杂，直接在上面写字，可以为文本框填充半透明颜色，以突出文字。选择文本框，在“绘图工具”|“格式”选项卡中单击“形状填充”的三角按钮，在弹出的菜单中选择“其他填充颜色”命令，在弹出的“颜色”对话框中选择一种颜色，并调整“透明度”为 40%，单击“确定”按钮，即为所选中的文本框填充半透明颜色，如图 5-7 所示。

图 5-6　全屏图片+无填充色文本框

图 5-7　全屏图片+半透明文本框

（3）裁剪后使用。当图片中包含不需要的部分时，可以使用“图片工具”|“格式”选项卡中的“裁剪”工具将多余的部分裁剪掉，如图 5-8 所示；裁剪后的图片形状如图 5-9 所示。

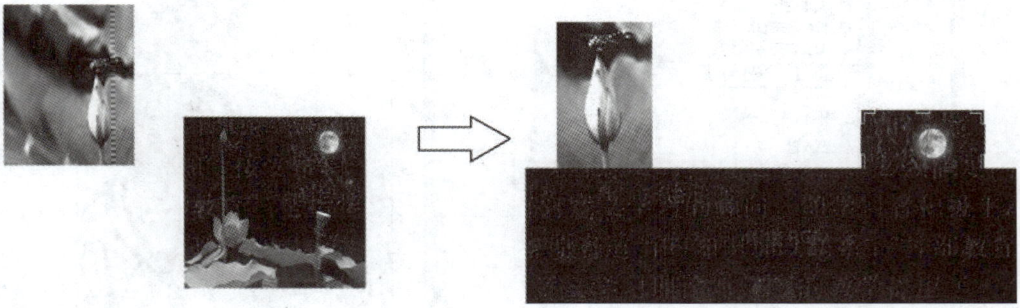
图 5-8　裁剪前后的图片

（4）删除背景后使用。当图片的背景与幻灯片不相融时，可以设置图片的背景，使用“设置透明色”工具可以将图片中的一种颜色设置为透明，适合处理背景颜色单一的图片。选择图片，在“图片工具”|“格式”选项卡中的“重新着色”下拉菜单中选择“设置透明色”命令，然后在图片的背景处单击。

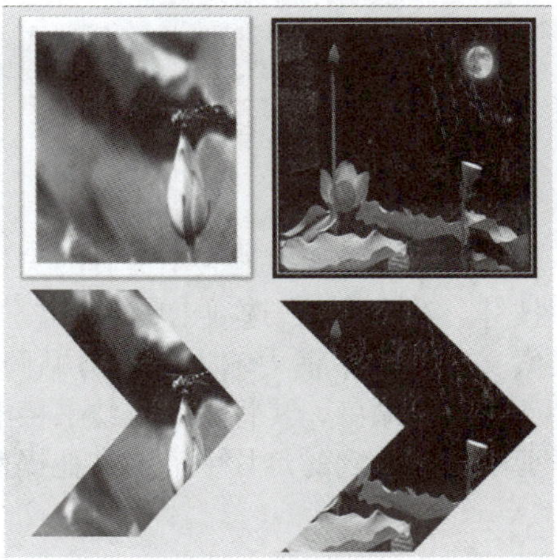
图 5-9　裁剪图片为形状

（5）作为“形状填充”使用。图片可以作为背景填充到任意形状中，如图 5-10 所示。插入一张图片，在该图片上右击，在弹出的快捷菜单中选择“设置图片格式”命令，弹出“设置图片格式”对话框。在该对话框中，选中“填充”选项卡中的“图片或纹理填充”单选按钮，如图 5-11 所示；单击“文件”按钮，弹出“插入图片”对话框，选择需要填充的图片，单击“插入”按钮；调整图片缩放比例、对齐方式和偏移量等值，将填充图片调整到令人满意的状态，如图 5-12 所示。

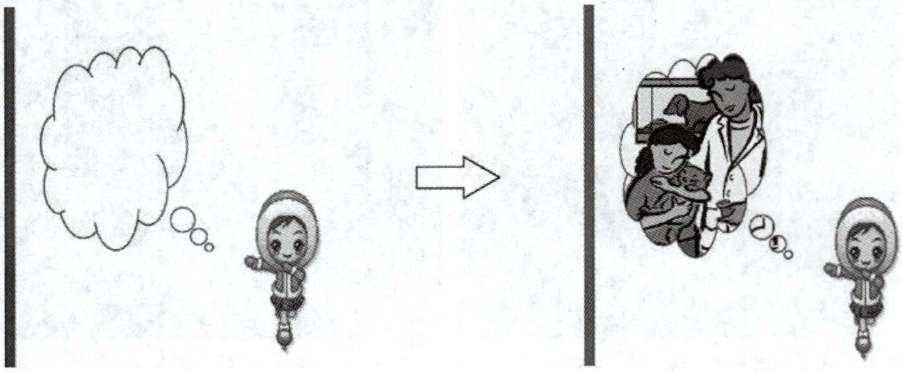

图 5-10　用图片填充形状

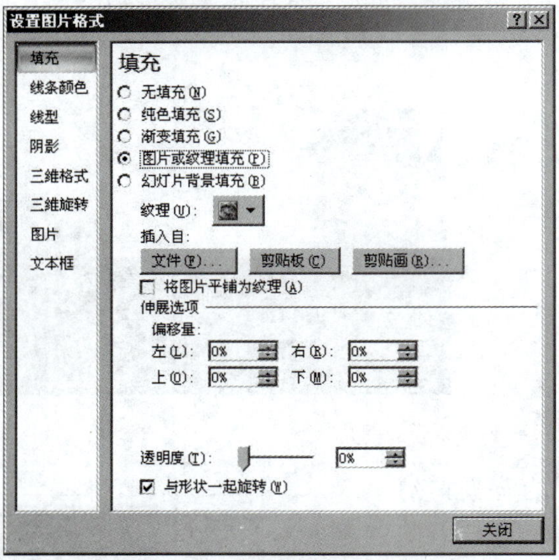

图 5-11　设置图片格式

图 5-12　调整图片

4. 剪贴画

剪贴画是无限放大不失真的矢量图片，其分类包括人物、动物、植物、建筑、科技等。在“插入”选项卡中单击“剪贴画”按钮，弹出“剪贴画”窗格，在该窗格的“搜索文字”文本框中输入所需剪贴画的描述性词语，单击“搜索”按钮，如果有符合条件的剪贴画，其将显示在结果栏中；单击搜索到的剪贴画，即将其插入到幻灯片中。剪贴画插入到幻灯片中后，其他操作同图片操作一样。

5. 形状

在“插入”选项卡中的“形状”下拉菜单中可选择需要插入的形状，可以插入“线条”“基本形状”“箭头”“流程图”“星与旗帜”“标注”等各种形状。形状插入到幻灯片中后，选择一个或多个形状，可以在“格式”选项卡中进行各种设置。

选择某形状时，该形状上显示一个“绿色圆点”和一个“黄色菱形”。其中，“绿色圆点”用于旋转形状，“黄色菱形”用于调节形状。

6. 图形、图表和表格

SmartArt 图形用于描述事物之间的逻辑关系，其将事物之间的纷繁关系用可视化、形象化的方式表达出来。

图表是用来描述数据的，其作用是将抽象化的数字以形象化的图形展示出来。在 PowerPoint 中，图表有“柱形图”、“折线图”、“饼图”等共 11 种类型，每一种类型有其特定的用途。

表格不仅仅是组织、管理数据的工具，还是传达教学信息，梳理教学内容的重要方式。表格可以使教学内容更加清晰明确。

5.2.3 设置动画

1. 进入动画

（1）文字的进入：选择多行文字，单击“动画”选项卡中的“自定义动画”按钮，弹出“自定义动画”窗格，在该窗格中执行“添加效果”|“进入”|“颜色打字机”命令，如图 5-13 所示，设置开始方式为“单击时”。

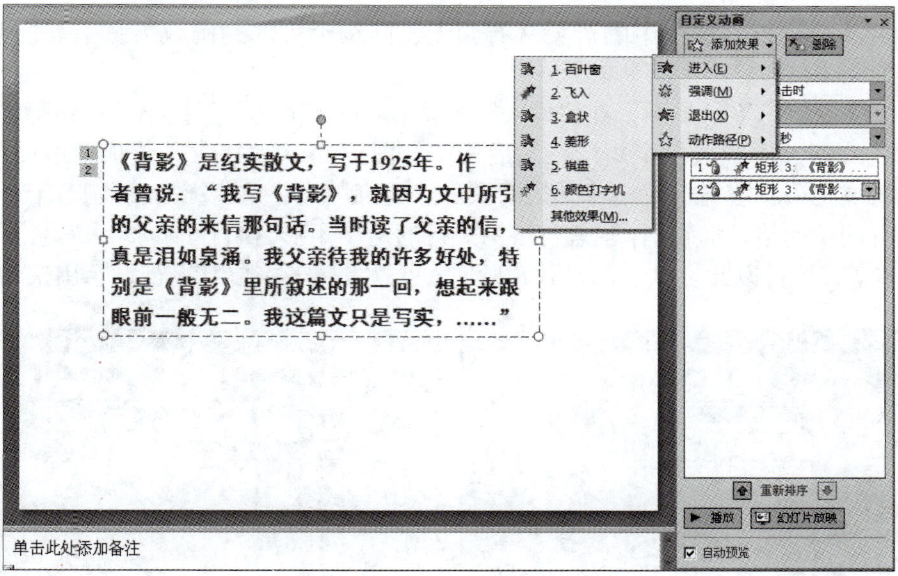

图 5-13　文字的进入动画效果

（2）图形、图片的进入：在幻灯片中插入多张图片（图形），调整好图片（图形）的大小、位置和旋转角度，同时选择这些图片（图形），在“自定义动画”窗格中执行“添加效果”|“进入”|“翻转式由远及近”命令。设置第一张图片（图形）的动画开始方式为“单击时”，如图 5-14 所示，其他图片（图形）的动画开始方式为“之前”。为了实现图片（图形）相继出现的效果，需要将第二张图片（图形）的动画延

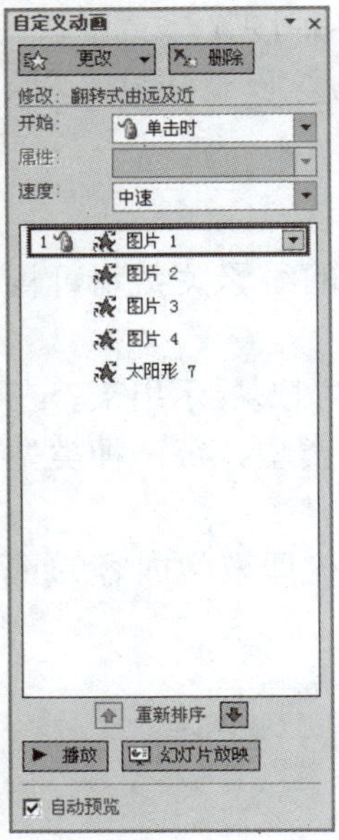

图 5-14　图片（图形）的进入动画效果

迟设置为 0.5 秒，第三张图片（图形）的动画延迟设置为 1 秒，以此类推，如图 5-15 所示。放映时，可以看到多张图片（图形）连续出现的效果。

注：在相应效果选项对话框中的“计时”选项卡中设置延迟效果。

(3) 图表的进入：选择图表，执行“添加效果”|“进入”|“擦除”命令。设置“擦除”对话框中的“方向”为“自左侧”，“组合图表”为“作为一个对象”，如图 5-16 所示。

注：“擦除”是最适合柱形图、折线图的动画效果，而“轮子”是最适合表现饼图的动画效果。

2. 强调动画

强调动画是指通过对象的大小、状态、颜色等发生变化引起观众注意的动画效果，如“放大 / 缩小”效果。选择要强调的对象，执行“添加”|“强调”|“放大 / 缩小”命令，动画持续时间改为 1 秒（速度改为“快速”）。

可以考虑将“开始”设置为“之后”、“单击时”、“之前”的不同效果，“放大 / 缩小”动画的默认效果是放大为 150%，应考虑如何放大 / 缩小，如何精确控制放大 / 缩小比例。

3. 退出动画

退出动画是指幻灯片中的对象从有到无、陆续消失的动画效果。下面说明退出动画的使用方法。

(1) 表格信息逐行显示。在“插入”选项卡中的“形状”下拉菜单中选择“矩形”命令，在幻灯片中插入一个矩形，然后在“绘图工具”|“格式”选项卡中设置矩形的“形状填充”颜色与单元格背景相同，“形状轮廓”为“无轮廓”。复制若干个矩形，覆盖所有的单元格，同时选择覆盖表格第一行的两个矩形，执行“添加”|“退出”|“消失”命令，其他行以此类推。幻灯片放映时，可以看到表格信息逐行显示出来的效果。

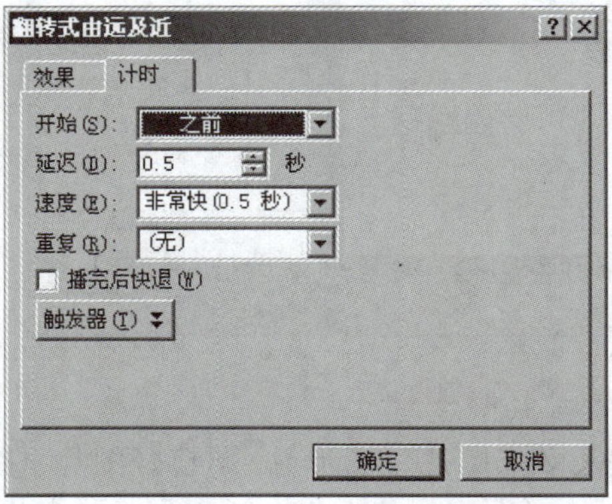

图 5-15　其他图片（图形）延迟设置效果

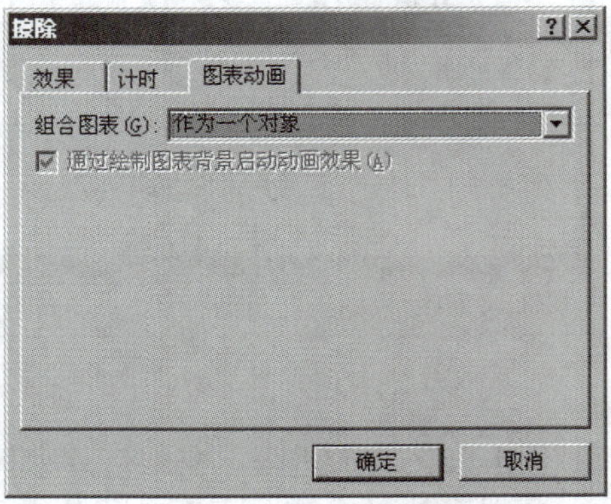

图 5-16　折线图的进入动画效果

(2) 图片展播。要实现的效果是图片进入，单击后当前图片退出，下一张图片进入。先设置一张图片“进入”“强调”和“退出”的效果，利用“动画刷”将该图片

的动画效果复制到其他图片。插入一张图片，调整其大小及位置。选择该图片，执行“添加”|“进入”|“飞入”命令，设置“方向”为“自左侧”，开始方式为“之前”，“速度”为“快速”；执行“添加”|“强调”|“放大／缩小”命令，开始方式设置为“之前”，“速度”设置为“快速”，默认尺寸放大为 150%；执行“添加”|“退出”|“飞出”命令，设置“方向”为“到右侧”，开始方式为“单击时”，“速度”为“快速”；执行“添加”|“强调”|“放大／缩小”命令，设置开始方式为“之前”，“速度”为“快速”，在“效果”选项卡中设置“尺寸”为 70%，如图 5-17 所示。四个动画设置完成后，“自定义动画”窗格显示如图 5-18 所示。

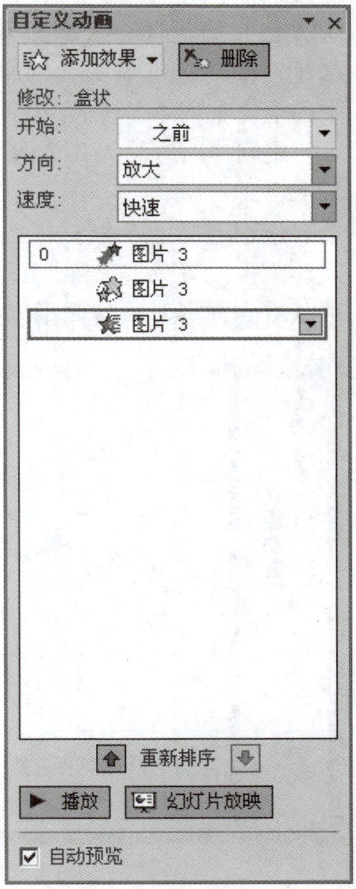

图 5-18　一张图片上的四个动画

其他图片设置同上，可以设置“进入”“强调”“退出”效果。

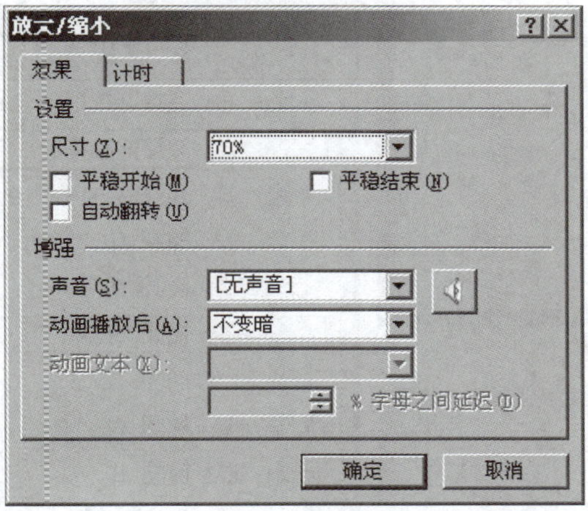

图 5-17　设置缩放“尺寸”

4. 路径动画

路径动画是指幻灯片中的对象按照指定的路径运动的动画效果。以“两圆的位置关系”为例来说明路径动画的使用方法，如图 5-19 所示。

在幻灯片中插入横竖坐标，并设置好原点 P（P'）。插入三个大小分别是 10×10、3.75×3.75、2.5×2.5（单位：厘米）的空心圆。

选择 10×10 的圆，执行“添

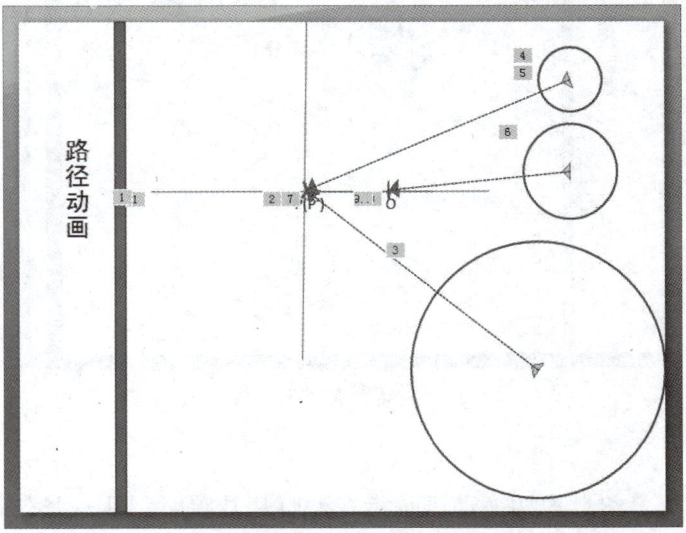

图 5-19　“两圆位置关系”路径动画

加效果”|“动作路径”|“绘制自定义路径”|“直线”命令，此时鼠标指针变成十字形，从圆心开始向轴心绘制一条直线，绿色箭头表示起点，红色箭头表示终点。选择该路径，拖动起点箭头上的空心圆，以调整运动路径的位置，使终点箭头落在坐标轴中心上，如图 5-20 所示。

用同样的方法为其他两个圆添加路径动画，并调整运动路径的终点位置，如图 5-21 所示。

分别选择两个坐标轴，执行“添加效果”|“进入”|“擦除”命令，三个圆的进入动画也设置为“擦除”，设置开始方式为“自顶部”，如图 5-22 所示。幻灯片放映时，可以看到圆形对象按照指定路径运动的效果。

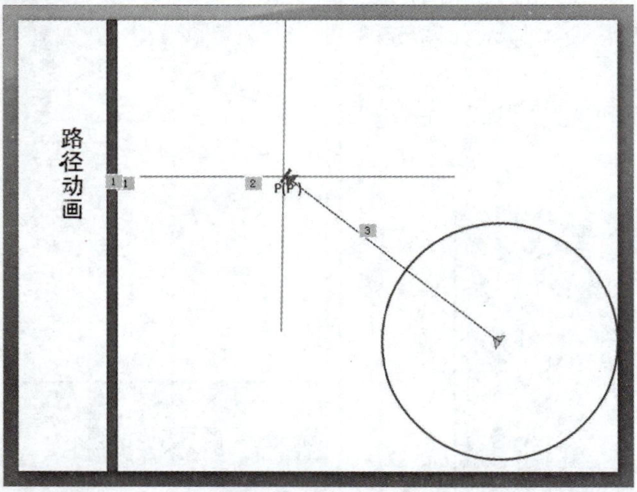

图 5-20　大圆的运动路径

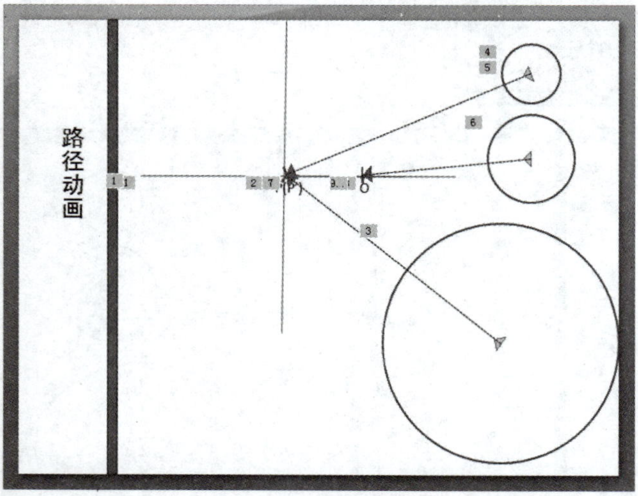

图 5-21　为其他圆添加路径动画

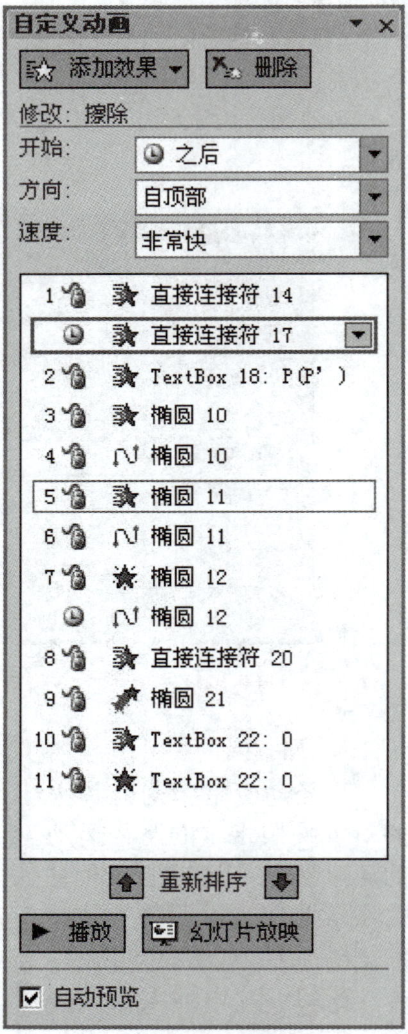

图 5-22　对象的动画设置

5. 幻灯片切换动画

幻灯片切换动画是指在幻灯片放映时，从一张幻灯片切换到下一张幻灯片时出现的动画效果。选择一张幻灯片后，可以在“动画”选项卡中设置幻灯片的切换效果，还可以设置幻灯片的切换方式，如图 5-23 所示。

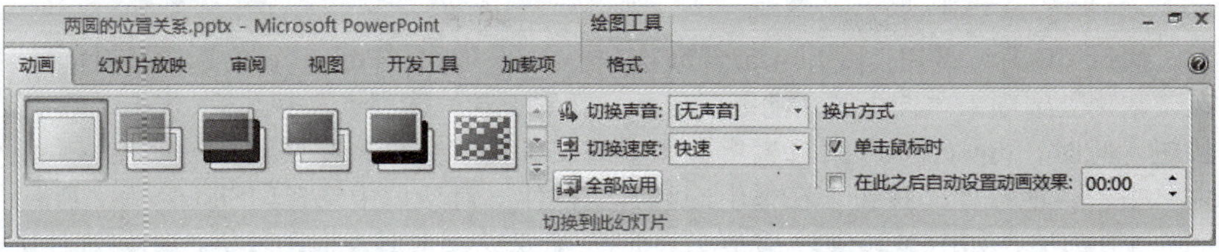

图 5-23　幻灯片切换动画

5.2.4　插入多媒体

在 PowerPoint 中，可以将音频、视频、动画等多媒体嵌入演示文稿中。这样，多媒体文件就会成为 PPT 文件的一部分，在移动 PPT 文件时不会出现多媒体文件丢失的情况。

1. 插入音频

选择要添加音频的幻灯片，在“插入”选项卡中的“声音”下拉菜单中选择“文件中的声音”命令，弹出“插入声音”对话框，找到所需的音频文件，单击“确定”按钮，即将该音频文件插入幻灯片中。音频插入完成后，在幻灯片中心位置会出现一个音频图标（小喇叭），“自定义动画”窗格中列出了插入的声音文件，工具栏中出现了“声音工具”选项卡。

幻灯片放映时，单击音频图标，音频开始播放，播放一遍后，音频自动停止。当幻灯片换页时，音频也会自动停止。

选择音频图标，在“声音工具”选项卡（图 5-24）中选中“放映时隐藏”“循环播放，直到停止”复选框，在“播放声音”下拉列表框中选择“跨幻灯片播放”选项。

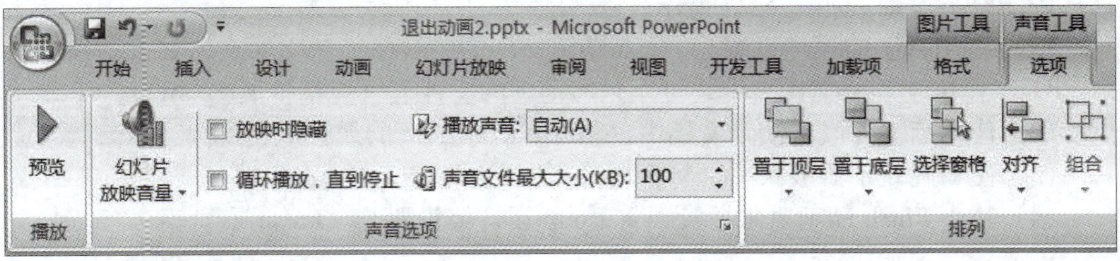

图 5-24　“声音工具”选项卡

另外，还需要通过“自定义动画”窗格中的“效果选项”设置停止播放时间，具体如图 5-25 所示。

2. 插入视频

选择要添加视频的幻灯片，在“插入”选项卡中的“影片”下拉菜单中选择“文件中的影片”命令，弹出“插入影片”对话框，找到所需的视频文件，单击“确定”

按钮，即将该视频文件插入幻灯片中。可以在“格式”选项卡中设置效果。

3．插入 Flash

执行“Office 按钮”|“PowerPoint 选项”命令,弹出“PowerPoint 选项”对话框，在“常用”选项卡中选中“在功能区显示‘开发工具’选项卡”复选框,单击“确定”按钮。此时，PowerPoint 菜单栏增加了“开发工具”菜单，在该菜单的“控件”组内单击“其他控件”按钮，在弹出的“其他控件”对话框中选择“Shockwave Flash Object”选项，如图 5-26（a）所示，此时光标变成十字形，拖动鼠标，在幻灯片中绘制出一个控件区域，如图 5-26（b）所示。

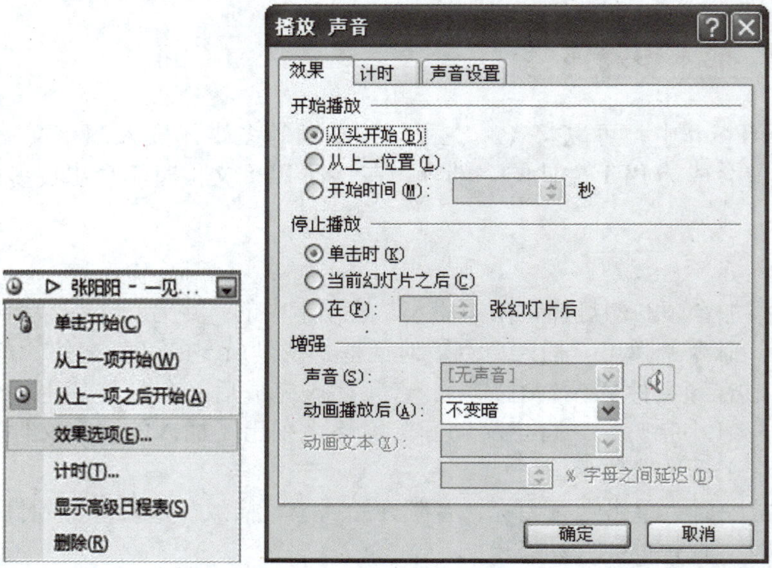

图 5-25 “效果选项”设置

右击控件区域，在弹出的快捷菜单中选择“属性”命令，在弹出的“属性”对话框中作以下设置，如图 5-27 所示。

（1）将 Movie 的属性设置为 Flash 动画文件的完整路径和文件名，如果动画与当前 PPT 文件位于同一文件夹中，可以只写动画的文件名（包括扩展名 .swf）。

（2）使动画文件嵌入演示文稿中，将 EmbedMovie 的属性值设置为“True”。

（3）使动画处于播放状态，将 Playing 的属性设置为“True”。

（4）禁止 Flash 动画重复播放，将 Loop 属性值设置为“False”。

4．插入对象

在“插入”选项卡中单击“对象”按钮，弹出“插入对象”对话框，在该对话框中有两个单选按钮：“新建”和“由文件创建”。

选中“新建”单选按钮，可以在演示文稿中插入 Word 文档、Excel 工作表、PowerPoint 演示文稿、Flash 文档、公式等对象。每一种对象对应着一个应用程序，在插入应用程序时，PowerPoint 就会启动相应的应用程序，文档创建完成后，关闭应用程序，返回 PowerPoint 界面中，由对象创建的文档会自动插入当前幻灯片中。

选中“由文件创建”单选按钮，可以将现有的文件插入到当前的演示文稿中。幻灯片放映时，单击某对象，该对象就会自动演示，演示完毕后，返回当前幻灯片。

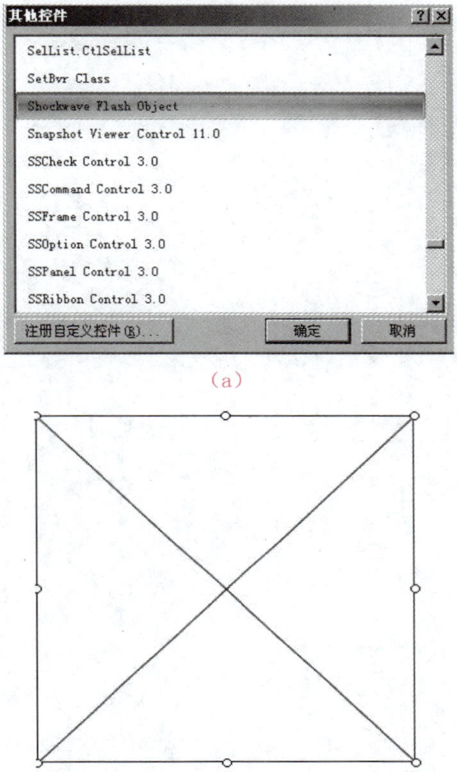

（a）

（b）

图 5-26　控件选项及控件区域

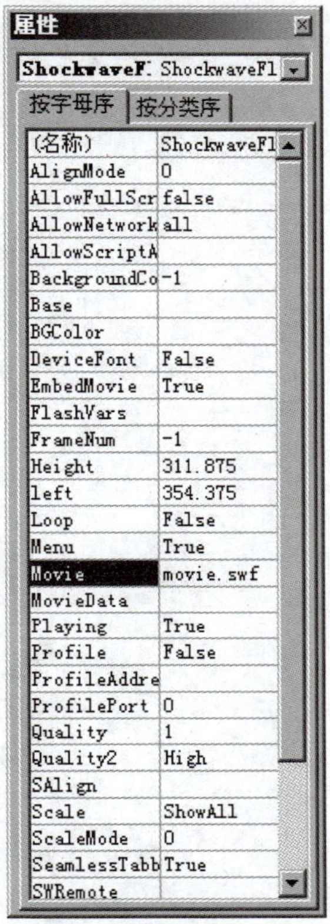

图 5-27　属性选项设置

思考与练习

1．制作一个自我介绍的演示文稿，并对演示文稿添加动画效果。

2．根据 PPT 的功能与特点，结合本专业的学科内容，制作一个教学课件，要求如下：

（1）风格统一，内容简洁，制作规范，配色协调，图表简明，衔接合理；

（2）主题明确、清晰，一目了然；

（3）适当使用“进入”“强调”“退出”等动画效果；

（4）使用多媒体元素来增强视觉效果，如表格、动画、视频等。

第6章 Chapter 6

多媒体课件设计实训

教学要点

掌握多媒体课件制作的案例分析
学会多媒体课件制作的设计过程

教学目标

了解多媒体课件的制作过程
掌握多媒体课件的制作方法

6.1 使用 PowerPoint 制作《黄山奇石》课件

1. 课件介绍

本课件是人教版小学语文第三册第二课《黄山奇石》的演示课件。《黄山奇石》这篇课文，使学生通过对黄山奇石的学习，了解黄山风景的秀丽、神奇，激发学生对祖国山河的热爱。本课件能使学生真实、生动、形象地感知课文内容，使课文内容更准确、直观，好像黄山风景真实地出现在学生眼前，使学生有身临其境的感觉。同时，本课件对帮助学生理解文章中的重点词句有重要的作用。

2. 案例分析

(1) 教学目标：正确、流利地朗读课文，背诵自己喜欢的段落。通过朗读课文，体会黄山奇石的生动有趣；通过观察图画，进一步理解课文内容，培养学生的观察能力和想象能力，激发学生对祖国大好河山的热爱之情。

(2) 教学重点：正确、流利、有感情地朗读课文。通过朗读课文，了解黄山奇石的特点。

(3) 教学难点：结合课文内容，引导学生展开想象。

(4) 课件结构设计：为了更好地突出教学重点，化解教学难点，在课件中加入黄山奇石的动画，帮助学生了解课文中提到的黄山奇石，进而激发学生的好奇心，使学生主动去了解黄山奇石。课件采用总分总的结构，用一幅幅真实的图片来说明黄山奇石的具体特征。

(5) 媒体选择：首先通过课件，展示“黄山”其中的一个画面，使学生所获得的已有知识经验和屏幕上的画面相互对照，感知这就是“黄山”。课件将文字的说明转化为图片，使学生通过观察“仙桃石”、“猴子观海”、“仙人指路”、“金鸡叫天都”这几幅图片，能够根据石头的特点，为石头命名。课件对依次出现的图片作了文字说明，这种图文并茂的呈现方式，帮助学生将课文的内容与真实的图像进行对照，进行赏析、熏陶。久而久之，学生理解和运用语言文字的能力会提高，同时思维也得到了发展。

3. 设计说明

本课件共分为七部分。第一部分是课件封面，第二部分是目录，第三部分是课文分析，第四部分是生字，第五部分是巩固练习，第六部分是作业，第七部分是结束。各部分介绍如下：

(1) 课件封面：用来显示课件的标题和作者；

(2) 目录：用来方便地进入课件的各个环节；

(3) 课文分析：利用动画吸引学生走进课文当中；

(4) 生字：使学生掌握生字的结构、读音和笔画；

(5) 巩固练习：使学生进一步掌握课文的中心；

（6）作业：对本课文重点内容进行巩固和复习；

（7）结束：通过播放图片，使学生对所学内容进行巩固。

4. 知识点

在本课件制作过程中，主要应用以下知识点：

（1）幻灯片的外观设计；

（2）图片、声音、视频、Flash 文件的插入与编辑；

（3）幻灯片的切换效果设置；

（4）幻灯片的自定义动画设置。

5. 课件效果

本课件的部分效果图如图 6-1 所示。

图 6-1　《黄山奇石》课件部分效果图

6. 制作步骤

（1）制作课件封面。

1）新建一个空白演示文稿，以“黄山奇石”为文件名保存。

2）在“设计”选项卡中的“主题”下拉菜单中选择“龙腾四海”模板，如图 6-2 所示。

图 6-2　选择“主题”模板

3）在“视图”选项卡中单击“幻灯片母版”按钮，进入“幻灯片母版视图”编辑界面，设置幻灯片的标题样式、文本样式、背景、图案等。设置结束后，单击“幻灯片母版”工具栏上的“关闭母版视图”按钮。

4）在“插入”选项卡中的“艺术字”下拉菜单中选择一种艺术字样式，在文本框中输入“黄山奇石”，在“格式”选项卡中的“艺术字样式”选项中设置“文本轮廓”、“文本填充”、“文本效果”。

5）分别拖出“黄山奇石”四个字，形成四个艺术字。选择文字，在“动画”选项卡中单击“自定义动画”按钮，弹出“自定义动画”窗格，执行“添加效果”|“进入”|“飞入”命令，“开始”设置为“单击时”，“方向”设置为“自右侧”，“速度”设置为“快速”；执行“添加效果”|“强调”|“陀螺旋”命令，“开始”设置为“之前”，“数量”设置为“360° 逆时针”，“速度”设置为“中速”；执行“添加效果”|“强调”|“放大/缩小”命令，“开始”设置为“之前”，“尺寸”设置为“150%”，“速度”设置为“中速”。

（2）制作目录。

1）执行“开始”|“幻灯片”|“新建幻灯片”|“空白”命令，新建一张空白幻灯片。

2）在“插入”选项卡中的“文本框”下拉菜单中选择“横排文本框”命令，拖动出一个文本框，在该文本框中输入目录的文字内容。

3）选择文本框，选择“开始”选项卡，在“段落”选项组中的“项目符号”下拉菜单中单击“项目符号和编号”按钮，在弹出的“项目符号和编号”对话框中单击“自定义”按钮，弹出“符号”对话框，选择“☆”，单击“确定”按钮。

4）选择文本框，在“格式”选项卡中的“艺术字样式”选项组中设置“文本轮廓”、“文本填充”、“文本效果”。

（3）制作课文分析。

1）分析一（图6-3）。

① 插入一张新幻灯片。

② 在幻灯片上方插入Flash动画的播放文件。执行“Office按钮”|“PowerPoint选项”命令，在弹出的“PowerPoint选项”对话框中选中“在功能区显示‘开发工具’选项卡”复选框，单击“确定”按钮。在“开发工具”选项卡中的“控件”选项组中单击“其他控件”按钮，在弹出的“其他控件”对话框中选择“Shockwave Flash Object”选项，单击“确定”按钮。在幻灯片中绘制一个矩形框，选择该矩形框，右击，在弹出的快捷菜单中选择“属性”命令，弹出“属性”对话框，在“movie”选项中输入“黄山奇石.swf”。

注：“黄山奇石.swf”文件必须和PowerPoint文件在同一个文件夹下，否则“黄山奇石.swf”应该是绝对路径。

图6-3　制作课文分析（一）

2）分析二（图6-4）。

① 执行“开始”|“幻灯片”|“新建幻灯片”|“空白”命令，新建一张空白幻灯片。

② 在“插入”选项卡中单击“图片”按钮，在弹出的“插入图片”对话框中选择路径“现代教育技术\素材\第6章\仙桃石.jpeg”，单击“确定”按钮。这样，“仙桃石”的图片导入到幻灯片中，可调整其大小和位置。按同样方法，导入图片“猴子观海.jpeg”、“仙人指路.jpeg”、“金鸡叫天都.jpeg”，并调整图片的大小和位置。

图6-4　制作课文分析（二）

③ 在对应的图片下方输入文字“仙桃石”、“猴子观海”、“仙人指路”、“金鸡叫天都”。

④ 动画设置。选择“仙桃石”图片，在“动画”选项卡中单击“自定义动画”按钮，弹出“自定义动画”窗格，执行“添加效果”|“进入”|“盒状”命令，“开始”

设置为“单击时”,“方向”设置为“缩小”,“速度”设置为“非常快”;选择“仙桃石”文字,执行“添加效果”|“进入”|“淡出式缩放”命令,“开始”设置为“单击时”,“速度”设置为“非常快”(其他三组图片和文字的效果制作略)。

(4)制作生字部分。

1)插入一张新幻灯片。

2)在“开发工具”选项卡中的“控件”选项组中单击“其他控件”按钮,在弹出的“其他控件”对话框中选择“Shockwave Flash Object”选项,单击“确定”按钮。在幻灯片中绘制一个矩形框,选择该矩形框,右击,在弹出的快捷菜单中选择“属性”命令,弹出“属性”对话框,在“movie”选项中输入“黄山奇石生字 .swf”。

注:“黄山奇石生字 .swf”文件必须和 PowerPoint 文件在同一个文件夹下,否则“黄山奇石生字 .swf”应该是绝对路径。

(5)制作巩固练习。

1)插入一张新幻灯片。

2)在“插入”选项卡中的“文本框”下拉菜单中选择“横排文本框”命令,绘制一个文本框,输入“我会读”和“读读写写”两段文本,并设置“进入”动画效果。

(6)制作作业部分。

1)插入一张新幻灯片。

2)绘制一个横排文本框,在幻灯片的下方输入课文最后一段,并设置“文本轮廓”、“文本填充”、“文本效果”。导入声音文件“素材 \ 第 6 章 \06.mp3”,并在“自定义动画”窗格中选择该声音文件,设置“停止播放”为“当前幻灯片之后”,单击“确定”按钮。导入七组图片文件,导入第一组,选择导入的两张图片,在“自定义动画”窗格中执行“添加效果”|“进入”|“百叶窗”命令,“开始”设置为“单击时”,“方向”设置为“水平”,“速度”设置为“中速”;在“自定义动画”窗格中选择两张图片,在“效果选项”中设置“动画播放后”为“下次单击后隐藏”,单击“确定”按钮。导入第二组,选择导入的两张图片,在“自定义动画”窗格中执行“添加效果”|“进入”|“菱形”命令,“开始”设置为“单击时”,“方向”设置为“缩小”,“速度”设置为“中速”;在“自定义动画”窗格中选择两张图片,通过“效果选项”设置“动画播放后”为“下次单击后隐藏”,单击“确定”按钮。以此类推,导入其他几组图片。作业部分效果图如图 6-5 所示。

(7)制作结束界面。

1)插入两张新幻灯片。

2)在第一张幻灯片上绘制一个横排文本框,在幻灯片的下方输入一段说明文字,并设置“文本轮廓”、“文本填充”、“文本效果”。导入几组图片文件,并设置“进入”的动画效果(与制作作业部分导入的图片相同)。

3)在第二张幻灯片中插入文本框,输入文字,并设置“文本轮廓”、“文本填充”、“文本效果”。在“自定义动画”窗格中选择文本框,执行“添加效果”|“进入”|“飞入”命令,“开始”设置为“单击时”,“方向”设置为“自底部”,“速度”设置为“非常慢”;执行“添加效果”|“强调”|“放大 / 缩小”命令,“开始”设置为“之后”,“尺寸”设置为“150%”,“速度”设置为“中速”;执行“添加效果”|“退出”|“飞出”命令,“开始”设置为“之后”,“方向”设置为“到顶部”,“速度”设置为“非常慢”。

图 6-5　作业部分效果图

7. 案例点评

《黄山奇石》是一篇说明文，本课件发挥了多媒体的巨大优势，采用了大量的实景图片，营造出身临其境的感觉，媒体提供的观察经验弥补了直接经验的不足，提高了课堂教学的生动性。本课件的设计目的明确，背景切合教学主题，界面布局合理，整体风格统一，文字、图片的呈现切合教学时机，配合得当。

6.2　使用 PowerPoint 制作《要是你在野外迷了路》课件

1. 课件介绍

《要是你在野外迷了路》选自义务教育课程标准实验教科书语文（人教版）二年级下册第三组课文。本篇课文是一首以自然科学为题材的儿童诗歌，向孩子们介绍了大自然中很多细微的、能帮助人们识别方向的自然现象。课文通过简单易懂的词句，介绍了几种在自然界中辨别方向的方法：通过正午大树影子的方向辨别南北；通过夜晚北极星的位置辨别方向；阴雨天，通过大树枝叶的稀稠辨别方向；冬天，通过沟坡积雪的多少辨别南北。

2. 案例分析

本课的学习重点分为三部分，第一部分是需要学生认读的字词，这些字词不要求学生会书写，主要从认和读两方面入手学习；第二部分是需要学生会书写的生字，需要学生记忆每个字的书写方法、字形等；第三部分要求学生通过学习课文，了解在自然界中辨别方向的几种方法，并掌握这些技能。第三部分偏重于知识的介绍，采取演示型课件的方式，分四个小部分来演示每一种辨别方向的方法。

3. 设计说明

本课件共分为七部分。第一部分是课件封面，第二部分是目录，第三部分是认读的字词，第四部分是需要会书写的生字，第五部分是课文分析，第六部分是拓展练习，第七部分是作业。各部分介绍如下：

（1）课件封面：用来显示课件标题和作者；

（2）目录：用来方便地进入课件的各个环节；

（3）认读的字词：不要求学生会书写这些字词，只认读即可；

（4）会书写的生字：要求学生记忆每个字的书写方法、字形等；

（5）课文分析：利用动画吸引学生走进课文当中，了解在自然界中辨别方向的几种方法，并掌握这些技能；

（6）拓展练习：使学生进一步掌握课文的中心，学会在野外辨别方向的方法；

（7）作业：根据课文仿写小儿歌。

4. 知识点

在课件制作过程中，主要应用以下知识点：

（1）幻灯片的外观设计；

（2）图片、声音文件、Flash 文件的插入与编辑；

（3）幻灯片的切换效果设置；

（4）幻灯片的自定义动画设置。

5. 课件效果

本课件的部分效果如图 6-6 所示。

图 6-6 《要是你在野外迷了路》课件部分效果

6. 制作步骤

（1）制作课件封面。

1）新建一个空白演示文稿，以“要是你在野外迷了路”为文件名保存。

2）在“设计”选项卡中的“主题”下拉菜单中选择“夏至”。

3）在“插入”选项卡中单击“图片”按钮，在弹出的“插入图片”对话框中选择路径“现代教育技术 \ 素材 \ 第 6 章 \ 背景 .jpeg”，单击“确定”按钮。这样，“背景”图片插入到幻灯片中，调整图片大小。在“插入”选项卡中的“文本框”下拉菜单中选择“横排文本框”命令，插入一个横排文本框，输入“义务教育课程标准实验教科书语文（人教版）二年级下册”，设置文字的大小为 20 磅，字体为仿宋体，并将文字移动到幻灯片左上部。在“插入”选项卡中的“艺术字”下拉菜单中选择“填充 - 强调文字颜色 1，内部阴影 - 强调文字颜色 1”，在文本框中输入文字“要是你在野外迷了路”，选择文字，在选项卡中执行“格式”|“文本效果”|“转换”|“正三角”命令，设置文本的效果。在幻灯片的右下方输入文字“制作者”，并设字体字号，调整位置。

4）设置文本动画效果。选择文字“要是你在野外迷了路”，在“动画”选项卡中单击“自定义动画”按钮，弹出“自定义动画”窗格，执行“添加效果”|“进入”|“淡出式缩放”命令，“开始”设置为“单击时”，“速度”设置为“中速”。

（2）制作目录。

1）执行“开始”|“幻灯片”|“新建幻灯片”|“空白”命令，新建一个空白幻灯片。在“插入”选项卡中单击“图片”按钮，弹出“插入图片”对话框，选择路径“现代教育技术 \ 素材 \ 第 6 章 \ 图 5.jpeg”，单击“确定”按钮。这样，将该图片导入到幻灯片中，调整图片大小。在“插入”选项卡中的“艺术字”下拉菜单中选择“填充 - 白色，轮廓 - 强调文字颜色 1”，输入文字“我会读”。其他文字的输入与“我会读”的输入方法相同。

2）设置文本动画效果。选择文字“我会读”，在“动画”选项卡中单击“自定义动画”按钮，弹出“自定义动画”窗格，执行“添加效果”|“进入”|“轮子”命令，“开始”设置为“单击时”，“辐射状”设置为“4”，“速度”设置为“中速”。其他文字的动画效果设置同“我会读”的设置。

（3）制作“我会读”。

为认读字词部分制作“我会读”幻灯片，效果如图 6-7 所示。

1）执行“开始”|“幻灯片”|“新建幻灯片”|“空白”命令，新建一个空白幻灯片。在“插入”选项卡中单击“图片”按钮，弹出“插入图片”对话框，选择路径“现代教育技术 \ 素材 \ 第 6 章 \ 图 6.jpeg”，单击“确定”按钮。这样，将该图片导入到幻灯片中，调整图片大小。在“插入”选项卡中的“文本框”下拉菜单中选择“横排文本框”命令，插入一个横排文本框，输入文字。

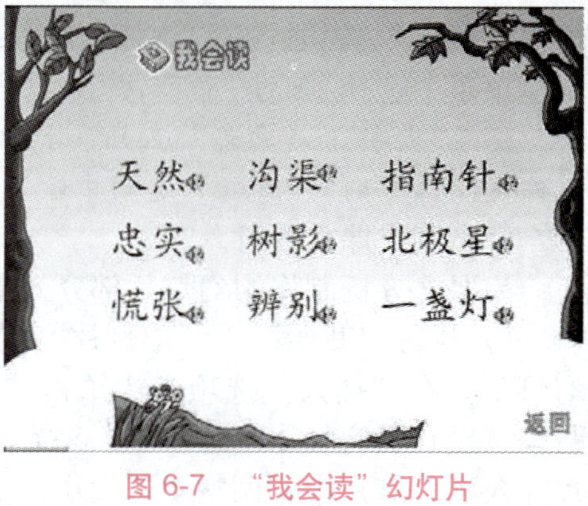

图 6-7 “我会读”幻灯片

2）设置文本动画效果。选择文字，在“动画”选项卡中单击“自定义动画”按钮，弹出“自定义动画”窗格，执行“添加效果”|“进入”|“颜色打字机”命令，“开始”设置为“单击”时，“速度”设置为“快速”。

3）插入声音文件。选择“插入”选项卡，在“媒体剪辑”选项组中的“声音”

下拉菜单中选择“文件中的声音”命令，弹出“插入声音”对话框，选择路径“现代教育技术\素材\第6章\天然.mp3”，单击“确定”按钮，弹出如图6-8所示的对话框，单击“在单击时”按钮，声音文件就导入到幻灯片中，调整声音文件图标的位置，将其拖放到相应词语的右侧。

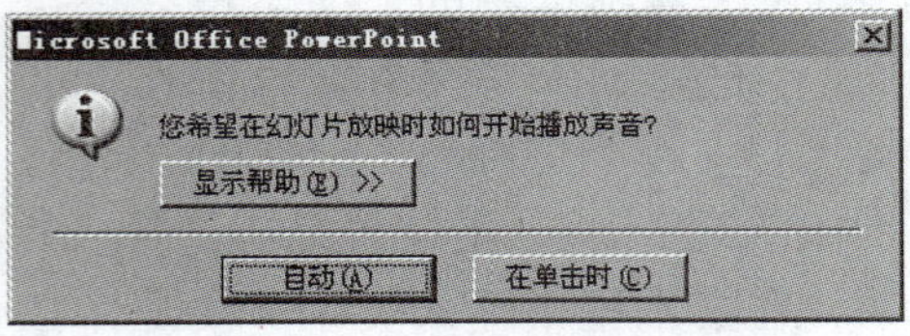

图 6-8　声音播放方式对话框

(4) 制作“我会写”。

为需要书写的生字部分制作“我会写”幻灯片，效果如图6-9所示。

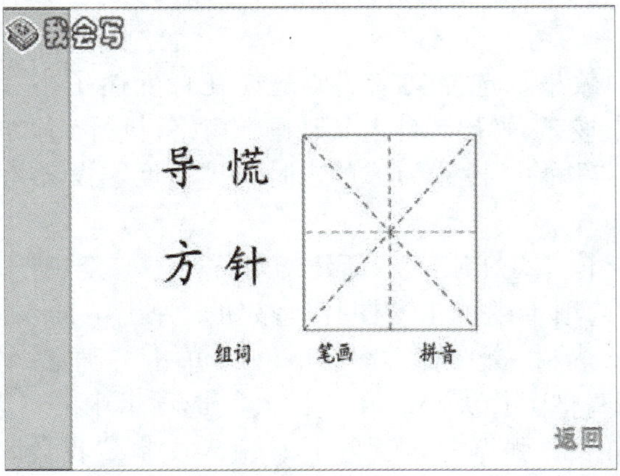

图 6-9　“我会写”幻灯片

1）执行“开始”｜“幻灯灯”|“新建幻灯片”｜“空白”命令，新建一个空白幻灯片。

2)在幻灯片中插入Flash动画的播放文件。执行“Office按钮”|“PowerPoint选项”命令，弹出“PowerPoint选项”对话框，选中“在功能区显示‘开发工具’选项卡”复选框，单击“确定”按钮。在“开发工具”选项卡中的“控件”选项组中单击“其他控件”按钮，在弹出的“其他控件”对话框中选择“Shockwave Flash Object”选项，单击“确定”按钮。在幻灯片中绘制一个矩形框，选择该矩形框，右击，在弹出的快捷菜单中选择“属性”命令，弹出“属性”对话框，在“movie”选项中输入“生字.swf”。

注：“生字.swf文件”必须和PowerPoint文件“要是你在野外迷了路”在同一个文件夹下，否则“movie”选项中输入的应该是绝对路径。

(5) 制作课文分析。

为课文分析制作的幻灯片部分效果如图6-10所示。

1）执行“开始”｜“幻灯片”|“新建幻灯片”｜“空白”命令，新建一个空白幻灯片。在“插入”选项卡中单击“图片”按钮，弹出“插入图片”对话框，选择路径“现代教育技术\素材\第6章\图2.jpeg”，单击“确定”按钮。这样，将该图片导入到幻灯片中，调整图片大小。

2）制作树木阴影。在“插入”选项卡中的“形状”下拉菜单中选择任意多边形，在大树阴影位置绘制一个阴影，选择阴影部分，在“格式”选项卡中的“形状样式”选项组中设置“形状轮廓”为“无轮廓”，设置“形状填充”为“渐变-线性向下”。

在“插入”选项卡中的“形状”下拉菜单中选择“圆角矩形”，绘制一个圆角矩形并将其选中.在“格式”选项卡中的“形状样式”选项组中设置“形状轮廓”为“黑色”。执行“形状填充”｜“渐变”｜“其他渐变”命令，弹出“设置形状格式”对话框，在“填充”选项卡中选中“渐变填充”单选按钮,并设置“渐变填充”的参数。在“插入”选项卡中的“文本框”下拉菜单中选择“横排文本框”命令，插入一个横排文本框，输入文字。将该文本框移到圆角矩形上。

图 6-10　“太阳指方向”完成效果图

3) 设置文本动画效果。选择多边形,在“动画”选项卡中单击“自定义动画”按钮，弹出“自定义动画”窗格，执行“添加效果”｜“强调”｜“忽明忽暗”命令，“开始”设置为“单击时”，“速度”设置为“快速”，如图 6-11 所示。单击“自定义动画”窗格中任意多边形右侧的下拉按钮,在弹出的下拉菜单中选择“计时”命令，弹出“忽明忽暗”对话框,在“计时”选项卡中将“重复”设置为“3”，如图 6-12 所示，单击“确定”按钮，这样就给阴影设置了“忽明忽暗”的效果。

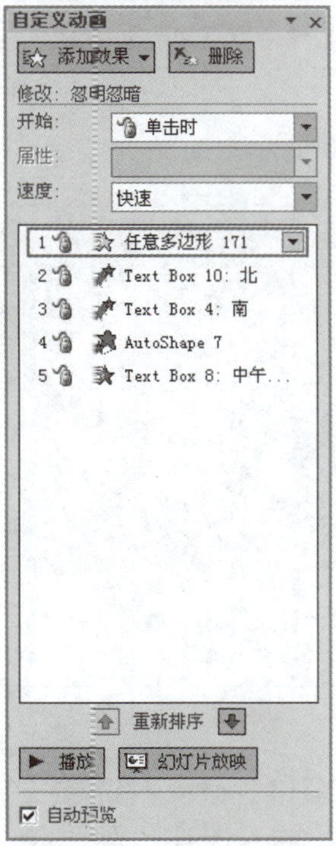

图 6-11　多边形的自定义动画设置

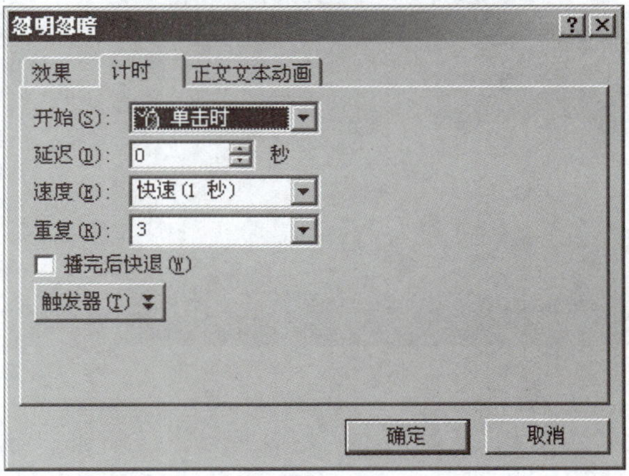

图 6-12　文本动画效果设置

选择文字“北”，执行“添加效果”｜“进入”｜“飞入”命令，“开始”设置为“单击时”，“方向”设置为“自底部”，“速度”设置为“非常快”；选择文字“南”，执行“添加效果”｜“进入”｜“飞入”命令，“开始”设置为“单击时”，“方向”设置为“自顶部”，“速度”设置为“非常快”；选择文本框，执行“添加效果”｜“进入”｜“展开”命令，“开始”设置为“单击时”，“速度”设置为“快速”；选择文本“中午的时候太阳在南边，地上的树影正指着北方。”，执行“添加效果”｜“进入”｜“百叶窗”命令，“开始”设置为“单击时”，“方向”设置为“水平”，“速度”设置为“非常快”。完成效果如图 6-13 所示。

“北极星指方向”、“树叶指方向”的幻灯片与“太阳指方向”的幻灯片制作方法类似，可以参照上述方法进行制作。图 6-14 所示为“北极星指方向”完成效果，图 6-15 所示为“树叶指方向”完成效果图。

图 6-13　设置自定义动画完成效果

图 6-14　“北极星指方向”完成效果

（6）制作拓展练习。

为拓展练习部分制作“我会练”幻灯片，效果如图 6-16 所示。

图 6-15　“树叶指方向”完成效果

图 6-16　“我会练”幻灯片

1）执行“开始”｜“幻灯片”｜“新建幻灯片”｜“空白”命令，新建一个空白幻灯片。在“插入”选项卡中单击“图片”按钮，弹出“插入图片”对话框，选择路径“现代教育技术\素材\第6章\雪.jpeg”，单击“确定”按钮。这样，将该图片导入到幻灯片中，调整图片大小。

2）在“插入”选项卡中的“文本框”下拉菜单中选择“横排文本框”命令，插入一个横排文本框，输入“山坡南坡”、“山坡北坡”、“雪化得快的一边是（ ）坡，雪化得慢的一边是（ ）坡。”、“南”、“北”几组文字，并调整文字到适当的位置。

3）选择文字“山坡南坡”，在“动画”选项卡中单击“自定义动画”按钮，弹出“自定义动画”窗格，执行“添加效果”｜“进入”｜“展开”命令，“开始”设置为“单击时”，“逗度”设置为“快速”；执行“添加效果”｜“强调”｜“忽明忽暗”命令，“开始”设置为“单击时”，“速度”设置为“非常快”。单击“自定义动画”窗格中“山坡南坡”右侧的下拉按钮，在弹出的下拉菜单中选择“计时”命令，弹出“忽明忽暗”对话框，在“计时”选项卡中将“重复”设置为“4”；选择“效果”选项卡，将“动画播放后”设置为“下次单击后隐藏”，单击“确定”按钮。这样，就为阴影设置了“忽明忽暗”的效果。“山坡北坡”的文字效果设置方法与“山坡南坡”相同。

4）选择文本“雪化得快的一边是（ ）坡，雪化得慢的一边是（ ）坡。”，执行“添加效果” “进入”｜“颜色打字机”命令，“开始”设置为“单击时”，“方向”设置为“水平”，“速度”设置为“0.08秒”。

5）选择文字“南”，执行“添加效果”｜“进入”｜“飞入”命令，“开始”设置为“单击时”，“方向”设置为“自顶部”，“速度”设置为“非常快”；选择文字“北”，执行“添加效果”｜“进入”｜“飞入”命令，“开始”设置为“单击时”，“方向”设置为“自右侧”，“速度”设置为“非常快”。

（7）制作作业部分。

在“插入”选项卡中的“文本框”下拉菜单中选择“横排文本框”命令，插入一个横排文本框，输入文字，并设置动画效果。

（8）制作各部分的链接和幻灯片的切换效果。

1）为目录幻灯片设置链接。选择目录幻灯片中的文字“我会读”，右击，在弹出的快捷菜单中选择“超链接”命令，如图6-17所示，在弹出的“插入超链接”对话框中选择“本文档中的位置”选项卡，在“请选择文档中的位置”选项组中选择想要链接的幻灯片，这里选择“3. 幻灯片3”（“我会读”部分的最后一张幻灯片），此时在右侧的“幻灯片预览”区域中可以看到所选幻灯片的具体内容，如图6-18所示，单击“确定”按钮，完成链接的设置。

2）为幻灯片设置“返回”目录幻灯片的效果。选择幻灯片3，插入文字“返回”，选择文字，右击，在弹出的快捷菜单中选择“超链接”命令，在弹出的“插入超链接”对话框中设置“本文档中的位置”为“2. 幻灯片2”（目录幻灯片），单击“确定”按钮，这样就完成了一组超级链接（其他超链接设置过程略）。

3）在“动画”选项卡中的“切换到此幻灯片”选项组中为幻灯片设置切换效果。选择一张幻灯片，并选择一种切换效果，如果该切换效果只用于本幻灯片，可以设置“切换声音”、“切换速度”选项；如果该切换效果应用于全部的幻灯片，则需单击“全部应用”按钮，如图6-19所示。

Chapter 1
Chapter 2
Chapter 3
Chapter 4
Chapter 5
Chapter 6
Appendix 1
Appendix 2

图 6-17　设置超链接（一）

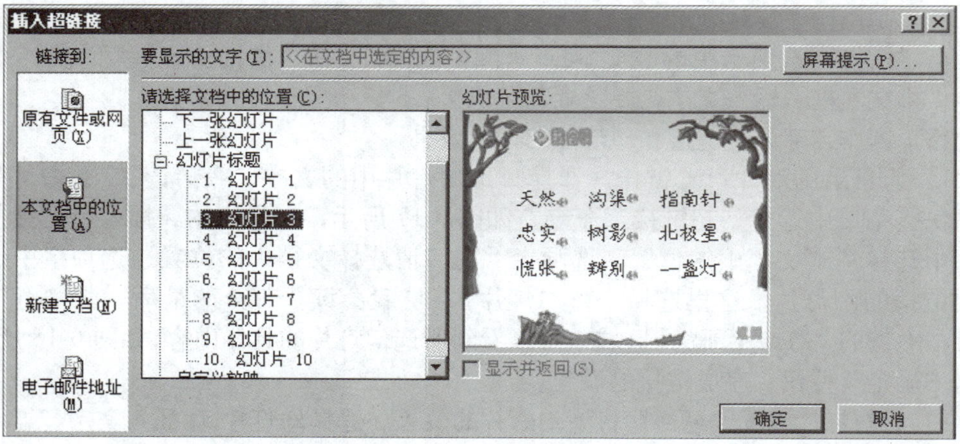

图 6-18　设置超链接（二）

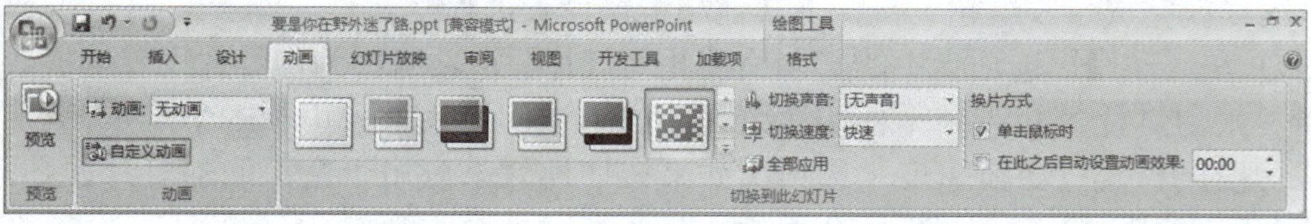

图 6-19　为幻灯片添加切换效果

7．案例点评

通过制作本课件，能够掌握制作幻灯片展示课件的方法，还应掌握幻灯片交互动作等知识。本课件是利用 PowerPoint 演示文稿制作的较为复杂的课件，整合了图片、声音、动画等多媒体资源，利用制作本课件的方法，可以轻松地制作其他类似的展示课件。

6.3　使用 Flash 制作《学拼音——a》课件

1．课件介绍

本课件是针对人教版小学一年级上册第一课《学拼音》而制作的。本节课需要学生重点掌握的内容包括学会 a 这个单韵母，读准音，认清形，正确书写；认识声调符号，掌握 a 的四个声调，能直接读出带声调韵母的音；认识四线格，学习使用四线格。本课件分为听、说、写、练四个教学模块，以动态演示的方式帮助学生逐步认识拼音 a，并能正确地拼读。学生可以选择对不同的模块进行学习。

2．课件流程设计

课件流程设计如图 6-20 所示，课件的界面如图 6-21 所示。

3．素材准备

课件制作中用到的奥运吉祥物可以上网搜索取得，用 PhotoShop 或 Flash 的套索工具将其处理成边缘透明的格式；幕布可以利用 Flash 的套索工具处理成理想样式。

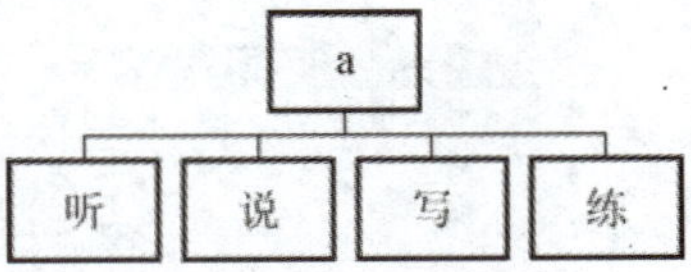

图6-20　课件流程设计

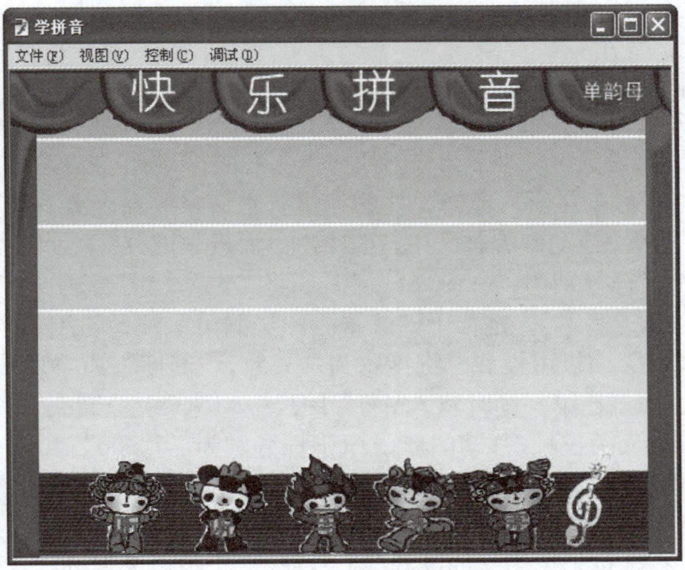

图 6-21　《学拼音——a》课件的界面

Chapter 1
Chapter 2
Chapter 3
Chapter 4
Chapter 5
Chapter 6
Appendix 1
Appendix 2

4．制作步骤

（1）制作课件框架。

1）新建一个 Flash 文档（AS2.0）。

2）将图层 1 更名为“背景”，制作一个以四线格为背景的图形元件，作为“背景”图层的背景。增加三个图层，图层名称分别为“下幕布”、“上幕布”、“文字”，从库中将相应元件拖放到各自图层中，并将各图层锁定，如图 6-22 所示。

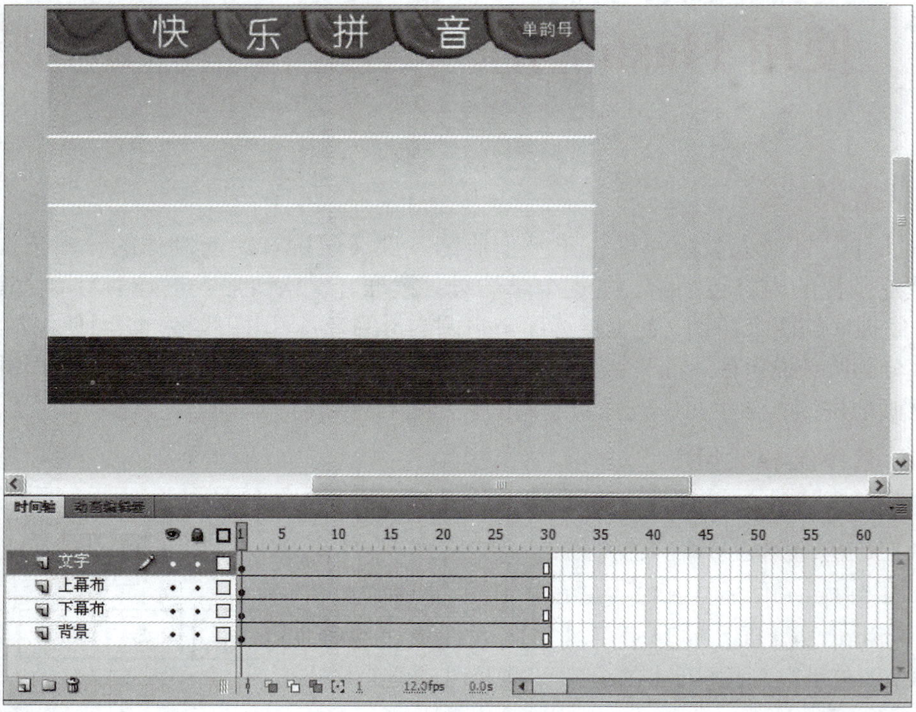

图 6-22　课件框架

（2）制作课件其他内容元件。

1）制作“左开幕布”影片剪辑元件。执行“插入”|“新建元件”命令，弹出“创建新元件”对话框，设置“类型”为“影片剪辑”，“名称”为“左开幕布”，单击“确定”按钮。进入“左开幕布”影片剪辑元件的编辑状态，将图层 1 更名为“左幕”，从库中将图形元件“左幕”拖动到编辑区中，在“属性”面板中设置“宽度”为“262”，“高度”为“350”；x、y 坐标分别为“－56.8”、“0”。将“左幕”图层延长到第 60 帧。新建一个图层，命名为“遮罩”，定位于“遮罩”图层的第一帧，绘制一个填充色为黑色的矩形，在“属性”面板中设置“宽度”为“355”，“高度”为“355”；x、y 坐标分别为“－56.8”、“0”（在第一帧时将“左幕”图层中的图形完全覆盖）。定位于“遮罩”图层的第 60 帧，插入关键帧，移动图形，x、y 坐标分别为“－300”、“0”。定位于“遮罩”图层的第 1～60 帧的任一帧，右击，在弹出的快捷菜单中选择“创建传统补间”命令。右击“遮罩”图层，在弹出的快捷菜单中选择“遮罩层”命令。插入一个新图层，命名为“action”，定位于该图层的第 60 帧，插入一个空白关键帧，定位于该关键帧，

右击,在弹出的快捷菜单中选择“动作”命令,在弹出的“动作”面板中输入“stop();”。

2）制作“右开幕布”影片剪辑元件。执行“插入”|“新建元件”命令,弹出“创建新元件”对话框,设置“类型”为“影片剪辑”,“名称”为“右开幕布”,单击“确定”按钮。进入“右开幕布”影片剪辑元件的编辑状态，将图层1更名为“右幕”,从库中将图形元件“右幕”拖动到编辑区中,在“属性”面板中设置“宽度”为“262”,“高度”为“350”；x、y坐标分别为“0”、“9.6”。将“右幕”图层延长到第60帧。新建一个图层，命名为“遮罩”，定位于“遮罩”图层的第一帧，绘制一个填充色为黑色的矩形，在“属性”面板中设置“宽度”为“355”，“高度”为“355”；x、y坐标分别为“– 5.2”、“9.6”（在第一帧时将“右幕”图层中的图形完全覆盖）。定位于“遮罩”图层的第60帧,插入关键帧,移动图形,x、y坐标分别为“275”、“9.6”。定位于“遮罩”图层的第1～60帧的任一帧，右击，在弹出的快捷菜单中选择“创建传统补间”命令。右击“遮罩”图层,在弹出的快捷菜单中选择“遮罩层”命令。插入一个新图层,命名为“Action”,定位于该图层的第60帧,插入一个空白关键帧,定位于该关键帧，右击，在弹出的快捷菜单中选择“动作”命令，在弹出的“动作”面板中输入“stop( );”。

3）制作“左关幕布”影片剪辑元件。新建一个影片剪辑元件，命名为“左关幕布”。打开“左开幕布”影片剪辑元件,复制三个图层的内容,进入“左关幕布”影片剪辑元件的编辑状态，定位于第一个图层的第一帧，右击，在弹出的快捷菜单中选择“粘贴帧”命令。选择“遮罩”图层的第1～60帧，右击，在弹出的快捷菜单中选择“翻转帧”命令。

4）制作“右关幕布”影片剪辑元件。打开“右开幕布”影片剪辑元件，复制三个图层的内容,进入“右关幕布”影片剪辑元件,定位于第一个图层的第一帧,右击,在弹出的快捷菜单中选择“粘贴帧”命令。选择“遮罩”图层的第1～60帧，右击,在弹出的快捷菜单中选择“翻转帧”命令。

5）制作a的“听”影片剪辑元件。新建一个影片剪辑元件，命名为“听”。将图层1更名为“字母”，输入字母“a”，并延长到第210帧。新建两个图层，分别命名为“文字”和“遮罩”，定位于“文字”图层第20帧，插入关键帧，输入文字“读‘a’时，嘴巴自然张大，舌头朝下，是大口‘a’”。定位于“遮罩”图层的第20帧，插入空白关键帧，定位于第20帧，绘制一个无边框的矩形框，使矩形框的大小覆盖住文字，并将矩形框拖动到文字左侧，使矩形框的右侧边缘与文字左侧对齐。定位于“遮罩”图层的第100帧，插入关键帧，移动矩形框至覆盖住全部文字，定位于第20～100帧的任意一帧，右击，在弹出的快捷菜单中选择“创建传统补间”命令。定位于第20帧，从库中将“symbol 53.mp3”拖动到舞台上。在“遮罩”图层的标题上右击，在弹出的快捷菜单中选择“遮罩”命令，将位于下层的“文字”图层遮罩，得到文字动画。用同样的方法制作其他动画。在“Sound”图层的第115帧导入“symbol 56.mp3”声音文件。制作完成后的“听”影片剪辑元件如图6-23所示。

6）依据制作a的“听”影片剪辑元件的方法制作“说”、“写”和“练”影片剪辑元件。

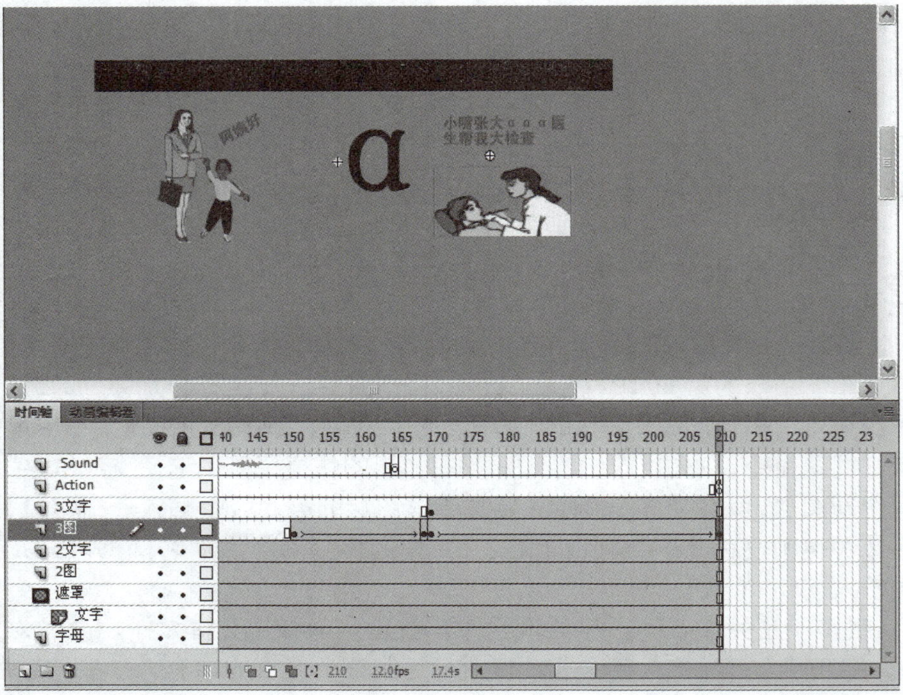

图 6-23　制作完成后的“听”影片剪辑元件

(3) 制作课件其他部分的内容。

1) 返回场景 1 中，制作“按钮”图层。在“文字”图层上插入一个图层，命名为“按钮”，将“听”、“说”、“写”、“练”、“完”这五个按钮拖动到该图层。

2) 制作“影片剪辑元件”图层。在“按钮”图层上新增一个图层，命名为“影片剪辑元件”，该图层放置前面制作的影片剪辑元件。在该图层的第 26 ～ 29 帧分别插入空白关键帧，分别将库中“听”、“说”、“写”、“练习”四个影片剪辑元件拖放到这四个空白关键帧上。

3) 制作“书写文字说明”图层。在“影片剪辑元件”图层上新增一个图层，命名为“书写文字说明”，在该图层的第 28 帧插入空白关键帧，从库中将“书写说明”影片剪辑元件拖到该图层的第 28 帧上。

4) 制作“结束”图层。在“影片剪辑元件”图层上新增一个图层，命名为“结束”，在该图层的第 30 帧插入一空白关键帧，在该帧上输入结束的文字。

5) 制作“左幕布”图层。在“结束”图层上新增一个图层，并命名为“左幕布”，从库中将“左开幕布”影片剪辑元件拖动到舞台上，在第 30 帧插入空白关键帧，从库中将“左关幕布”影片剪辑元件拖动到该帧上。

6) 制作“右幕布”图层。在“左幕布”图层上新增一个图层，并命名为“右幕布”，从库中将“右开幕布”影片剪辑元件拖动到舞台上，在第 30 帧插入空白关键帧，从库中将“右关幕布”影片剪辑元件拖动到该帧上。

7) 制作“action”图层。在“右幕布”图层上新增一个图层，并命名为“action”，在第 26 ～ 30 帧插入空白关键帧，并在第一帧、第 26 ～ 30 帧上添加动作“stop( );”。制作完成后的图层效果如图 6-24 所示。

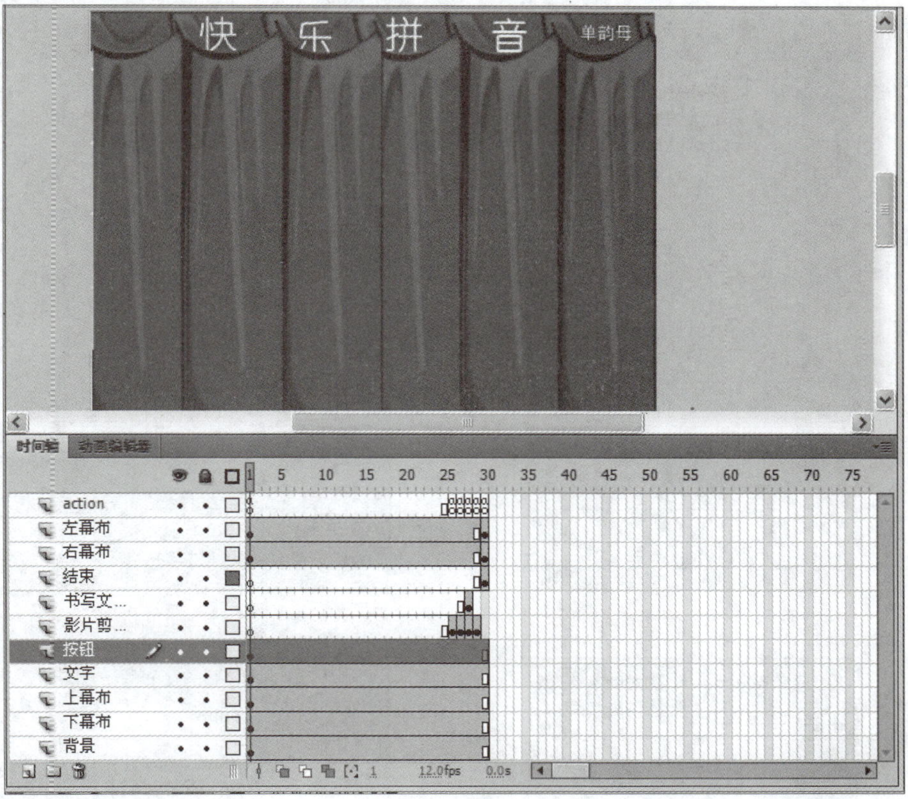

图 6-24　制作完成后的图层效果

(4) 为按钮添加动作。

1) 选择“听”按钮，右击，在弹出的快捷菜单中选择“动作”命令，弹出“动作”面板，为其设置动作，如图 6-25 所示。

2)选择“说”按钮，右击，在弹出的快捷菜单中选择“动作”命令，弹出“动作”面板，为其设置动作，如图 6-26 所示。

3)选择“写”按钮，右击，在弹出的快捷菜单中选择“动作”命令，弹出“动作”面板，为其设置动作，如图 6-27 所示。

4)选择“练”按钮，右击，在弹出的快捷菜单中选择“动作”命令，弹出“动作”面板，为其设置动作，如图 6-28 所示。

5)选择“完”按钮，右击，在弹出的快捷菜单中选择“动作”命令，弹出“动作”面板，为其设置动作，如图 6-29 所示。

(5) 保存文档并测试影片。

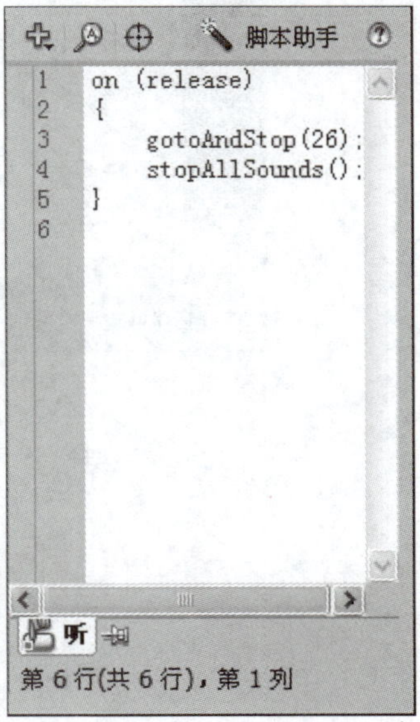

图 6-25　“听”按钮的动作设置

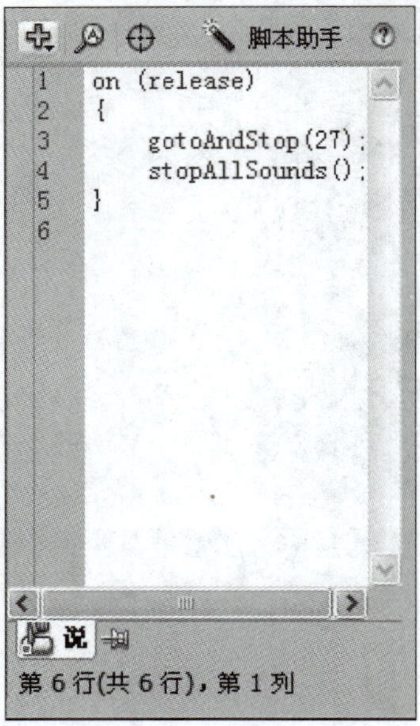

图 6-26 “说”按钮的动作设置

图 6-27 “写”按钮的动作设置

图 6-28 “练”按钮的动作设置

图 6-29 “完”按钮的动作设置

6.4 使用 Flash 制作《等边三角形》课件

1. 课件介绍

本课件是一个关于中学几何知识——等边三角形的课件实例。本课件通过四个功能模块讲解等边三角形的有关知识。课件运行时首先出现主控导航界面，如图 6-30 所示。

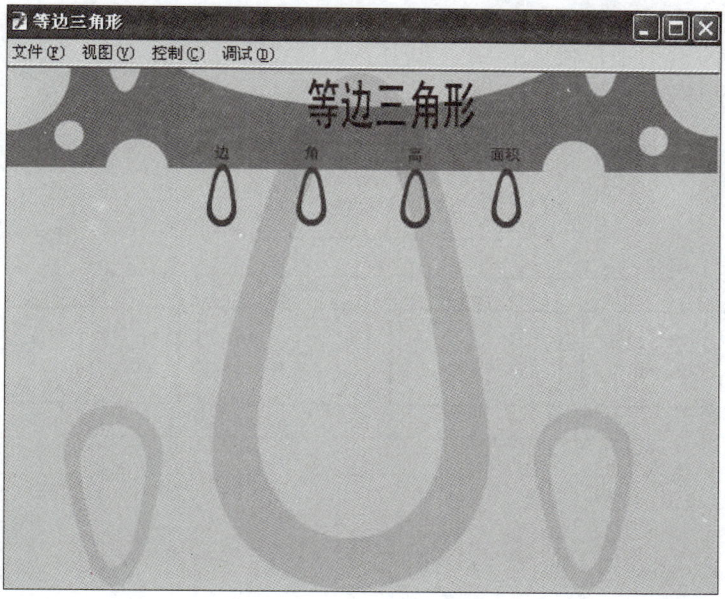

图 6-30　《等边三角形》课件主控导航界面

主控导航界面上有四个按钮，当单击某按钮时，导航界面会弹出一个半透明的窗口，在该窗口中显示相应的课件功能模块的内容。图 6-31 所示为单击“边”按钮后弹出的功能模块效果。

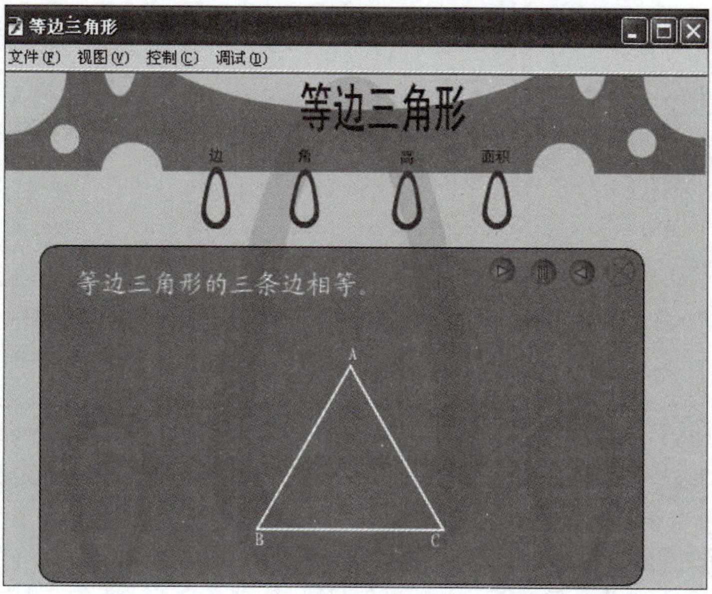

图 6-31　“边”功能模块窗口

本课件主要完成以下内容：一是如何将外部的 SWF 文件加载到一个空白影片剪

辑中；二是利用“loadMovie”命令实现多场景交互课件的方法；三是弹出式窗口的实现方法和应用。

2．课件流程设计

本课件分为一个主控导航模块，四个功能模块，分别是“边”、“角”、“高”、“面积”。课件的整体规划如图 6-32 所示。

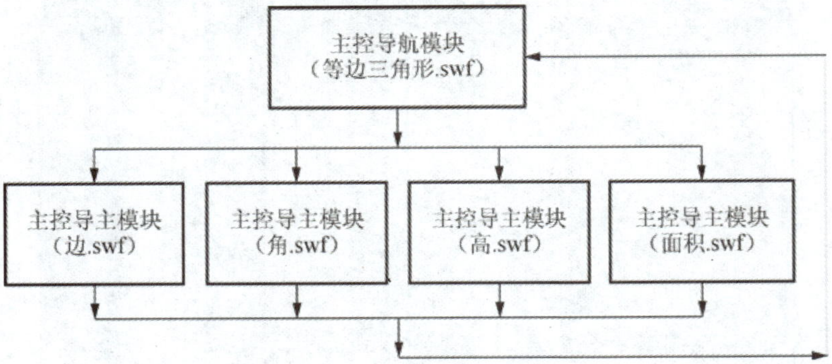

图 6-32　课件的整体规划

3．素材准备

从图 6-32 可以看出，需要创建五个影片文档，分别是“等边三角形 .swf”“边 .swf”“角 .swf”“高 .swf”“面积 .swf”，其分别对应课件的主控导航模块和四个功能模块。

“等边三角形 .swf”文件对应的是主控导航模块，将这个影片的舞台大小设置为“550 × 400”像素，舞台背景颜色设置为“#D6E3EF”。因为其他四个文件对应的四个功能模块在主控导航界面上弹出的窗口中显示，所以其尺寸应该和弹出窗口的尺寸相匹配，因此其舞台大小设置为“470 × 258”像素，舞台背景颜色设置为“#66CCFF”。

创建好这些文件后，就可以在其中完成相应的模块内容制作了。

注：关于四个功能模块的制作，这里不再详述。需要特别提醒的是，应将制作完成的五个影片文件存放在同一个文件夹中，否则，“loadMovie”命令进行 SWF 文件加载时会出现错误。

4．制作步骤

在制作之前，先查看动画播放过程中的控件。课件运行后，首先显示主控导航界面，在主控导航界面上有四个水滴状的控制按钮，当鼠标指针移动到某按钮上，出现水滴移动并伴有水滴下落的动画效果。当单击某按钮时，主控导航界面上会弹出一个相应的窗口，在该窗口中显示相应功能模块的内容。观看完功能模块的内容后，单击弹出式窗口右上角的“关闭”按钮，关闭弹出式窗口，返回主控导航界面。

（1）主控导航界面的制作。

1）新建一个 Flash 文档（AS2.0）。将影片舞台大小设置为“550 × 400”像素，舞台背景颜色设置为“#D6E3EF”。

2）将图层 1 更名为“背景 1”，增加两个图层，分别命名为“背景 2”、“标题”。在“背景 1”和“背景 2”图层设置课件背景，在“标题”图层输入课件标题“等边三角形”。

3）插入一个图层，命名为“控制按钮”。制作四个控制按钮，当鼠标指针经过四个控制按钮时出现水滴移动并伴有水滴散落的动画效果，首先制作这两个动画的影片剪辑。

① 制作水滴散落动画效果。执行“插入”｜“新建元件”命令，在弹出的“创建新元件”对话框中将“名称”改为“starmove”，“类型”设置为“影片剪辑”，如图 6-33 所示。

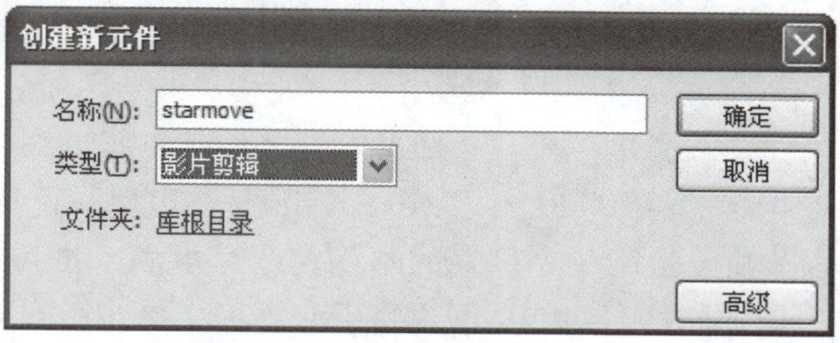

图 6-33　“创建新元件”对话框设置

定位于图层 1 的第一帧，在“工具”面板中单击“多角星形工具”按钮，在其“颜色”面板中设置多边形的边数为“8”，绘制一个八边形，将颜色类型设置为“放射状”，左右滑块数值设置如图 6-34 所示。

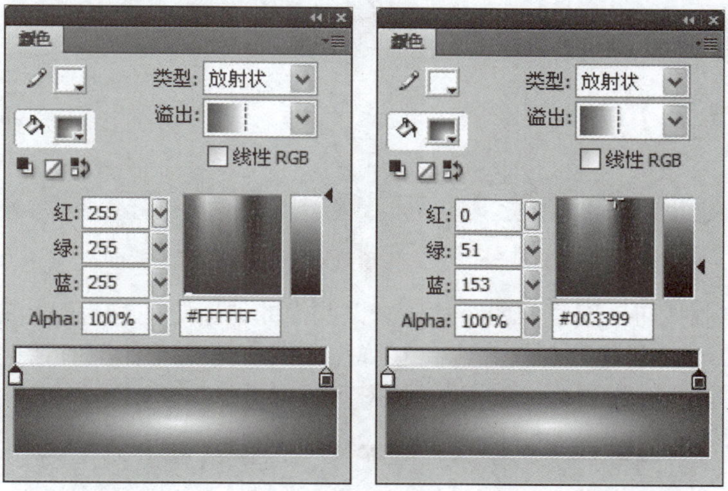

图 6-34　多边形的颜色设置

选择八边形，将其转换为图形元件，命名为“star”。定位于图层 1 的第 20 帧，插入关键帧，将八边形移到下方，将其选中，在“颜色”面板中设置 Alpha 的值为“0%”。定位于图层 1 的第 1 ～ 20 帧中的任意一帧（第 20 帧除外），右击，在弹出的快捷菜单中选择“创建传统补间”命令。增加三个图层，将图层 1 的内容复制到其他图层中，改变八边形动画开始的位置和大小，形成水滴散落的效果，其时间轴的显示如图 6-35 所示。

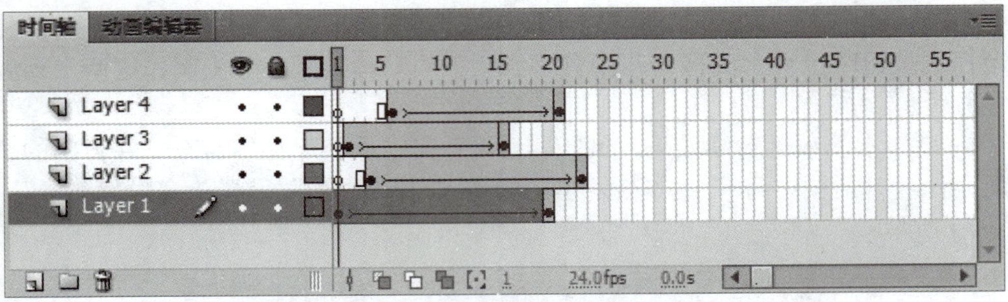

图 6-35　水滴散落效果时间轴的显示

② 制作水滴移动动画效果。执行“插入”｜“新建元件”命令，在弹出的“创建新元件”对话框中将“名称”改为“Move Anim”，“类型”设置为“影片剪辑”。定位于图层 1 的第一帧，绘制一个倒置的水滴。选择水滴，将其转换为图形元件，命名为“anim”。将图形元件“anim”的编辑中心定位于该元件的中心，在图层 1 的第 4、7、10、13、16、19、22 帧分别插入关键帧，将各个关键帧上的水滴旋转位置，分别定位于第 4、7、10、13、16、19、22 帧，右击，在弹出的快捷菜单中选择“创建传统补间”命令，其时间轴的显示如图 6-36 所示。

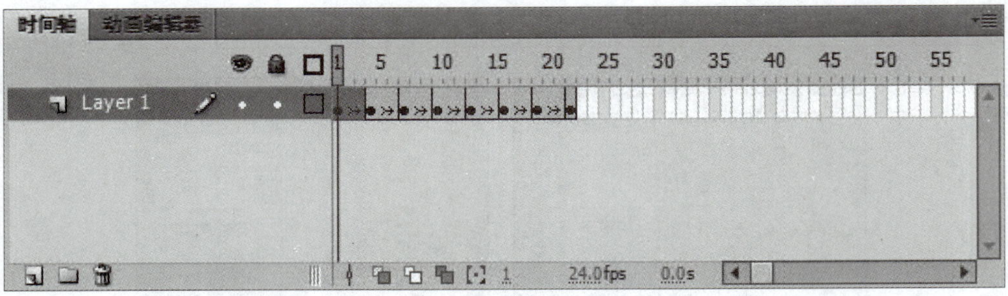

图 6-36　水滴移动效果时间轴的显示

制作“控制按钮”图层的四个按钮。以其中的“边”按钮为例，其余三个类似。执行“插入”｜“新建元件”命令，在弹出的“创建新元件”对话框中将“名称”改为“边”，“类型”设置为“按钮”，如图 6-37 所示。

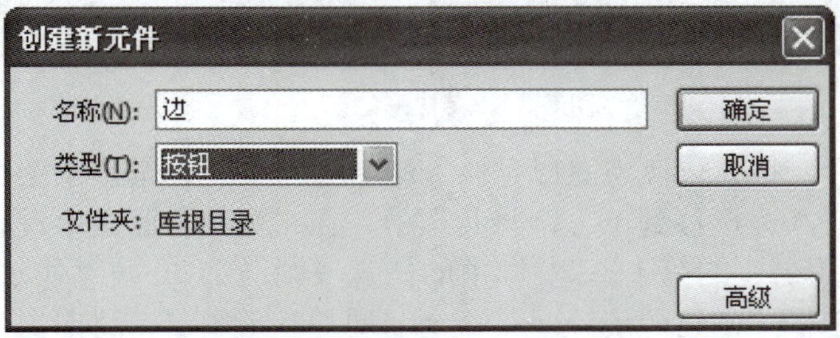

图 6-37　创建新元件“边”

插入两个图层，将两个图层分别命名为“文字”、“水滴”，定位于“文字”图层的“弹起帧”，输入文字“边”，将文字“边”移动到舞台中心的上方；定位于“文字”

图层的“点击帧”，右击，在弹出的快捷菜单中选择“插入帧”命令。定位于“水滴”图层的“弹起帧”，绘制一个空心水滴，调整水滴大小并移动，使水滴的编辑中心和舞台中心重合；定位于“水滴”图层的“点击帧”，按 F6 键插入一个关键帧，并用边线颜色填充水滴；定位于“水滴”图层的“指针经过”帧，按 F7 键插入一个空白关键帧，从库中将影片剪辑元件“Move Anim”拖动到舞台上，调整元件大小并使元件中心和舞台中心重合；定位于“水滴”图层的“按下”帧，按 F6 键插入一个关键帧；定位于“水滴”图层的“指针经过”帧，从库中将影片剪辑元件“star move”拖动到舞台上两次，分别调整该元件所形成的实例大小和位置。返回场景 1。

4）定位于场景 1 的“控制按钮”图层的第一帧，从库中将制作完成的四个按钮元件分别拖动到舞台相应的位置，在“属性”面板中分别将其命名为“aa1”、“aa2”、“aa3”、“aa4”。

（2）弹出式窗口的实现方法。

在主控导航界面上，如果单击四个水滴状的控制按钮，将分别弹出相应的功能模块窗口。弹出式窗口是在主控导航界面上实现的，首先观察“等边三角形 .swf”的图层结构图。

在“标题”图层上增加一个图层，命名为“弹出窗口”，连续按 F7 键插入五个空白关键帧，为每个图层上的关键帧添加帧动作“stop( );”，将其他图层延长到第五帧，如图 6-38 所示。

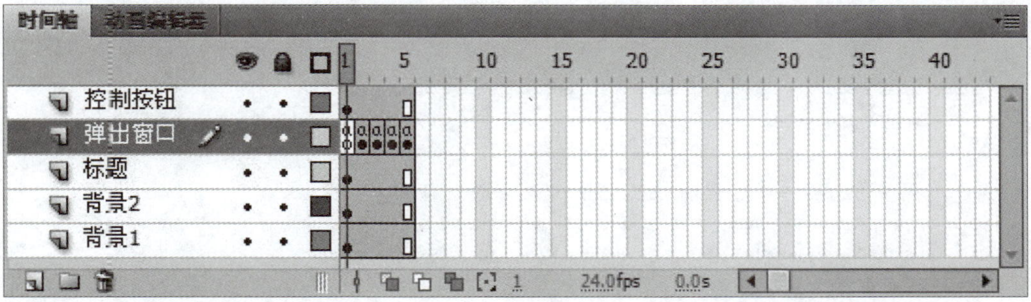

图 6-38　“等边三角形”的图层结构

定位于“弹出窗口”图层的第二帧，在“工具”面板中单击“矩形工具”按钮，在其“属性”面板中将“笔触颜色”设置为黑色，“填充颜色”设置为“#336699”，在“边”按钮下方绘制一个矩形，将该矩形转换为名为“边 MainBox”的影片剪辑元件，双击该元件，进入“边 MainBox”的编辑状态，如图 6-39 所示。

将“边 MainBox”影片剪辑元件的图层 1 更名为“窗口”，在“窗口”图层的第五帧插入关键帧，将矩形下移一段距离，如图 6-40 所示。

定位于“窗口”图层的第 20 帧，插入一个空白关键帧，绘制一个大矩形，调整该矩形的大小及位置，设置“填充颜色”为“#336699”，Alpha 值设置为“50%”，在该图层的第一、五帧添加补间形状动画，这样就形成了一个矩形窗口从小变大的过程，如图 6-41 所示。

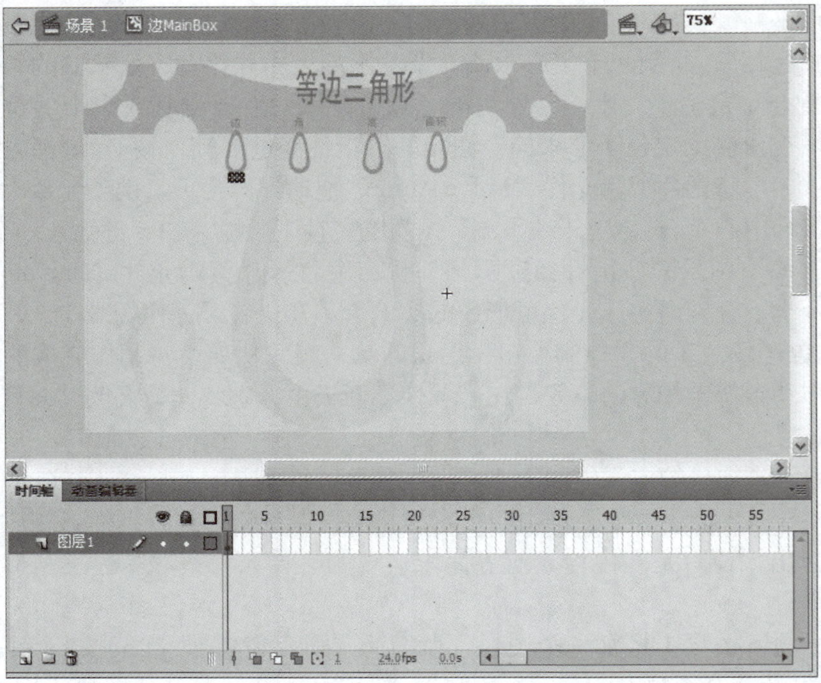

图 6-39　编辑“边MainBox”元件

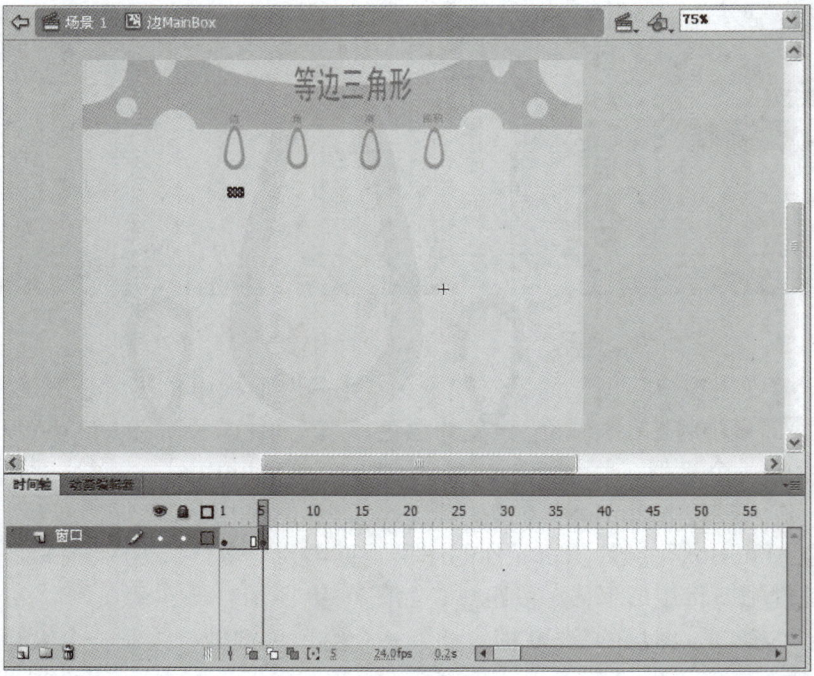

图 6-40　将矩形下移

定位于“窗口”图层的第一帧，选择该帧上的矩形，执行“窗口”｜“颜色”命令，在弹出的“颜色”面板中设置矩形边框颜色的 Alpha 值为“0%”，填充颜色的 Alpha

值为“0%”，如图 6-42 所示。

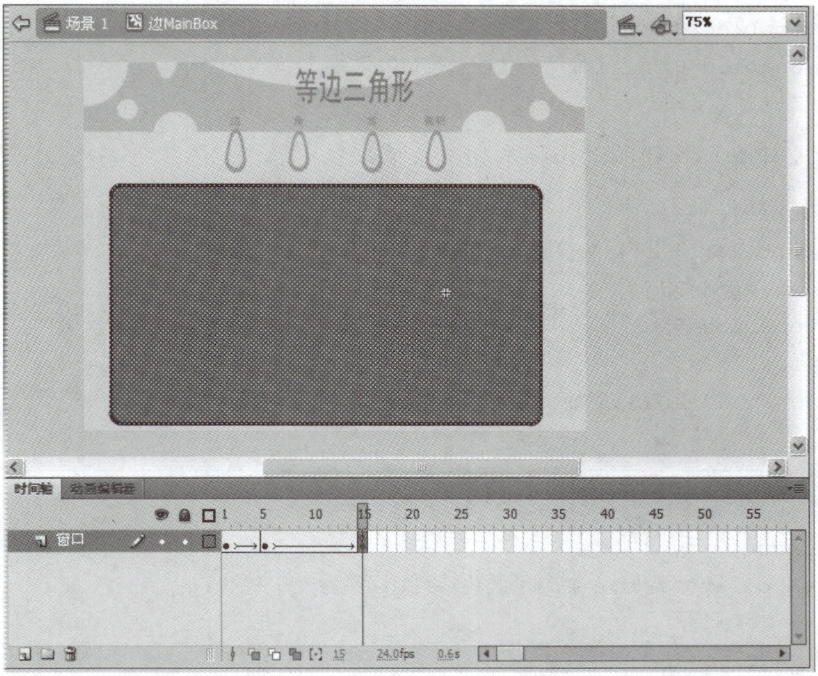

图 6-41　颜色和动画的添加

将“弹出窗口”图层第一帧中矩形的 Alpha 值设置为“0%”的目的是使矩形形成从无到有的动画效果。

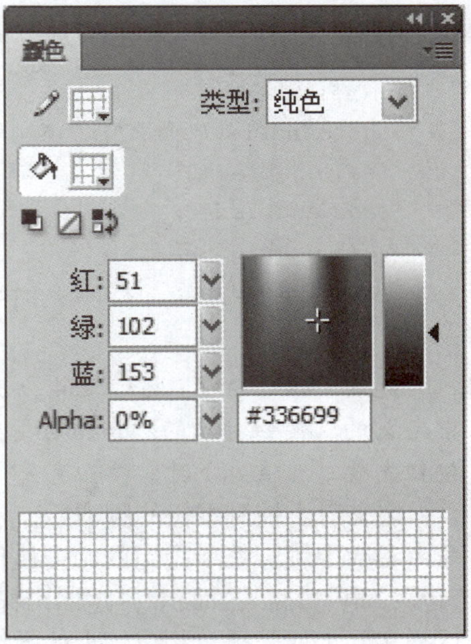

图 6-42　“Alpha”的设置

插入一个图层，命名为“调用”，在该图层的第 20 帧插入一个空白关键帧，第 20 帧上的帧是用来加载模块对应的 SWF 文件。

其他三个弹出式窗口的影片剪辑元件的制作过程类似，要注意窗口动画的起始位置，应从相应的按钮下方形成。

弹出式窗口是在主控导航界面上实现的，要实现整体课件的导航控制，需要定义以下三个动作：主控导航界面上的四个按钮动作；弹出窗口后将外部对应的 SWF 影片加载到窗口中的动作；弹出式窗口上的“关闭”按钮的动作。

(3) 定义主控导航界面上四个按钮的动作。

在主控导航界面上，按钮动作要具备打开弹出式窗口的功能，应分别定义四个按钮的动作脚本。

1）定义“边”按钮的动作脚本如下：

```
on(release){
  gotoAndPlay("边");// 控制动画跳转到帧标签为"边"的帧
```

```
  aa1.enabled=0;
  aa2.enabled=0;
  aa3.enabled=0;
  aa4.enabled=0;// 以上命令是使四个按钮失效
  }
```

2）定义“角”按钮的动作脚本如下：

```
on(release){
  gotoAndPlay(" 角 ");// 控制动画跳转到帧标签为“角”的帧
  aa1.enabled=0;
  aa2.enabled=0;
  aa3.enabled=0;
  aa4.enabled=0;// 以上命令是使四个按钮失效
  }
```

3）定义“高”按钮的动作脚本如下：

```
on(release){
  gotoAndPlay(" 高 ");// 控制动画跳转到帧标签为“高”的帧
  aa1.enabled=0;
  aa2.enabled=0;
  aa3.enabled=0;
  aa4.enabled=0;// 以上命令是使四个按钮失效
  }
```

4）定义“面积”按钮的动作脚本如下：

```
on(release){
  gotoAndPlay(" 面积 ");// 控制动画跳转到帧标签为“面积”的帧
  aa1.enabled=0;
  aa2.enabled=0;
  aa3.enabled=0;
  aa4.enabled=0;// 以上命令是使四个按钮失效
  }
```

说明：aa1、aa2、aa3、aa4 分别是四个控制按钮的名字，其是在“属性”面板中定义的。按钮对象的“enabled”属性用来设置按钮对象是否有效，当其值为 0 时，按钮失效；其值为 1 时，按钮有效。

定义以上控制按钮的脚本后，单击某个控制按钮，所有的按钮失效，动画跳转到命令参数中帧标签所指定的帧上执行。四个按钮动作脚本中分别有四个帧标签参数：“边”、“角”、“高”、“面积”。这四个标签分别定义在“弹出窗口”图层的第 2 ~ 5 帧上，这样实际上就是播放相应帧上的弹出式窗口 MC，从而将弹出式窗口打开，同时运动弹出式窗口 MC 中的动作完成对外部 SWF 影片文件的调用。

（4）加载外部文件。

在主控导航模块中，分别选择“弹出窗口”图层的第 2 ~ 5 帧上的 MC 实例，打开“属性”面板，在其中分别定义影片剪辑实例的名称为“aa1”、“aa2”、“aa3”、“aa4”。

在“边”弹出式窗口影片剪辑元件的编辑场景中，定位到“调用”图层的第 20 帧，定义关键帧上的动作如下：

```
_ root.aa1.createEmptyMovieClip("abc",0);
with(abc){
  loadMovie("边.swf",0);
}
setProperty("abc", _ x,"-365");
setProperty("abc", _ y,"-120")
```

这段动作脚本的功能是：先创建一个名为“abc”空的影片剪辑，然后通过“loadMovie”命令将“边.swf”文件加载到“abc”的影片剪辑中，通过“setProperty”命令设置“abc”影片剪辑实例的坐标为(－365，－120)，这样可以将加载的“边.swf”文件的内容正好显示在弹出式窗口的正中间，当弹出式窗口完全打开以后，会执行这段动作脚本。

在其他三个弹出式窗口的影片剪辑元件中，“调用”图层第 20 帧上的脚本与上面的脚本类似，具体如下：

1）“角”弹出式窗口。

```
_ root.aa1.createEmptyMovieClip("abc",0);
with(abc){
  loadMovie("角.swf",0);
}
setProperty("abc", _ x,"-365");
setProperty("abc", _ y,"-120")
```

2）“高”弹出式窗口。

```
_ root.aa1.createEmptyMovieClip("abc",0);
with(abc){
  loadMovie("高.swf",0);
}
setProperty("abc", _ x,"-365");
setProperty("abc", _ y,"-120")
```

3）“面积”弹出式窗口。

```
_ root.aa1.createEmptyMovieClip("abc",0);
with(abc){
  loadMovie("面积.swf",0);
}
setProperty("abc", _ x,"-365");
setProperty("abc", _ y, "-120")
```

(5) 关闭按钮动作。

在“边.swf”、“角.swf”、“高.swf”、“面积.swf”场景的右上角分别放置“关闭”

按钮，动作脚本如下：

```
on(release){
  loadMovie("等边三角形.swf",0);
}
```

"loadMovie"命令加载"等边三角形.swf"文件，就会返回主控导航界面，同时关闭弹出式窗口。

6.5 使用 Flash 制作简单《直线和圆的位置关系》课件

1. 课件介绍

(1) 课件分析。

本课件以初中数学第六册《直线和圆的位置关系》(人教版) 为内容，用 Flash 设计一个交互课件，使学生通过直观的学习以数形结合的方式学习直线和圆的位置关系。

课件的界面如图 6-43 所示。

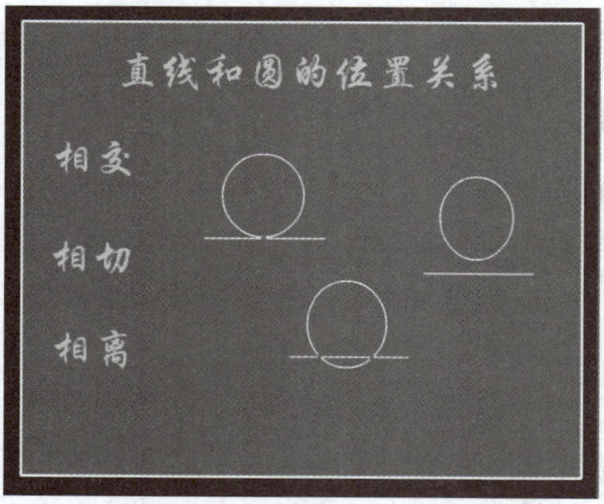

图 6-43 《直线和圆的位置关系》课件的界面

(2) 课件流程图如图 6-44 所示。

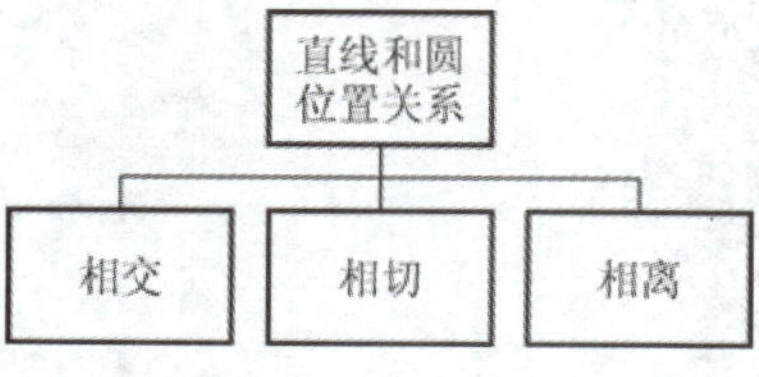

图 6-44 课件流程图

2. 制作步骤

为了简化制作过程，增加设计的灵活性，直线和圆的位置关系可以在不同的场景中制作，利用按钮和按钮上的动作完成场景之间的切换。

(1) 新建一个 Flash 文档 (AS2.0)，执行“修改”|“文档”命令，弹出“文档属性”对话框，在该对话框中设置文档“尺寸”为“550 像素 ×450 像素”，“背景颜色”为“#6666CC”，单击“确定”按钮。执行“窗口”|“其他面板”|“场景”命令，打开“场景”面板，添加四个场景，分别命名为“dh”、“xj”、“xl”、“xq”。

(2) 制作课件导航场景。

1) 选择“dh”场景。

2) 将图层 1 更名为“背景框”，在场景四周制作背景框，并将其转化为图形元件，如图 6-45 所示。

图 6-45　制作背景框

3) 插入四个图层，分别命名为“标题”、“按钮”、“mc”、“action”。在“标题”图层上输入文本“直线和圆的位置关系”，并设置字体、字号、颜色、滤镜效果。制作三个按钮，分别命名为“相交”、“相切”、“相离”，分别将这三个按钮拖放到“按钮”图层上。制作三个图形元件，分别命名为“圆 1”、“圆 2”、“圆 3”，将这三个图形元件拖放到“mc”图层，并在场景中将这三个图形元件转换为三个按钮元件，分别命名为“xj”、“xl”、“xq”。选择“action”图层的第一帧，右击，在弹出的快捷菜单中选择“动作”命令，在脚本栏输入代码“stop ( ) ;”，添加帧动作。

① 按钮“相交”和“xj”的动作脚本如下：

```
on (release) {
```

```
  gotoAndPlay("xj",1);
    }
```

② 按钮“相切”和“xq”的动作脚本如下：

```
on (release) {
  gotoAndPlay("xq",1);
    }
```

③ 按钮“相离”和“xl”的动作脚本如下：

```
on (release) {
  gotoAndPlay("xl",1);
    }
```

导航场景制作完成的效果如图 6-46 所示。

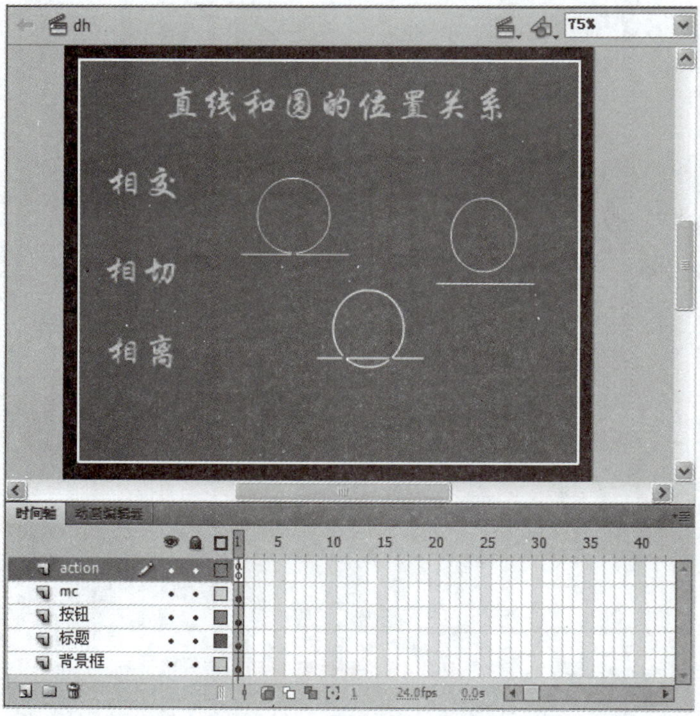

图 6-46　导航场景制作完成的效果

(3) 制作其他三个场景。

其他三个场景是交互课件中非常重要的部分，以相切场景（图 6-47）为例，制作方法如下：

1）选择“xq”场景，将图层 1 更名为“圆”，在舞台上绘制一个正圆，在圆心绘制一个无线条色、填充色为红色的小圆，并延长到第 110 帧；增加一个图层，将图层名称更改为“线”，在舞台相应的位置上绘制一条直线，并在第 1 ～ 13 帧设置闪烁效果（在第 7、13 帧插入关键帧，在第 4、10 帧插入空白关键帧），在第 25 帧插入关键帧，将直线移到与圆相切的位置。定位于第 13 ~ 25 的任一帧，插入形状补间动画。

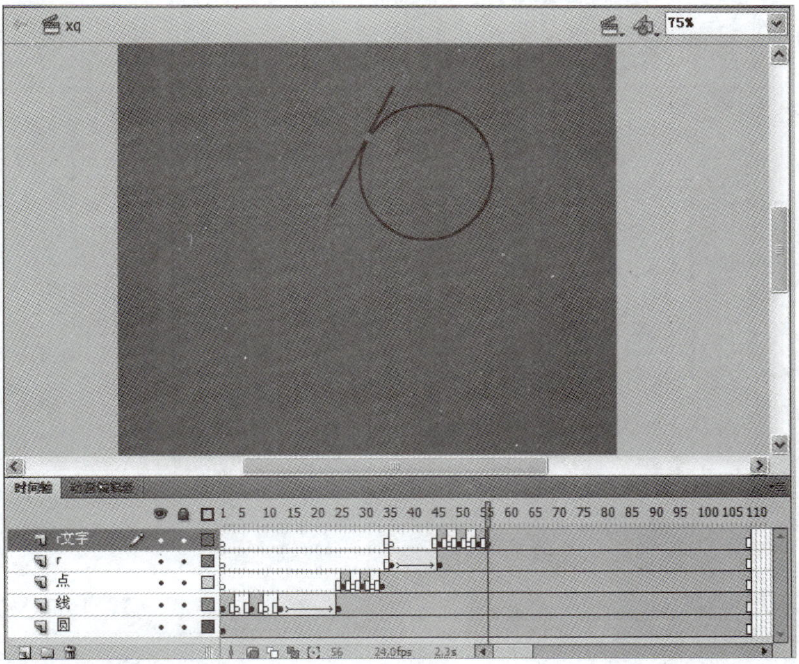

图 6-47　相切场景

2）制作切点的闪烁效果，如图 6-48 所示。

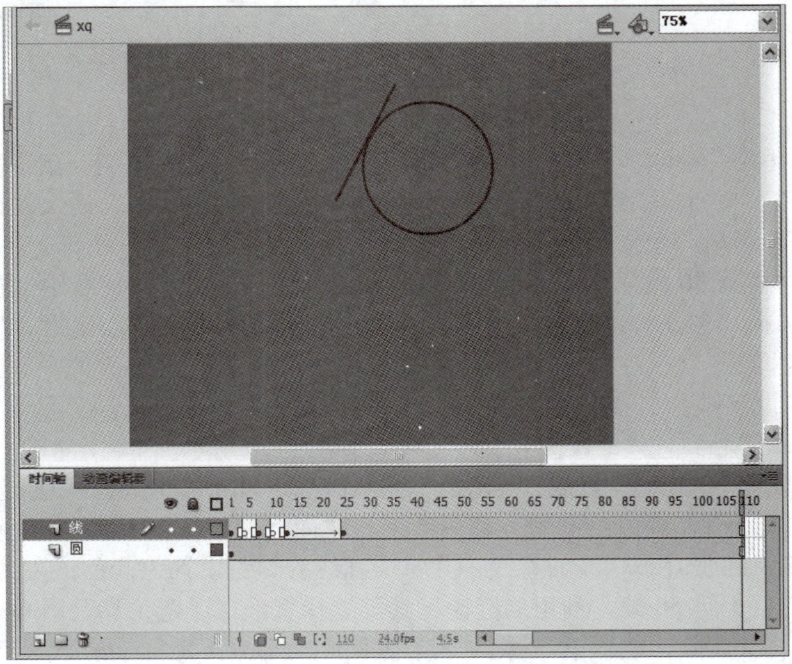

图 6-48　制作切点的闪烁效果

在“线”图层上插入一个图层，更名为“点”，定位于第 25 帧，绘制一个无线条颜色、填充色为红色的小圆，并将该圆置于切点的位置，设置闪烁效果（在第 30、34 帧插入关键帧，在第 28、32 帧插入空白关键帧），突出显示切点。

3）制作半径和半径文字，如图 6-49 所示。

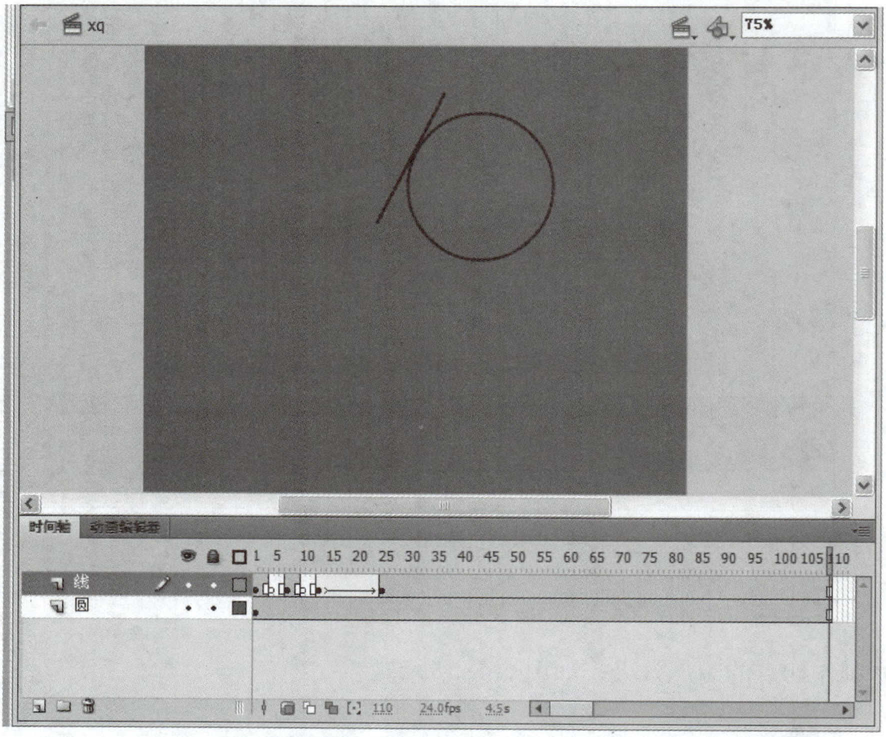

图 6-49　半径和半径文字的制作

在“点”图层上增加两个图层，分别命名为“r”、“r 文字”，定位于“r”图层的第 36 帧，插入关键帧。利用“线条工具”在圆心和切点之间绘制一条垂直于切线的直线（半径），并将该直线的颜色设置为红色，定位于第 46 帧，插入关键帧。定位于第 36 帧，利用“选择工具”选择线条（注意：靠近圆心的一小部分不选择），将其删除，这样第 36 帧只剩下靠近圆心的部分。定位于第 36 帧，右击；在弹出的快捷菜单中选择“创建补间形状”命令，这样就形成了一个从圆心出发，延长到切点的半径。定位于“r 文字”图层的第 46 帧，插入关键帧，利用“文本工具”输入文本“r”，并设字体、字号、颜色。在第 46 ~ 56 帧设置闪烁效果。

4）制作圆心到直线的距离及文字说明，如图 6-50 所示。

在“r 文字”图层上增加两个图层，分别命名为“d”、“d 文字”，定位于“d”图层的第 56 帧，插入空白关键帧，利用“工具”面板的“线条工具”，绘制一条从圆心出发到切点并垂直于切线的直线，并将该直线的颜色设置为蓝色，在第 65 帧插入关键帧。定位于第 56 帧，利用“选择工具”选择直线（注意：靠近圆心的一小部分不选择），将其删除，这样第 56 帧只剩靠近圆心的部分。定位于第 56 帧，右击，在弹出的快捷菜单中选择“创建补间形状”命令，这样就形成了一个从圆点出发，垂直于直线的蓝色线条。定位于“d 文字”图层的第 65 帧，并插入关键帧，输入文本“d”，并设置字体、字号、颜色。在第 65 ～ 76 帧设置文本 d 的闪烁效果。

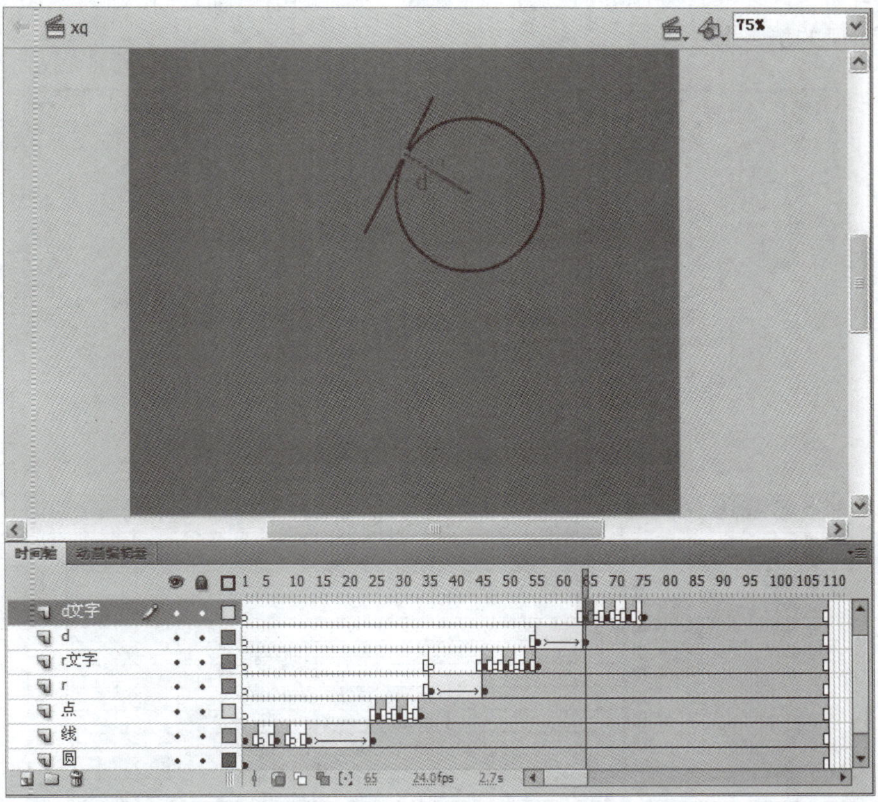

图 6-50　制作圆心到直线的距离

5）在第 77 ～ 89 帧制作直角闪烁效果。在“d 文字”图层上增加一个图层，命名为“直角”，定位于该图层的第 77 帧，插入关键帧，利用“线条工具”绘制一个直角，在第 81、85、89 帧分别插入关键帧，在第 79、83、87 帧处分别插入空白关键帧。

6）制作点到直线说明文字及半径与点到直线的关系。在“d 文字”图层上增加两个图层，分别命名为“文字 1”、“文字 2”。定位于“文字 1”图层的第 91 帧，利用“文本工具”输入文本，在第 94、97、99 帧处插入关键帧，将第 94、99 帧处的文字“相切”的颜色改为红色。在第 102、105、110 帧处插入关键帧，并将第 102、110 帧处的文字“切点”的颜色改为红色。定位于“文字 2”图层的第 110 帧，插入关键帧，将库中名为“dr”的影片剪辑元件拖放到舞台相应的位置（影片剪辑元件“dr”是有关点到直线距离 d 及半径 r 的说明文字，可以从本课程的教学网站下载，也可以按自己的方法制作）。定位于“文字 2”图层的第 110 帧，右击，在弹出的快捷菜单中选择“动作”命令，打开“动作”面板，在脚本栏中输入动作代码“stop（）;”。

7）添加“按钮”图层和“背景框”图层，如图 6-51 所示。

在“文字 2”图层上增加一个图层，返回导航场景“dh”，定位于“按钮”图层的第一帧，复制该帧，回到相切场景“xq”，定位于新增图层的第一帧，右击，在弹出的快捷菜单中选择“粘贴帧”命令，这样就将导航场景“按钮”图层的内容复制到相切场景中。在“按钮”图层上增加一个图层，并将该图层放置到所有图层之下，将其命名为“背景框”，复制导航场景“背景框”图层的第一帧，并粘贴到相切场景“背景框”图层的第一帧。

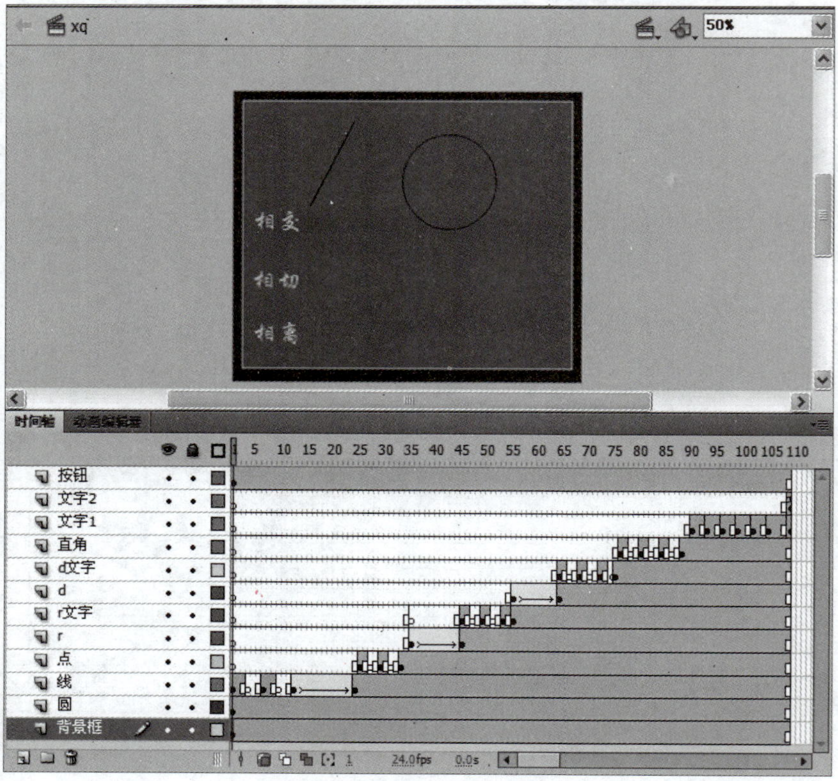

图 6-51 添加“按钮”和“背景框”图层

思考与练习

1．选择中小学教材中的一节课，制作一个 PPT 课件。
2．选择学前教材中的一段内容，制作一个 Flash 动画课件。
3．上网查找一个小学课堂演示型课件，对该课件进行综合分析和评价。

附录1 Appendix 1

《美国国家教育技术标准》简介

标准是衡量事物的准则，教育技术标准是衡量教育技术的准则。对教师来说，教育技术标准是从事教材开发和进行教学设计的依据；对学生来说，教育技术标准规定了不同年级的学生在日常教学活动中掌握并应用现代教育技术的要求。教育技术标准的目的是帮助教师和学生将现代教育技术融合到课程教学之中，使学生从小适应信息时代的工作、学习、生活，以满足 21 世纪对公民生存技能的基本要求。

学习研究《美国国家教育技术标准》，对加快信息技术与课程整合，促进信息技术课程教材建设，推进教师信息技术培训，有着积极的借鉴意义。

美国国际教育技术协会（ISTE）制定的国家教育技术标准（NETS）由三个部分组成，分别是面向学生的国家教育技术标准、面向教师的国家教育技术标准和面向学校管理者的国家教育技术标准。

一、面向学生的国家教育技术标准

（一）标准分类

标准分为两部分，这里只摘录其中的基本标准和绩效指标部分供参考。

面向学生的基础技术标准分为六大类，每一类中的标准都要求向学生介绍、强化，并使之掌握。这些分类提供了一个框架，用于把具备技术素养的学生特征中所包含的绩效指标与基础标准联系起来，教师可以这些标准和特征为准则设计基于技术的活动，使学生成功地学习、交流、获得生活技能。

1. 基本操作与概念

（1）学生能够表现出对技术系统的本质和操作的充分理解。

（2）学生能够熟练地使用技术。

2. 社会、道德和人文方面的要求

（1）学生能够理解与技术相关的道德、文化和社会问题。

（2）学生能够负责任地使用技术系统、信息和软件。

（3）学生对技术用于支持终身学习、协作、个人追求和提高学习效率持积极的态度。

3. 技术作为提高学习效率的工具

（1）学生能够使用技术工具，加强学习、提高学习效率并激发创造力。

（2）学生能够使用高效率工具，在信息化环境中协作学习，准备出版物，制作有创新性的作品。

4. 技术作为交流的工具

（1）学生能够通过远程通信与他人协作，发表作品并进行互动交流。

（2）学生能够使用多种媒体和方式与多种受众有效地交流信息与思想。

5. 技术作为研究的工具

（1）学生能够使用技术工具，从多种信息源中查找、评价和收集信息。

（2）学生能够运用技术工具，处理数据，报告结果。

（3）学生能够评价和选择新的信息资源和新技术，以完成特定的学习任务。

6. 技术作为解决问题与决策的工具

（1）学生能够使用技术资源，解决问题，作出合理决策。

（2）学生能够使用技术，发展解决实际问题的策略。

（二）各年级学生的技能标准（幼儿园、小学、初中、高中）

学生的技能是通过教育活动而获得的，通过信息技能的引入、不断强化，最后熟练掌握，体现在个人的学习和工作之中，最后表现为一些基本的、现实的、可达到的目标，这样就培养了具有终生学习能力，颇有成就的新一代公民。该标准以教育技术专家和家长、教师、课程专家的经验和反馈为依据，根据学生的不同年龄，将从幼儿园到高中的学生划分为四个阶段，即K～2、3～5、6～8、9～12，对不同年龄阶段的学生制定出了不同的技能培训标准（后面圆括号内的数字对应于上述六种学生基本技能的类别）。

1. 小学2年级学生应达到的标准

（1）使用输入设备（如鼠标、键盘）和输出设备（如显示器、打印机）顺利地操作计算机、录像机、录音机及其他设备。(1)

（2）能借助各类媒体和信息技术资源独立进行学习。(1，3)

（3）当谈及科技时能够正确使用术语。(1)

（4）会使用适当的多媒体资源（如交互式书籍、教育软件、基础的多媒体百科全书）来帮助学习。(1)

（5）能使用信息技术与教师、亲友和同学进行合作。(2)

（6）使用科技时能展示出正确的社会活动和民族行为。(2)

（7）训练正确使用信息技术系统和软件的方法。(2)

（8）在教师、亲友和同学的支持下，开发合适的多媒体产品。(3)

（9）使用信息技术资源（如逻辑思维程序、写作工具、数码相机、绘图工具）来解决问题、进行交流、阐述思想。(3，4，5，6)

（10）在教师、亲友和同学的支持下，用电子通信手段收集信息并与他们进行交流。(4)

2. 小学5年级学生应达到的标准

（1）能熟练地使用键盘和其他常见的输入、输出设备（必要时包括适配装置）。(1)

（2）能说出科技在日常生活中的用途及其优缺点。(1，2)

（3）能说出与科技信息密切相关的基本问题，以及不恰当使用这些科技导致的后果。(2)

（4）利用常用的工具和设备进行个人创作，弥补技能的不足，促进学习。(3)

（5）利用先进工具（如多媒体著作工具、网络工具、数字照相机、扫描仪等）协助个人或集体的文学创作、思想交流和作品发表等活动，创作知识产品。(3，4)

（6）利用远程通信技术快速访问远程信息，通过交流获得帮助，进行个别化学习，追求个人兴趣。(4)

(7) 利用远程通信和在线资源技术（包括电子邮件、在线讨论、网络环境等）参与合作，共同制订解决方案或开发产品。(4，5)

(8) 利用科技资源（包括计算器、数据收集传感器、视频、教育软件等）解决问题，进行独立学习和集体学习。(5，6)

(9) 适时地选择恰当的工具和科技资源解决各种问题和完成各种任务。(5，6)

(10) 评价与现实问题相关的电子信息资源的准确性、相关性、适用性、全面性和偏见性。(6)

3．8 年级学生应达到的标准

(1) 能找出并解决常见的硬件和软件问题。(1)

(2) 能说出当今信息技术领域的变革及这些变革对人们的工作和社会的影响。(2)

(3) 能列出信息技术合法和合理应用的例子，并讨论错误应用的后果。(2)

(4) 能使用指定内容的工具、软件和仿真设备（如环境探测、图表计算、探险、Web 工具等）进行学习和研究。(3，5)

(5) 用多媒体等工具和设备进行个人创作、小组协作和课程学习。(3，6)

(6) 利用信息技术资源设计、开发和发布的作品（如 Web 页面、录像带等）向大家演示或交流课程中的概念。(4，5，6)

(7) 用电子通信工具和协作工具与同学、专家及其他人合作，研究与课程相关的问题、观点和信息，共同制订问题解决方案或开发产品。(4，5)

(8) 选择合适的工具和信息技术资源完成各种任务和解决问题。(5，6)

(9) 演示对概念的理解，可以是硬件、软件或设备连接方面的，也可以是学习或解决问题方面的。(1，6)

(10) 研究和评价与现实问题相关的电子信息资源的准确性、相关性、适用性、全面性和偏见性。(2，5，6)

4．12 年级学生应达到的标准

(1) 能分析现有和将要出现的新技术资源的性能和局限性，并评价这些系统和设备对终身学习和工作的潜力 。(2)

(2) 能择优组合信息技术系统、资源和服务。(1，2)

(3) 能从整体上分析在社会中大规模使用和依赖信息技术的有利和不利因素。(2)

(4) 在同龄人、家庭和社会中表现出对信息技术的正确态度和行为。(2)

(5) 在日常生活和工作中（如预算、日程安排、演说、购物、通信）能使用现代化信息处理工具。(3，4)

(6)为了终身学习，有能力评价基于技术的选择，包括远程教育和分布式教育。(5)

(7) 经常有效利用各种在线信息资源以满足各种合作、研究、出版、通信和工作的需要。(4，5，6)

(8) 在学习中能选择和运用各种现代信息技术工具进行研究、分析信息和解决问题。(4，5)

(9) 研究和使用专家系统、智能代理和仿真系统。(3，5，6)

(10) 与同学、专家或其他人合作，运用信息技术手段进行编辑、综合、创作和分析各类信息、模型和其他有意义的作品，以构建基于实际内容的知识平台。(4,5,6)

二、面向教师的国家教育技术标准

（一）标准分类

基于面向学生的教育技术标准，ISTE 制定的面向教师的教育技术标准定义了在教育情境下，运用教育技术的基本概念、知识、技巧和态度。该标准定位于准教师教育。所有想获得教师资格证书或认证的人，必须在师资培训时达到教育技术标准；必须给这些教育后备人才达到这样标准的机会，这是整个大学和全体教师的责任。

面向教师的教育技术基本标准分为六大类，同时设计了绩效指标。基本标准和绩效指标也为目前的在职教师应达到的技术水平提供了依据。

1. 技术操作与概念

教师应对技术上的操作及其概念有充分的理解。

（1）能讲明介绍性的知识，示范操作技能，并对相关的技术（ISTE 对于学生要求的技术标准）概念作以理解。

（2）不断地对新技术和新知识有所掌握，做到与时代俱进。

2. 规划并设计学习环境与学习经验。

教师应依靠技术的支持来规划和设计有效的学习环境与学习经验。

（1）教师应逐步创设出恰当的学习机会，以应用技术来增强教学策略，满足学习者不同的学习需求。

（2）在设计学习环境与学习经验时，要将当前最新的技术用于教学与学习的研究项目。

（3）鉴定并寻找技术资源，并对其正确性和适用性作以评估。

（4）对在学习活动过程中的技术资源的管理要给出规划。

（5）在增强了技术的学习环境中，对学生的学习管理设计出策略。

3. 教学、学习和课程

在教师所要执行的课程计划中，要包括应用使教学最优化的技术方法和策略。

（1）促进技术在学习经验中的使用，讲清内容要求和学生技术标准。

（2）在以学习者为中心的教学中，用技术满足学生不同的学习需求。

（3）运用技术发展学生更高的技能与创造力。

（4）在加强了技术的学习环境中管理学生的学习活动。

4. 评估与评价

教师运用技术对学生实施各种更为轻松有效的评估与评价策略。

（1）在评估学生学科学习时，将技术运用于各种评估方法。

（2）利用技术资源搜集、分析数据，解释结果并交流成果，从而改进教学实践，使学生学习达到最优化。

（3）运用多种评估方法确定适合于学生学习、交流和创造的技术资源。

5. 生产性和专业性实践

教师要使用技术增强教学与专业实践。

(1) 将技术运用于正在从事的专业发展与终身学习。

(2) 对专业上的实践不断地进行评价和思考，以便对使用技术支持学生学习有更好的见识。

(3) 运用技术增进学生的创造。

(4) 运用技术与同学、父母和大的社区进行沟通与合作，以此丰富学生学习。

6. 社会问题、民族问题、法律问题及人类问题

在 1 ~ 12 年级的学校中，围绕技术使用的社会问题、种族问题、法律和人类问题，教师要予以理解，并遵照如下原则进行教学实践。

(1) 对相关于技术合法的运用和种族的使用，要给予实践和讲授。

(2) 运用技术资源使具有不同背景、个性与才能的学习者能够或增强学习。

(3) 鉴定和使用技术资源肯定学生的多样性。

(4) 运用技术资源增进学生的安全与健康。

(5) 使全体学生能方便、公正地利用技术资源。

(二) 为教师准备的技术绩效指标

NETS · T 项目制定的绩效指标分为“一般准备阶段”、“专业培训阶段”、“学生教学或实习阶段”和“第一年的教学阶段”，而这四个阶段的划分也对应了美国教师职前培养的四个阶段。

1. 一般预备阶段

本指标以大学文理专业学生为代表，他们在完成成为教师的培训计划后，应该具备本指标中提到的能力。

(1) 对技术系统的本质及操作有彻底的理解。(1)

(2) 熟练掌握通常的输入、输出设备的使用，能解决常见的硬件和软件问题，并且能恰当选择技术系统、资源和设备。(1)

(3) 使用技术工具和信息资源提高工作效率和创造力，促进学术性学习。(1，3，4，5)

(4) 使用特定的工具(如软件、图形计算器、网络工具)支持学习和研究。(1,3,5)

(5) 使用技术资源促进高层次和复杂思维技能的培养，包括问题解决、批判性思维、决策、知识建构和创造力。(1，3，5)

(6) 合作构建技术增强型模型，使用技术工具制造其他有创造性的作品。(1，5)

(7) 使用技术在大量的信息资源中定位、搜集并评估信息。(1，4，5)

(8) 使用技术工具加工数据和汇报结果。(1，3，4，5)

(9) 使用技术开发解决现实世界中问题的策略。(1，4，5)

(10) 在专业领域的学习中，观察和体验技术的使用。(1，3，5)

(11) 使用技术工具进行资源管理和交流信息(如金融、进度表、演讲、购物、通信)。(1，5)

(12) 针对特定任务，恰当地评价、选择新的信息资源和技术革新。(1，3，4，5)

(13) 使用大量媒体和方式，包括通信，在同事、专家和其他的参与者之间进行合作、出版和相互影响。(1，5)

(14) 知道与技术相关的法律、种族、文化和社会问题。(4)
(15) 对技术支持的终身学习、合作、个人追求和提高效率抱有积极的态度。(5,6)
(16) 讨论与电子媒体相关的各种问题。(1, 6)
(17) 讨论与技术使用相关的各种问题。(6)

2. 专业培训阶段

学生在这一阶段主要学习如何进行技术与课程的整合。学生接受教育学院或专业教育人员教授的专业核心课程或专业经验。这一阶段的绩效指标要求往往也是教育专业课程的要求之一。

(1) 知道技术在优化学生学习和促进高层次思维技能方面的益处。(1, 3)

(2) 当使用电子资源设计和实施学习活动时，能判断在教学和学习中使用的技术是否合适。(1, 3, 5, 6)

(3) 了解学校可获得的技术资源，分析这些资源如何影响教学计划。(1, 2)

(4) 正确选择和使用专门为各年级学生设计的硬件和软件技术资源以达到特定的教学和学习目的。(1, 2)

(5) 通过确定潜在的问题和计划解决方案设计一堂课的范围，在该范围内制订电子教学资源的管理方案。(2)

(6) 确定那些能够优化学生学习、满足学生需求的技术应用和资源。(3, 6)

(7) 设计和提供技术含量高的教学活动，将这些活动将课程标准和学生教育技术标准联系起来，并且能满足学生的需求。(2, 3, 5, 6)

(8) 设计和学生互教一节课，这节课达到内容领域的标准，并且反映当前使用技术进行教与学的最好实践。(2, 3)

(9) 设计和进行以学生为中心的学习活动和课堂教学，学生在其中应用技术工具和媒体。(2, 3)

(10) 研究和评价学生使用的电子信息资源的准确性、相关性、恰当性、综合性和偏见。(2, 4, 5, 6)

(11) 讨论基于技术的评估和评价策略。(4)

(12) 检验用于评价基于技术的学生作品的多种策略和创造这些作品过程的量规。(4)

(13) 检验用于搜集、分析、解释、表现和交流学生绩效数据的技术工具。(2, 4)

(14) 将基于技术的评估策略和工具整合到用于评价特定学习活动的计划中去。(4)

(15) 从课程体系（包括相关的评估工具）中开发一个基于技术的产品。(4, 5)

(16) 充分把握基于技术的专业知识教育、终身学习，包括利用远程教育学习的机会。(5)

(17)应用在线或其他技术资源，作出问题解决和有关优化学生学习的决策。(3,5)

(18) 加入到与同事、专家的在线专业合作中去。(3, 5)

(19) 使用技术工具完成所要求的专业任务。(5)

(20) 明确与技术相关的法律、种族问题，包括版权、隐私权，以及技术系统、数据和信息的安全。(4)

(21) 检验关于在学校使用技术的相关政策，包括有关排除对技术系统、数据和

信息安全造成威胁的策略。(6)

(22) 明确在学校、社区、家庭环境中公平获得并使用技术的问题。(6)

(23) 能清楚地了解学校使用技术中的安全和健康问题。(6)

(24) 能清楚地了解和使用有关技术来满足学生特定的物质需求。(6)

3. 学生教学或实习阶段

这一阶段主要是学生在完成专业教育课程后，走出课堂完成他们的教育实习经历。在此期间，学生在教育实习中运用技术。他们在完成该阶段的教育时，将获得初级教师工作许可证。辅导教师或老教师将根据他们的表现，进行有针对性的指导。当学生完成了教育实习，在获得初级认证时，应达到本指标中提到的能力。

(1) 运用策略解决课堂上出现的常见硬件、软件问题。(1)

(2) 在学校或行政区层次上确定、评价和选择可获得的技术资源。(2，3)

(3) 设计、管理和促进技术的应用，保证应用时间的多样性和公平性。(2，6)

(4) 缜密计划管理可获得的技术资源，提供学生公平使用技术的机会并强化学习效果。(2，3)

(5) 设计和促进使用技术满足学生不同个性需要的实践。(2，3)

(6) 设计和进行一系列的学生活动，通过将地方、州、全国的课程标准同学生教育技术标准的联系，使得教师可以恰当使用技术资源，既提高学生的学业成就，又提高学生的技术熟练程度。(2，3)

(7) 设计、实施和评估以学生为中心的课堂教学。(2，3，4，5)

(8) 指导学生开展使用技术资源，解决学科领域现实问题的合作学习活动。(3)

(9) 开发用于评估学生基于技术的作品和创造这些作品过程的量规。(4)

(10) 设计一个评价计划，在其中要运用多种措施和灵活的评估策略，确定学生的技术熟练程度和学习成果。(4)

(11) 使用多种办法分析那些应用技术提高计划、教学和管理的教学实践。(2，3，4)

(12) 应用技术工具和资源搜集、分析和解释数据，并向学生和家长汇报结果。(3,4)

(13) 选择和应用恰当的工具完成教育和专业学习任务。(2，3，5)

(14) 安全和负责地使用技术，并执行学校和行政区技术使用安全计划。(5，6)

(15) 为了促进专业技术知识的增长，与同事、专家在线专业合作。(5)

4. 第一年的教学阶段

教师在完成正规的培养项目后进行第一年的独立教学阶段。教师在课堂教学中使用技术支持教学、学习、交流、管理和专业发展。他们对自己的班级负责，并与校区签订合同。在这一阶段，教师与校区的普通教师一样接受所在学校行政人员的管理。新教师可能参与初始教师支持项目，并接受辅导和指导。当完成第一年的教学后，教师应该达到本指标中提到的能力。

(1) 评估学校技术资源的实际情况，制订现有资源的应用计划，并且找出一种支持学生课堂学习需求的方法。(1，2，4)

(2) 选择与行政区和州有关标准相符的技术系统、资源的服务。(1，2)

(3) 安排公平获得恰当技术资源的机会，使学生能成功地进行贯穿学科领域和

各年级的学习活动。(2，3，4)

(4) 参与到制订课程结构安排的计划中去，使课程内容与技术资源有效地整合起来，并且要与当前将学科课程与学生教育技术标准结合的最佳时间案例相一致。(2,3)

(5) 设计和实施基于技术的学习活动，以提高学生参与分析、综合、解释和创造新作品的积极性。(2，3)

(6) 设计、实施和评价在课堂和特定教学情景中使用技术资源的方法。(1,2,3,4)

(7) 实施多种教学策略和正在出现的新策略，包括对这些策略是否满足学习的各种需求作出恰当的评估。(3，4)

(8) 促进学生使用那些提供技术和特定学科的学校或社区的资源。(3)

(9) 教给学生通过技术方式获得正确可靠信息的方法和策略。(2，4)

(10) 识别学生在使用技术方面的才能，并为他们提供与教师、同伴及其他人共享其技术的机会。(2，3，5)

(11) 引导学生使用评价工具，评价其他学生创建的技术产品和过程。(4)

(12) 促进学生使用技术工具，以便满足学生的社交需要和文化认同感，并且促进他们同整个社区的交流。(3，6)

(13) 根据评价结果（如计算机测试、电子档案等）提高教学设计、教学管理和学习策略实施的水平。(2，4)

(14) 使用技术工具搜集、分析、核实和交流数据（学生绩效和其他信息），以便制订教学计划和促进教学进步。(4)

(15) 使用技术资源，促进与学生家长或监护人的沟通。(5)

(16) 能分析和判断目前使用的新出现的技术资源的优势与不足，评估这些技术资源在满足个人的终身学习、岗位要求方面的潜力。(1，4，5)

(17) 参与到利用技术的合作中来，把合作作为持续获取当前及新出现的技术资源的手段之一。(5)

(18) 在那些使用技术和信息的学生、同事和社区成员中起示范作用，所有行为符合法律与道德规范。(5，6)

(19) 引导学生安全、健康地使用技术，使学生遵守法律的要求。(6)

(20) 教育学生在学校、社区、家庭都要公平地使用技术。(6)

(21) 执行有关保护隐私权、学生数据和信息安全的规范。(6)

通观美国教师教育技术标准，使人感受最深刻的是：美国将教师教育技术标准的应用点定位于职前教师培养，将标准作为教师资格认证依据；而我国研制中小学教师教育技术标准的落脚点则是在职教师的继续教育，两者的差异应引起关注。

三、面向管理人员的美国教育技术标准

（一）从管理学角度对管理人员提出的教育技术要求

事实上，ISTE 并没有制定管理人员标准，而是将美国学校管理协会（American Association of School Administrators，AASA）等 13 个专业协会、大学或组织组成的学校管理人员标准协作组（TSSA Collaborative）制定的标准定为面向管理人员的美

国教育技术标准（NETS · A）。

对于管理人员角色所起到的作用，常常是难以定位的。学校管理人员所担任的角色是复杂而困难的。教育管理人员有着三重功能：专业功能（指导教育事业）、人际协调及“大量必须过问而又繁琐的日常事务”。这三重功能密不可分。如果管理人员把这些功能割裂开来，试图分别处理，那他就会失败。由此可见，对管理人员的定位常常是非常微妙的。对管理人员提出教育技术标准则更加具有管理学的特点。

NETS · A 从管理学角度出发，按照“领导能力与远见卓识”、“教与学”、“工作效率与专业实践”、“支持、管理与运作”、“评价与评估”及“与社会、法制与道德问题”六个方面对管理人员提出相应要求。

1. 领导能力与远见卓识

（1）为了运用教育技术和广泛地传播共同的抱负，要通过所有合作者来促进共同发展。

（2）采取一种全面的、灵活性的方法去设计、实施和监控技术应用方案，以达到既定的目的；技术方案应该是动态的、长远的和系统的。

（3）培养和扶持一种负责任的、勇于承担风险的精神，倡导不断运用技术进行教育创新的方针和政策。

（4）运用数据资料辅助决策。

（5）在运用技术方面，提倡以研究为基础的讲求效率的实践。

（6）在国家与州一级的层面上，提倡在政策、规划及资金上多给机会以支持基层地区教育技术计划的落实。

2. 教与学

（1）鉴别、运用、评估和推动恰当的技术来提高、支持教学和基于国家课程标准的课程，以促使学生达到高水平的学业成绩。

（2）为了改进学习，建设和管理好充分利用技术、合作的学习环境，以促进教育创新。

（3）提供以学习者为中心的教学环境，利用技术满足学习者的个性化需求。

（4）推动技术的运用来支持教学，增强教学效果，发展学生的高级思维能力、决策能力和问题解决能力。

（5）为了运用技术改善教与学，提供教师培训机会并确保得到良好的专业学习。

3. 工作效率与专业实践

（1）规范技术应用的常规性、目的性和有效性。

（2）运用技术与同事、员工、家长、学生和更大范围的社区进行交流与协作。

（3）创造并参与学习型社区，激励、培养和支持教职员工运用技术来提高工作效率。

（4）利用技术资源，参加持之以恒、与工作相关的专业学习。

（5）持续关注出现的新技术及其在教育中运用的潜力。

（6）运用技术推进机构改革。

Chapter 1
Chapter 2
Chapter 3
Chapter 4
Chapter 5
Chapter 6
Appendix 1
Appendix 2

4. 支持、管理与运作

(1) 制定、贯彻与监督教育政策和指导方针，以确保与所应用的技术之间的兼容性。

(2) 实现并使用以技术整合为基础的管理体制与运作机制。

(3) 分配资金与人力资源，以确保技术应用计划的完成和持续的实施。

(4) 将教育战略计划、技术应用计划和其他改进计划与政策结合起来，合理分配各部分所起到的效果和作用。

(5) 采取措施推动技术体系的不断改进，支持技术的周期性更新。

5. 评价与评估

(1) 使用多样的方法来评估和评价技术资源在学习、交流与工作中的合理运用。

(2) 运用技术搜集和分析数据，解释结论，交流发现的问题，用以改善教与学。

(3) 评估员工在运用技术方面的知识、技能和效果，并依据结果促进高质量的教师专业发展和作出人事决定。

(4) 运用技术评估、评价管理行政体制和运作机制。

6. 社会、法制与道德问题

(1) 允许和授权所有的学习者与教育者使用技术资源，确保使用的公平性。

(2) 鉴别、交流、规范和推行与技术应用有关的社会、法制和道德实践，促进人们负责任地使用技术。

(3) 促进和加强与技术应用相关的隐私、安全和可靠性。

(4) 促进和加强在应用技术特性开发地区资源中的环境安全和健康实践。

(5) 参与推行版权法律与知识产权分配政策的制定。

(二) 对不同层次教育管理人员的教育技术要求

NETS · A 针对中小学校长、地区项目主管和教育总监三类人分别提出了更为详细和明确的绩效指标。对应我国教育行政体制，这三类人分别是学校管理层、地区教委管理层和省级教委管理层。分析 NETS · A 对于这三类人的绩效指标，会发现三类人的业务管辖范围不同，从而推动技术整合于课程的方式与方法也有一定的差异。

1. 中小学校长

侧重于规定中小学校长应能从学校角度处理好教育投资人、地区规划与政策及学校教学员工在技术应用方面的问题；应能促进学校向技术辅助型学习环境的转变；应能有效地提高工作效率和教学员工的专业发展；能够建立高效的技术支持、管理和操作；能利用技术改革学生和教师的评价、分析活动；保证教师和学生对资源的利用及解决相关法律、伦理等方面的问题。

2. 地区项目主管

侧重于规定负责技术应用项目的学区项目主管应确保项目与学区政策的一致性，项目的重要性及项目的正常推进；参与开发学区教育资源及员工培训的建设；利用多种手段与技术促进项目的改进，加强交流与协作；在资金与政策上要保证推动项目的实施，真正发挥项目的作用；通过监控与分析项目实施的绩效数据，确定资源及教学人员的管理与人力资源的开发；确保项目参与者能够公平利用技术与资源，确保项目参与者的基本权益；通知地区教育管理者与技术有关的健康、安全、隐私等问题。

3. 教育总监

侧重于规定教育总监应确保整个学区对技术应用有一致的看法，能从教育投资角度确定技术应用政策与方法；能够为教师和学生提供技术设备与资源，确保资金投入的效益；建立一种对技术应用负责任的风气，不断提高学区教学人员技术应用的能力，利用信息技术与工具促进交流、管理、绩效评价和专业发展等；提供足够的人力与物力支持学区的技术设施和资源的整合，确保学区领导层之间在管理上的协作与配合；确保管理人员使用能反映学区情况的数据，建立评价学校技术应用的标准；确保学区每位学生都能充分利用技术促进学习，保护学区技术设施及数据的安全，建立技术条件下保护学生与教师权益的政策与措施。

附录2 Appendix 2

全国多媒体课件大赛的评价标准

第十二届全国多媒体课件大赛评分标准

<table>
<tr><th rowspan="2">一级指标（分值）</th><th rowspan="2">二级指标（分值）</th><th rowspan="2">三级指标（分值）</th><th rowspan="2">指标说明</th><th colspan="2">评分范围</th><th rowspan="2">入选系数</th></tr>
<tr><th>二级指标</th><th>一级指标</th></tr>
<tr><td rowspan="4">教学内容（20）</td><td rowspan="2">科学性规范性（10）</td><td>科学性（5）</td><td>教学内容正确，具有时效性、前瞻性；无科学错误、政治性错误；无错误导向（注：出现严重科学错误取消参赛资格）（0～5）</td><td rowspan="2">0～10</td><td rowspan="4">0～20</td><td rowspan="4">C1</td></tr>
<tr><td>规范性（5）</td><td>文字、符号、单位和公式符合国家标准，符合出版规范，无侵犯著作权行为（0～5）</td></tr>
<tr><td rowspan="2">知识体系（10）</td><td>知识覆盖（5）</td><td>在课件标定范围内知识内容范围完整，知识体系结构合理（0～5）</td><td rowspan="2">0～10</td></tr>
<tr><td>逻辑结构（5）</td><td>逻辑结构清晰，层次性强，具有内聚性（0～5）</td></tr>
<tr><td rowspan="7">教学设计（40）</td><td rowspan="3">教学理念及设计（20）</td><td>教育理念（10）</td><td>充分发挥教师主导、学生主体的作用，注重培养学生解决问题、创新和批判能力（0～10）</td><td rowspan="3">0～20</td><td rowspan="7">0～40</td><td rowspan="7">C2</td></tr>
<tr><td>目标设计（5）</td><td>教学目标清晰、定位准确、表述规范，适应于相应认知水平的学生（0～5）</td></tr>
<tr><td>内容设计（5）</td><td>重点难点突出，启发引导性强，符合认知规律，有利于激发学生主动学习（0～5）</td></tr>
<tr><td rowspan="4">教学策略与评价（20）</td><td>教学交互（5）</td><td>较好的人机交互，有教师和学生、学生和学生的交互、讨论（0～5）</td><td rowspan="4">0～20</td></tr>
<tr><td>活动设计（5）</td><td>根据学习内容设计研究性或探究性实践问题，培养学生创新精神与实践能力（0～5）</td></tr>
<tr><td>资源形式与引用（5）</td><td>有和教学内容配合的各种资料、学习辅助材料或资源链接，引用的资源形式新颖（0～5）</td></tr>
<tr><td>学习评价（5）</td><td>有对习题的评判或学生自主学习效果的评价（0～5）</td></tr>
<tr><td rowspan="5">技术性（25）</td><td rowspan="2">运行状况（10）</td><td>运行环境（5）</td><td>运行可靠，没有“死机”现象，没有导航、链接错误，容错性好，尽可能兼容各种运行平台（0～5）</td><td rowspan="2">0～10</td><td rowspan="5">0～25</td><td rowspan="5">C3</td></tr>
<tr><td>操作情况（5）</td><td>操作方便、灵活，交互性强，启动时间、链接转换时间短（0～5）</td></tr>
<tr><td rowspan="3">设计效果（15）</td><td>软件使用（5）</td><td>采用了和教学内容及设计相适应的软件，或自行设计了适合于课件制作的软件（0～5）</td><td rowspan="3">0～15</td></tr>
<tr><td>设计水平（5）</td><td>设计工作量大，软件应用有较高的技术水准，用户环境友好，使用可靠、安全，素材资源符合相关技术规范（0～5）</td></tr>
<tr><td>媒体应用（5）</td><td>合理使用多媒体技术，技术表现符合多媒体认知的基本原理（0～5）</td></tr>
</table>

续表

一级指标（分值）	二级指标（分值）	三级指标（分值）	指标说明	评分范围		入选系数
				二级指标	一级指标	
艺术性（15）	界面设计（7）	界面效果（3）	界面布局合理、新颖、活泼、有创意，整体风格统一，导航清晰简捷（0～3）	0～7	0～15	C4
		美工效果（4）	色彩搭配协调，视觉效果好，符合视觉心理（0～4）			
	媒体效果（8）	媒体选择（4）	文字、图片、音、视频、动画切合教学主题，和谐协调，配合适当（0～4）	0～8		
		媒体设计（4）	各种媒体制作精细，吸引力强，激发学习兴趣（0～4）			
加分（2）	应用效果（1）		已经得到广泛应用，取得了良好的应用效果，有较大推广价值（0～1）	0～1	0～2	
	现场答辩（1）		表述清晰、语言规范、材料充实、重点突出；快速准确回答问题，熟练演示课件（0～1）	0～1		

Reference

参考文献

[1] 胡水星 . 现代教育技术理论与实践 [M]. 北京 ：电子工业出版社，2013
[2] 陈贵平 . 现代教育技术 [M]. 北京 ：科学出版社，2012.
[2] 刘光然，詹青龙 . 现代教育技术 [M]. 北京 ：人民邮电出版社，2010.
[3] 蒋家傅，董武绍 . 现代教育技术 [M]. 北京 ：电子工业出版社，2004.
[4] 谢克仁，彭成 . 现代教育技术 [M]. 北京 ：科学出版社，2012.
[5] 李永 .Flash 多媒体课件制作经典教程 [M]. 北京 ：清华大学出版社，2009.
[6] 杨凤梅，张景生 . 现代教育技术 [M]. 北京 ：高等教育出版社，2013.
[7] 祝智庭，王陆 . 网络教育应用（第 3 版）[M]. 北京 ：北京师范大学出版社，2012
[8] 陈永强，张聪 . 多媒体应用教程 [M]. 北京 : 电子工业出版社，2011
[9] 何克抗 . 教育技术培训教程 [M]. 北京 ：高等教育出版社，2005
[10] 方其桂 .PowerPoint 多媒体课件制作实例教程 [M]. 北京 : 清华大学出版社，2002
[11] 程思岳 . 网络教育应用基础（第 3 版）[M]. 福州 ：福建科学技术出版社，2009
[12] 顾明远 . 教育现代化的基本特征及实施策略 [J]. 人民教育 ,2007 年 Z2 期
[13] 张军征 . 多媒体课件设计与制作基础 [M]. 北京 ：高等教育出版社，2009
[14] 缪亮，何红玉 . Flash MX 素材采集与课件设计 [M]. 天津 ：天津电子出版社，2004
[15] 中国教育资源网 [DB/OL].http://www.cern.net.cn/index.html
[16] 祝智庭，刘雍潜，黎加厚 . 美国国家教育技术标准——课程与技术整合 . 北京 ：中央广播电视大学出版社，2003
[17] 祝智庭 . 现代教育技术——走向信息化教育 [M]. 北京 : 教育科学出版社，2013
[18] 余彤 . 浅谈高校计算机实验室的管理及维护 [J]. 价值工程，2011 年 24 期